■ 郑春荣 编著

公共经济与管理·劳动与社会保障系列

社会保障政策比较

Comparative Social Security Policy

復旦大學出版社

序

  上海财经大学公共经济与管理学院是一个既富有历史积淀,又充满新生活力的多科性学院。其前身财政系始建于1952年,是中华人民共和国成立后高校中第一批以财政学为专业方向的教学科研单位。经过60多年的变迁和发展,财政学科不断发展壮大,已成为教育部和财政部重点学科,为公共经济学的学科发展和人才培养做出了重要贡献。2001年,在财政系基础上,整合投资系,新建公共管理系,组建了公共经济与管理学院,从而形成了以公共财政、公共管理和公共投资三个方向为基本结构,以公共事务为纽带,以培养具有国际化视野的公共管理人才为使命,以公共经济与公共管理学研究为核心的跨学科教学和研究机构。

  公共经济与管理学院具有海纳百川的悠久文化渊源。半个多世纪以来,创立和推动学科发展的知名教授中既有毕业于美国、日本和法国等著名国际高等学府,具有极高学术声望的海外归国学者,如杨阴溥、冯定璋、曹立瀛、席克正、周伯康、尹文敬教授等;也有长期致力于中国财政经济、投资经济研究,具有重要社会影响的著名教授,如苏挺、李儒训、葛维熹、俞文青教授等。他们曾引领了我国财政学科的发展,奠定了学科人才的培养基础,也为上海财经大学在公共经济领域开拓了一片沃土,培育了一批财政、投资和税收学科的学术带头人。

  经济体制改革掀开了中国历史新的一页,也给学院的发展注入了勃勃生机。目前学院已经发展成为由财政、投资、税收、公共管理、社会保障与社会政策五个系组成的本科、硕士和博士学位的人才培养体系,拥有10个本科专业、15个硕士专业和7个博士专业授予点,同时建立了以9个研究中心/研究所为基础的科研团队。2012年年末,中国公共财政研究院诞生;2013年,作为上海市教委建立的十个智库之一的公共政策与治理研究院成立,从而构成了以学院为主体,以两个研究院为两翼的"一体两翼"教学科研组织结构,成为以公共经济和公共管理理论为基础,以提供政府公共政策咨询为己任的开放型、跨学科协同创新研究平台,开启了学院融教学管理、学术研究、政策咨询为一体,协同发展的新征程。

  传承历史,继往开来,学科建设是学院整体建设的重要组成部分,是学院的龙头工作。而课程建设既是学科建设的中心环节,又是承载专业教学重任的关键桥梁。抓好课程建设不仅是深化教学改革的一项重要措施,也是学科自身建设的根本大计。为了深化学院课程体系改革,推动将优质科研资源转化为教学资源,落实教授为本科生上课制度,帮助学生提高自主学习能力,提升学校人才培养质量和水平,学院在课程建设上,明确了名师领衔、团队攻关,"以系列教材建设为品牌,以精品教材建设为目标,以实验性和务实性教材建设为特色"的教改思路。

  由复旦大学出版社出版的"公共经济与管理系列丛书"旨在推出上海财经大学公共经济与公共管理课程建设的成果。这套丛书既是学院全体教师劳作的园地,又是学院教学展示的窗口。

  在"公共经济与管理系列丛书"出版之际,谨致以最美好的祝愿。

刘小兵

2014 年 9 月 10 日

目 录

第一章 世界老龄化趋势及其影响 ………………………………… 1
  第一节 预期寿命的变化趋势 ……………………………………… 1
  第二节 生育率的变化趋势 ………………………………………… 4
  第三节 老龄化与老年人口赡养率的变化趋势 ………………… 10
  第四节 中国的人口老龄化趋势 ………………………………… 13
  拓展阅读：人口赡养比、养老保险制度赡养比 ………………… 22

第二章 家庭的小型化与福利给付 ……………………………… 24
  第一节 各国的家庭组成情况及发展趋势 ……………………… 24
  第二节 家庭成员的数量及变化趋势 …………………………… 32
  第三节 关于家庭政策的几种观点 ……………………………… 35
  第四节 社会保障给付单位的选择 ……………………………… 39
  拓展阅读：世博大礼包发放中关于"家庭"认定的困惑 ……… 42

第三章 经济全球化与社会保障 ………………………………… 45
  第一节 经济全球化及其影响 …………………………………… 45
  第二节 全球化对各国社会保障政策的影响 …………………… 51
  第三节 社会保障政策的跨国协调 ……………………………… 56
  拓展阅读：港澳台居民在内地（大陆）参加社会保险办法 …… 62

第四章　各国社会保障政策的分类 … 65
第一节　蒂特马斯的福利国家三种模式 … 65
第二节　俾斯麦模式与贝弗里奇模式 … 66
第三节　普惠性福利与选择性福利 … 71
第四节　福利体制的"三个世界" … 72
拓展阅读：资源诅咒与"荷兰病" … 80

第五章　各国社会保障概况 … 83
第一节　社会保障的定义与构成 … 84
第二节　各国社会保障支出总量 … 86
第三节　各国社会保障支出结构 … 89
第四节　新的社会福利核算方法及其内涵 … 93
拓展阅读：低利率让全球养老基金投资亮起"红灯" … 97

第六章　各国社会保障制度面临的挑战 … 100
第一节　分裂的福利政策理念 … 100
第二节　面临削减的社会保障支出 … 105
第三节　不断恶化的贫富差距与就业形势 … 108
第四节　锐减的就业人群工作时间 … 118
第五节　部分国家的社会保障改革相对滞后 … 119
拓展阅读：让网络募捐活动更透明、更规范 … 122

第七章　北欧国家福利模式 … 125
第一节　北欧国家的经济与财政 … 125
第二节　北欧国家的税收特点 … 131
第三节　北欧福利模式的主要做法 … 134
第四节　北欧福利模式的实施环境及效果 … 142
第五节　北欧模式面临的挑战 … 148
拓展阅读：英国布莱尔政府的第三条道路 … 150

第八章　南欧国家福利模式 … 152
第一节　南欧国家的经济与财政 … 152
第二节　南欧福利模式的环境条件 … 158
第三节　南欧福利模式的特点及其影响 … 162
拓展阅读：南欧的年轻人如何熬过漫长的失业期 … 168

第九章　拉美国家福利模式 …………………………………… 171
　第一节　拉美国家的经济与财政 …………………………… 172
　第二节　拉美国家的增长性贫困现象 ……………………… 181
　第三节　拉美福利模式的环境条件 ………………………… 185
　第四节　拉美福利模式的特点及其影响 …………………… 193
　拓展阅读：巴西的"家庭补助"计划 ……………………… 202

参考文献 ………………………………………………………… 205

后记 ……………………………………………………………… 213

第一章 世界老龄化趋势及其影响

在介绍社会保障政策之前,需要了解各国的老龄化趋势,这是制订政策的前提条件。与老龄化趋势相对应,养老保障是人类文明的产物。当老年人退出劳动力市场以后,将度过漫长的退休时光,需要一个有保障的收入来源来安度晚年,因此,各国政府建立的养老保障制度日趋重要。近年来,受老龄化、少子化、全球化和后工业化等因素的影响,各国传统的社会保障政策需要不断进行调整、优化。

本章主要介绍预期寿命、生育率和人口老龄化的变动趋势及其影响。预期寿命提高、生育率降低都是造成人口老龄化的原因。本章最后结合中国的情况进行分析。

第一节 预期寿命的变化趋势

预期寿命是衡量一个国家或地区在不同阶段的经济社会发展水平及医疗卫生服务水平的综合指标。近 200 年以来,全球人口的期望预期寿命(life expectancy at birth)一直在持续且快速地增长。以英国为例,一个在 19 世纪 40 年代出生的人预期寿命不到 40 岁。在 1900 年,世界发达国家的平均寿命为 45~50 岁[1],人类的晚年生

---

[1] United Nations Population Fund (2012). Ageing in the Twenty-First Century: A Celebration and A Challenge, 2012.

活较为短暂,而且子孙众多,养老保障不成问题。

随着营养、个人和公共卫生、医疗、居住条件的改善,到了 21 世纪,除去战争因素以外,人类寿命更上了一个新台阶。在 20 世纪 70 年代以来,随着医学进步,特别是在救治中风、心脏病方面取得了长足的进步,人类的预期寿命再次大大提高。全球人口平均寿命从 1990 年的 64.2 岁增至 2019 年的 72.6 岁,2050 年有望增至 77.1 岁(见表 1.1)。不过近年来,人类的预期寿命增长开始放缓,其原因有两方面:一方面是过去十几年左右,人类在医疗或保健方面并没有出现重大突破;另一方面,虽然更多人能够幸免于心脏病、中风以及癌症等疾病,但却有其他疾病取而代之,例如,老年痴呆症的治疗尚无良药。

表 1.1 世界各地区的预期寿命情况　　　　单位:岁

地区	2019 年			2050 年		
	男性	女性	全部	男性	女性	全部
世界	**70.2**	**75.0**	**72.6**	**74.8**	**79.4**	**77.1**
撒哈拉以南非洲	59.3	62.9	61.1	66.3	70.8	68.5
北非和西亚	71.6	76.0	73.8	76.6	80.6	78.5
中亚和南亚	68.5	71.3	69.9	73.3	77.1	75.2
东亚和东南亚	74.0	79.2	76.5	78.8	82.9	80.8
拉丁美洲和加勒比	72.3	78.7	75.5	78.5	83.2	80.9
澳大利亚、新西兰	81.3	85.2	83.2	85.4	88.7	87.1
大洋洲*	65.1	68.2	66.6	69.3	73.4	71.3
欧洲和北美	75.7	81.7	78.7	80.9	85.5	83.2

资料来源:United Nations, Department of Economic and Social Affairs, Population Division (2019). World Population Prospects 2019.

注:大洋洲的数据不包含澳大利亚和新西兰。

一、各国的预期寿命情况

从区域来说(见表 1.1),2019 年,澳大利亚和新西兰的平均预期寿命最长,为 83.2 岁;其次是欧洲和北美地区,为 78.7 岁;然后是东亚和东南亚地区(76.5 岁)、拉丁美洲和加勒比地区(75.5 岁)、北非和西亚地区(73.8 岁)、中亚和南亚地区(69.9 岁)。撒哈拉以南非洲地区最低,仅为 61.1 岁,比欧美低了 17.6 岁。

长寿的增加可归因于许多因素,包括改善的生活方式、更好的工作条件和教育程度以及医疗保健的进步。日本的预期寿命长期以来位居全球前列,这被归功于饮食均衡、注重卫生,也很重视定期体检,加上该国在 20 世纪 60 年代以来采取慢性病的初级和二级预防,以及通过全民医保来加快先进医疗技术的普及而改善了人口健康状况。在美国,西班牙裔的受教育程度、人均收入都比较低,但平均预期寿命远高于白人。2017 年,美国西班牙裔、白人和黑人的预期寿命分别是:81.8 岁、78.8 岁和75.3 岁。原因可能是:西班牙裔吸烟率比较低;西班牙裔母乳喂养率比较高;有紧密联系的家庭和种族社区;独特的文化和生活习惯。

在过去几年中,许多经济合作与发展组织(中文简称经合组织,英文简称OECD)①国家报告了预期寿命的小幅下降。造成这种令人担忧的趋势的原因似乎是多种多样的。例如,美国的预期寿命在2014年达到历史最高值(78.9岁)以后,在2015年降到78.7岁,2016年维持不变,2017年又降到78.6岁。原因主要是:从1999年到2017年,美国工作人群(25~64岁)与服药过量、高血压疾病、肥胖、酗酒、自杀相关的死亡率分别增加386.5%、78.9%、114%、40.6%和38.3%。药物过量导致2016年美国超63 000人死亡。这些死亡中有三分之二是由阿片类药物引起的,其中包括芬太尼(fentanyl)和曲马多(tramadol)等强效合成药物,这些药物更容易因意外过度使用,并在吸毒者中越来越受欢迎。在英国和其他欧洲国家,预期寿命下降的部分原因是冬季老年人死亡高峰(冬季流感的影响),以及心脏病导致的死亡人数下降缓慢②。

在漫长的人类社会发展史中,世界各地人均预期寿命长期保持一种大体均衡的状态,只是进入近现代以来,随着经济社会发展速度快慢的差别,长短"两极"差距越拉越大。2019年,人均预期寿命最长的国家和地区是中国香港、日本和中国澳门,均超过了84岁,而预期寿命最短的国家是莱索托、乍得、中非共和国等,只有54岁。(见表1.2)47个最不发达国家(least developed countries)的人口预期寿命只有65.2岁,比全球平均值少7.4岁,主要原因在于儿童和孕产妇死亡率较高,以及暴力、冲突、艾滋病扩散等因素造成的高死亡率。

表1.2 世界上预期寿命最高的国家(地区)与最低的国家(地区) 单位:岁

国家/地区	预期寿命	国家/地区	预期寿命
中国香港	84.9	塞拉利昂	54.7
日 本	84.6	尼日利亚	54.7
中国澳门	84.2	莱索托	54.3
瑞 士	83.8	乍 得	54.2
新加坡	83.6	中非共和国	53.3

资料来源:United Nations, Department of Economic and Social Affairs, Population Division (2019). World Population Prospects 2019.

二、预期寿命的性别差异

出生时的预期寿命因性别而异,2016年OECD国家中女性的平均寿命为83.3

---

① 经济合作与发展组织(Organization for Economic Co-operation and Development)成员国多为经济实力较强的国家,既包括美、英、德、法等传统发达国家,也包括智利、爱沙尼亚、以色列、斯洛文尼亚等新经济增长体。2011年34个成员国占全球GDP的比重高达64.7%,各国的政策改革在很大程度上是世界各国改革的指向标,因此OECD又被称为"最佳实践的集中地"。该组织于1961年成立时,有20个创始成员国,此后不断扩容。目前OECD成员数量已增至38个。由于OECD成员国代表性较强,且数据较为全面,口径统一,本书主要引用前36个加入OECD的成员国的数据。

② Public Health England (2018). A Review of Recent Trends in Mortality in England, www.gov.uk/government/publications/recent-trends-in-mortality-in-england-review-and-data-packs.

岁,而男性的平均寿命为77.9岁,平均差距达到5.4岁。男女死亡原因的差异,一些是生物学的影响,一些是受制于环境和社会因素,另一些则是受到卫生服务的提供和获取的影响。

世界卫生组织《2019年世界卫生统计》显示,妇女如果可以获取卫生服务,产妇死亡人数就会减少,预期寿命将会延长;在许多情况中,男性比女性更少求医问药;同时,男性更有可能死于可预防和可治疗的非传染性疾病和道路交通事故。在女性难以获得卫生服务的地方,男性与女性的预期寿命之间的差距最小。在卫生服务稀缺的低收入国家,每41名妇女中就有一人死于怀孕或分娩,而高收入国家则为每3 300名妇女有一人死亡。在90%以上的低收入国家,每1 000人中只有不到四名护理人员和助产士。

在导致死亡的40个主要原因中,有33个会导致男性预期寿命低于女性。比如,2016年30岁男性在70岁之前死于非传染性疾病的概率比女性高44%;2016年全球自杀死亡率,男性比女性高75%;15岁以上人口的道路交通事故死亡率,男性约为女性的两倍;男性因凶杀案导致的死亡率也是女性的数倍。

在本节的最后,我们要强调一个区别:预期寿命与老龄化负担不是完全等同的。预期寿命是指出生时的平均预期寿命,婴儿死亡率的下降是造成预期寿命增加的重要原因。老龄化负担主要是指那些存活到退休年龄的老年人,因为领取养老金给社保基金带来的压力。简单地讲就是:退休以后的余命增加会造成社保基金负担增加,而退休以前的参保人死亡率与社保基金收支平衡没有直接的关系。

第二节　生育率的变化趋势

人口出生数量取决于生育适龄期的女性人口数量、生育率,而生育适龄期的女性人口数量又取决于上一个人口周期的人口出生数量。因此,在生育率不变的情况下,一个国家的人口出生数量也会出现波动;同样地,在生育适龄期女性人口数量不变的情况下,鼓励生育,也可促进人口出生数量的增加。

有时存在"进度效应",生育率下降是暂时的[1],例如由于经济危机,生育适龄期的女性延迟了生育,等经济回暖和工作稳定之后再生育。

一、第二次世界大战以后的各国婴儿潮

在欧美国家,以美国最为典型,在二战以后,形成了为期近20年的生育高峰,被

---

[1] 吴帆:《欧洲家庭政策与生育率变化——兼论中国低生育率陷阱的风险》,《社会学研究》,2016年第1期。

称为"婴儿潮"(baby boom)。战后,大量退伍士兵返回国内,同时又有大量年轻女性在战争时期赋闲在家,单身男女因战争拖延而数量庞大,因此人们结婚成家和养儿育女的愿望非常迫切。1946—1964年间,美国全国共有7 590多万婴儿出生,约占1964年总人口的40%。

西欧主要参战国在"马歇尔计划"的扶持下逐步走向振兴,包括英法德在内的国家的经济很快恢复并超过了战前水平。这在客观上为年轻一代组建家庭创造了条件,结婚成本低,且有足够的经济保障。社会福利制度的完善和教育机制的革新也在客观上为生育子女提供了稳定的保障,加之对战后新生活的美好期望,年轻一代家庭的生育率非常高。

在亚洲,1947—1949年,日本迎来了和平时代出现的婴儿出生高峰,3年内出生婴儿的总数超过800万。这一数字成为日本历史上"空前绝后"的婴儿潮,这一代人在日本被称为"团块世代"。而对韩国而言,朝鲜战争结束后的10年是生育高峰期。

除了人口自然繁衍的迅速增长外,战后一些国家的政府也成了婴儿潮的"助产士"。战后重建需要大量人力,政府也鼓励家庭多生育。例如在苏联时代,政府鼓励生育,特别是在斯大林时期。"英雄母亲"是苏联政府为生育10个以上儿女(且最小的孩子应不小于1岁)的妇女们设立的荣誉称号。1944—1980年,共有32.4万名苏联妇女获此殊荣。

婴儿潮世代的成长、就业与消费等对经济周期有着重大影响。根据生命周期投资理论,个人根据一生的预期收入分配不同年龄阶段的收入,通过不同的投资储蓄比平滑消费,以实现整个生命周期中的效用最大化。劳动年龄人群具有收入来源,在收入较高时,会增加储蓄,购入资产,导致资产价格升高,实际利率水平下降。而非劳动力人群(老年人),没有收入来源或收入很少,储蓄率相应降低,出售资产以满足消费需求,实际利率水平上升。

二、各国的总和生育率趋势

发达国家在二战以后的"婴儿潮"持续了20年左右,大约从1970年开始,生育率出现急剧下降。背后的原因很多,例如:经济的停滞、失业与通货膨胀并存的滞胀;育儿成本的提高;贫富差距增加,造成一些居民居住环境较差,生育意愿受到影响;避孕工具的普及与推广;各国人工流产合法化;妇女教育程度提高,独立意识增强,劳动参与率提高;疫苗接种普及,婴儿死亡率持续下降;社会福利保障的提升加速了养儿防老意识的淡化。

OECD国家的生育率从20世纪50年代以来就开始持续下降,在2000—2008年,平均生育率有所回升,但2009年,许多OECD国家的生育率回升停止了,这可能是受到了全球金融危机的影响。OECD国家的生育率从1970年的每个育龄妇女平均2.8个孩子下降到2020年的1.66个孩子。

在总体下降的同时,各国的生育率有趋同趋势。下降幅度最大的三个国家是:墨西哥、韩国和土耳其,分别从1970年的6个、4.53个和5个,下降至2016年的2.18个、1.17个和2.11个,即平均每名妇女少生了三个孩子。

2020年,大多数国家的生育率都远低于自然替代率(natural replacement rate,即每名妇女生育2.1个孩子),OECD国家的平均水平为1.66(见表1.3)。其中,只有2个国家生育率高于自然替代率,分别是:以色列(3.04)、墨西哥(2.14)。土耳其(2.08)位列第3,勉强接近自然替代率。瑞典(1.85)、法国(1.85)和爱尔兰(1.84)的生育率在欧洲排名前3位。总体上看,英语国家和北欧国家通常处于较高的水平,而生育率最低的国家和地区是南欧、日本和韩国。近年来南欧经济较为低迷,加上长期以来不重视家庭友好型的社会政策,生育率下降很快。

表1.3 OECD国家的总和生育率

国家	1960	1980	2000	2020	2040	国家	1960	1980	2000	2020	2040
澳大利亚	3.41	1.99	1.79	1.83	1.73	立陶宛	2.66	2.10	1.47	1.67	1.75
奥地利	2.57	1.65	1.39	1.53	1.65	卢森堡	2.23	1.49	1.72	1.45	1.52
比利时	2.50	1.70	1.60	1.71	1.75	墨西哥	6.78	5.33	2.85	2.14	1.80
加拿大	3.88	1.73	1.56	1.53	1.52	韩国	6.33	2.92	1.50	1.11	1.25
智利	4.75	2.94	2.20	1.65	1.57	拉脱维亚	1.95	1.89	1.17	1.72	1.78
捷克	2.38	2.36	1.17	1.64	1.75	荷兰	3.10	1.60	1.60	1.66	1.72
丹麦	2.55	1.68	1.76	1.76	1.79	新西兰	4.07	2.18	1.95	1.90	1.77
爱沙尼亚	1.99	2.06	1.33	1.59	1.71	挪威	2.84	1.81	1.86	1.68	1.73
芬兰	2.77	1.66	1.74	1.53	1.63	波兰	3.47	2.23	1.51	1.42	1.57
法国	2.70	1.86	1.76	1.85	1.84	葡萄牙	3.12	2.55	1.46	1.29	1.49
德国	2.27	1.51	1.35	1.59	1.67	斯洛伐克	3.24	2.46	1.40	1.50	1.65
希腊	2.42	2.42	1.31	1.30	1.37	斯洛文尼亚	2.38	2.16	1.25	1.60	1.71
匈牙利	2.32	2.25	1.38	1.49	1.58	西班牙	2.70	2.55	1.19	1.33	1.51
冰岛	4.17	2.45	2.06	1.77	1.67	瑞典	2.25	1.66	1.56	1.85	1.84
爱尔兰	3.58	3.25	1.90	1.84	1.70	瑞士	2.39	1.54	1.48	1.54	1.61
以色列	3.89	3.47	2.93	3.04	2.63	土耳其	6.50	4.69	2.65	2.08	1.82
意大利	2.29	1.89	1.22	1.33	1.42	英国	2.49	1.73	1.74	1.75	1.77
日本	2.17	1.83	1.37	1.37	1.49	美国	3.58	1.77	2.00	1.78	1.80
						OECD平均	**3.19**	**2.26**	**1.67**	**1.66**	**1.68**

资料来源:OECD (2019). Pensions at a Glance 2019:OECD and G20 Indicators, OECD Publishing.

预计到2040年,OECD国家的平均生育率将缓慢回升到1.68,略高于2020年的水平[①]。各国的生育率将继续呈现趋同趋势,许多目前生育率较低的国家出现回升趋势,而生育率较高的几个国家均面临下滑态势,只剩下以色列一个国家的生育率高于自然替代率。

---

① OECD (2019). Society at a Glance 2019:OECD Social Indicators, OECD Publishing.

> **专栏1.1** 总和生育率
>
> 总和生育率(total fertility rate, TFR),是指一个国家或地区的妇女在育龄期间(15~49岁)人均的生育子女数。根据第六次全国人口普查,中国的总和生育率保持在1.5,也就是说,平均每个家庭生育1.5个小孩。
>
> 在当代社会经济条件下,一般认为总和生育率为2.1时,也就是平均每个妇女生育2.1个孩子,则称达到世代更替水平。这是因为,用总和生育率衡量时,需要考虑到孩子夭折的可能性,例如由于车祸或疾病而死亡。而这种可能性又随着社会经济条件的变化而变化。一般来说,在死亡率较高的时代,世代更替水平的总和生育率也较高。
>
> 有学者认为,生育率是直接与妇女有关的,所谓2.1是更替水平,是在假定一个国家的男女比例是1∶1这种理想的情况下才成立的。但中国的实际情况是男多女少,根据《2006年全国人口和计划生育抽样调查主要数据公报》的数据:"出生婴儿性别比居高不下。1996年至2005年出生婴儿的性别比达127。"在这种情况下,中国的总和生育率要达到2.3左右,才能达到世代更替水平。

从总体上看,发展中国家的生育率高于OECD国家,但也同样面临生育率下滑的趋势(见表1.4)。例如印度,其生育率也是快速降低,从1960年的5.90人,到1970年的5.49人,到2000年和2010年分别降低至3.48人和2.63人,2020年则只有2.24人。

表1.4 部分发展中国家的总和生育率

国家	1960	1980	2000	2020	2040	国家	1960	1980	2000	2020	2040
阿根廷	3.13	3.40	2.63	2.27	2.02	印度尼西亚	5.67	4.73	2.55	2.32	2.00
巴西	6.06	4.24	2.47	1.74	1.56	俄罗斯	2.82	1.94	1.25	1.82	1.83
中国	5.48	3.01	1.62	1.69	1.73	沙特阿拉伯	7.18	7.28	4.40	2.34	1.83
印度	5.90	4.97	3.48	2.24	1.92	南非	6.05	5.05	2.88	2.41	2.07

资料来源:OECD (2019). Pensions at a Glance 2019: OECD and G20 Indicators, OECD Publishing.

中国目前的生育率在几个发展中大国是最低的。而俄罗斯的低生育率已持续了较长时期。展望2040年,除中国的生育率将略有回升以外,其他7个国家均继续下降。

三、影响生育率的主要因素

一般而言,生育率主要受以下因素影响:

(1)越富裕,生育率越低。富裕程度主要是通过城市化水平,以及妇女受教育水平来影响生育率。一般而言,农村的养儿防老观念较强,而且农村社会从事农业生产需要更多的劳动力,因此往往生育率较高。当农村人口逐渐进入城市并全面融入城市的时候,人们生活水平上升,生活成本增加,经济压力也变得更大。在这种经济压力下,降低生育率成为控制生活成本、提高生活水平和生活质量的一种选择。这样,"城市化"通过社会经济的杠杆将抑制作用传导给"人口生育率"。与此同时,富裕程度越高,一般妇女受教育水平就越高,这可能导致生育率降低。富裕程度可能还会通过影响避孕工具获得的难易程度方面影响生育率,还可能通过影响流产因素影响生育率。

(2) 社会观念、宗教因素会影响生育行为。例如,中国传统社会有"生儿子才能传宗接代"的说法,同时,是否生育儿子也在一定程度上影响母亲的家庭地位,因此,女性生育儿子的动力很大,从而间接提高了生育率。宗教因素则主要通过社会观念、妇女地位等来影响生育率。

(3) 国家的育儿福利政策对生育的影响。传统上认为,女性就业率提高,会降低生育率。但各国实践表明,运作良好的福利政策与育儿服务(early childhood education and care,ECEC),让女性以育儿假的形式安心地暂时退出劳动力市场,可以抵消就业率提高带来的负面效应,高就业率与高生育率同时并存是完全可能的[①]。

(4) 预期的相对收入减少会限制生育。伊斯特林的"相对收入假说"认为,生育率受消费欲望(aspirations)和预期收入的影响,年轻人的消费欲望总是处于增长之中,而预期收入则因人口老龄化等原因而减少,会影响生育行为[②]。

(5) 生育年龄。在所有有数据的 OECD 国家中,有 30 个国家初次生育的妇女平均年龄在逐年增加。在 1995—2016 年,OECD 国家的平均初生年龄平均提高了近三年——从 26.0 岁提高到 28.9 岁。

生育第一胎的年龄提高意味着育龄期的缩短,也使得生育数降低。2016 年,美国和一些东欧国家(爱沙尼亚、拉脱维亚、立陶宛、波兰和斯洛伐克)的初生平均年龄最低,约为 27 岁,有利于生育率的提高;而日本、韩国、爱尔兰、卢森堡、瑞士、希腊、意大利和西班牙等国的初生平均年龄则超过 30 岁。

导致育龄提高的主要原因有:第一,女性的劳动参与率提高使得育龄延迟。女性进入职场,造成家庭组成的时间延迟,也使生育时间递延。第二,女性受教育年限延长,也在一定程度上延迟育龄。女性就业机会与其教育程度有关,教育程度较高的女性更容易被聘用。女性受教育的比例大幅提高,较以往有更多机会进入职场,加上男性与女性在职场上皆致力于确立自身的地位与角色,使得生育年龄延后,且生育数量也显著减少,甚而形成许多无子女家庭或单人家庭。

[①] OECD (2017). Starting Strong 2017: Key OECD Indicators on Early Childhood Education and Care, OECD Publishing.

[②] Easterlin, R. A. (1973). "Relative Income Status and the American Fertility Swing," in E. B. Sheldon (ed.), *Family Economic Behavior: Problems and Prospects*. J. B. Lippincott.

专栏1.2　俄罗斯存在人口持续减少的危机

几十年来,逆向人口趋势纠缠着俄罗斯。该国的出生人口远远赶不上死亡人口。目前这次人口危机从1992年开始,持续时间超过20年。

数字对比是惊人的:在苏联解体前的1976—1991年,16年间共有3 600万人出生,但1992—2007年,也就是苏联解体后的前16年,出生人口只有2 230万人,相对减少了40%。在1976—1991年,死亡人口为2 460万人。但是1992—2007年期间,死亡人口居然高达3 470万人,增加了40%。

2000年初,俄罗斯政府意识到问题的严重性,开始推出鼓励生育的政策。例如为孕妇提供饮食营养补助金、医疗服务费用和交通费用,延长带薪产假,生二胎一次性奖励政策等。2012年,年度出生人口终于超过死亡人数,这是苏联解体以来的第一次;出生率上取得了进步,从2006年平均每个妇女生育1.3个孩子上升到2012年的1.7个。在2013年的时候,俄罗斯的人均寿命统计是71岁,这是历史最高水平,此外婴儿出生率也基本达到欧洲的平均水平。

尽管近期取得一些进步,但是人口危机的威胁远远没有过去,反而更严重了了,同居广泛、结婚率低、延迟结婚年龄、延迟生育年龄等数种现象仍未改变,俄罗斯未来人口增长的窗口期正在迅速关闭。根据预测,在未来十年俄国20～29岁的人口数量会快速减少50%,与此伴随的是生育率快速下降,再加上高死亡率(全球第22位高位),未来人口总量还是会不断减少。据预测,如果没有任何政策措施,到2050年的时候俄罗斯人口很有可能缩减至只有1.13亿,跟今天1.44亿的水平相比下降20%。人口结构的变化对经济的剧烈影响是超乎想象的,就业年龄段的人口将减少2 600万或者更多,直接导致国家经济衰退、国际竞争力下降、繁荣程度锐减。

资料来源:Ilan Berman,《强国寡民:人口危机纠缠俄罗斯,国家未来前景黯淡》,《南方都市报》,2015年7月19日。

专栏1.3　房价育儿费居高不下 韩国生育率"欲振乏力"

韩国是前36个加入OECD的成员国中生育率最低的国家。近年来,生育率仍然持续降低。2018年,韩国的总和生育率为0.98,就是平均一名女子终生生育不足1名子女。

高房价和养育费等经济因素是造成人们不生育或是推迟生育的最大原因。其中,很多生了第一胎的夫妇体验到养育孩子须支付的各种费用所带来的沉重负担之后,就放弃生第二胎的念头了。

此外,近年来韩国晚婚现象越来越严重,晚婚已成为生育率持续下降最直接的原因。目前韩国大学升学率高达70.9%,其中男生大学升学率为67.6%,女生为74.6%。基于亚洲人的文化观念,随着女性大学升学率提高,人们结婚的平均年龄也越来越高。根据保健社会研究院发布的《低出生率持续原因与对策课题》报告书,韩国男性平均结婚年龄为 32.4 岁,女性平均结婚年龄为 29.8 岁。由于晚婚,生第一胎的平均年龄自然往后延。韩国统计署的数据显示,2014 年,女性生第一胎的平均年龄为 30.97 岁,是初次分娩的平均年龄最晚的国家。

随着妇女教育程度日益提升,完全退居家中相夫教子的妇女相对减少。很多上班族妈妈都表示难以兼顾育儿与家务。许多韩国人认为,如果政府要鼓励民众生儿育女,就应该放宽外籍保姆入境的政策,减轻聘请保姆的经济负担,让父母有了孩子也可以继续工作。

第三节 老龄化与老年人口赡养率的变化趋势

老龄化已是不可逆转的全球趋势。老年人口的增加是人口从高生育率和高死亡率转变到低生育率和低死亡率的结果。根据 2017 年 6 月联合国公布的《世界人口展望:2017 年修订版》[①],全球 65 岁以上老年人口占总人口比率,已由 1950 年的 5.1% 上升至 2017 年的 8.7%,预估至 2050 年将持续攀升至 15.8%;同时,80 岁以上老人占老年人口比率,也将由 2017 年的 1.8% 上升至 2050 年的 4.3%(见表 1.5)。

表 1.5 全球各年龄人口分布及预测　　　　　　　　单位:%

年 份	0~14 岁	15~59 岁	60 岁及以上	65 岁及以上	80 岁及以上
1950	34.3	57.8	8.0	5.1	0.6
2017	25.9	61.3	12.7	8.7	1.8
2030	23.7	59.9	16.4	11.7	2.4
2050	21.3	57.4	21.3	15.8	4.3

资料来源:World Population Prospects, the 2017 Revision.

一、世界人口结构的现状与趋势

随着预期寿命的提高,老年人退休以后的余命在增加,与此同时,生育率降低带来了少子化以及工作人口数量的减少问题,因此,赡养老人的负担将成为主要的社会经济问题。

---

① 联合国每两年对全球人口统计数据及其未来发展趋势的预测进行一次修订,旨在为广大会员国和联合国系统提供有关世界经济和社会发展变化的更为准确的估计,从而为相关政策的调整提供指导。

专栏 1.4　老龄人口与老龄社会的细分

（一）老龄人口的分类

虽然 65 岁及以上人口均属于老龄人口，但由于寿命的延长，老龄人口的年龄差异较大，健康状况、照料需求等方面的差异也很大。因此，老龄人口又可进一步细分为：

65～74 岁是低龄老人（young-old）；

75～84 岁是高龄老人（old-old）；

85 岁以上是超高龄老人（oldest-old）。

（二）老龄社会的分类

按世界卫生组织（WHO）的定义，一个国家 65 岁以上的人口占总人口的 7% 以上即称为老龄化社会（aging society）；达到 14% 即老龄社会（aged society）；达到 20% 则称超老龄社会（hyper-aged society）。

资料来源：Riley, M. W., Riley, J. (1986). Longevity and Social Structure: The Potential of the Added Years. In A. Pifer & L. Bronte (Eds.), *Our Aging Society: Paradox and Promise*. W. W. Norton.

专栏 1.5　美国各个世代的名称和特点

在中国，人们一般把不同时代的人归为"××后"，比如 80 后、90 后、00 后，而在美国，人们更习惯把不同世代的人按 X、Y、Z 划分。不同世代的人，人口数量差异较大，且由于成长环境的差异会呈现出不同的价值观和消费观。

世代名称	出生年份	特点
沉默的一代	1928—1945	由于经济大萧条和二战造成的低生育率，这一代人口量锐减。他们往往不太认同激进主义，而更倾向于以事业为中心、对公民参与漠不关心，所以被称为"沉默的一代"
婴儿潮一代	1946—1964	出生人口数量巨大。这一代人在冷战和越战的阴影中长大，个性鲜明，与其父辈价值观相悖，具有叛逆精神。作为一代人，他们接受的教育是史上最优质的，由于处于经济高速发展期，这代人取得了巨大的成功，也是美国最富裕的一代人
X 一代	1965—1980	继战后婴儿潮后婴儿低谷期出生的一代，比较热衷高消费和名牌产品。在 20 世纪 80 年代的经济衰退中长大，又经历 21 世纪初的互联网泡沫破灭，就在他们成家立业之际，又要面对全球金融危机和经济下滑。"X 一代"上有老下有小，在就业市场"腹背受敌"
Y 一代（千禧一代）	1981—1996	是婴儿潮一代的子女，也叫作回声潮世代（echo boomers）。这一代人受到经济衰退的严重影响，创纪录的失业率直接影响到年轻人就业
Z 一代	1997—2012	第一代真正的"数字原生代"（digital natives）。从小就享有互联网福利，数字技术与他们的生活无缝对接

二、世界各国老年人口赡养率的现状与趋势

通常,我们以老年人口赡养率(old age dependency ratio)进行比较。老年人口赡养率是指领取养老金人口数量(65岁及以上人口数量)占工作年龄人口数量(20~64岁人口数量)的比重①。OECD国家的平均赡养率的上升有加速趋势,从1960年的15.5%,升至1970年18%,到1990年达到20.6%,而到2020年则攀升至31.2%,预计到2050年将达到53.4%。

如表1.6所示,2020年在OECD国家中,日本的赡养率最高,达到52.0%,即每100个工作年龄的人要赡养52位老年人,换句话讲,就是每2个年轻人养1个老年人。赡养率超过35%的国家还有:芬兰(40.1%)、意大利(39.5%)、葡萄牙(38.6%)、希腊(37.8%)、法国(37.3%)、德国(36.5%)、瑞典(35.9%)和拉脱维亚(35.5%)。

表1.6　OECD各国的老年人口赡养率　　　　单位:%

国　家	1960	1990	2020	2050	国　家	1960	1990	2020	2050
澳大利亚	16.0	18.8	27.7	41.6	韩　国	7.6	8.9	23.6	78.8
奥地利	21.0	24.3	31.3	56.0	拉脱维亚	17.7	19.9	35.5	53.0
比利时	20.3	24.8	33.1	51.3	立陶宛	14.0	18.4	34.7	55.7
加拿大	15.1	18.4	29.8	44.9	卢森堡	17.6	21.2	22.5	43.8
智　利	7.9	10.9	19.7	44.6	墨西哥	8.3	9.6	13.2	28.9
捷　克	16.3	22.0	33.8	55.9	荷　兰	16.8	20.6	34.3	53.3
丹　麦	19.0	25.9	34.9	44.8	新西兰	17.0	19.5	28.3	43.8
爱沙尼亚	17.7	19.7	34.9	54.9	挪　威	19.8	28.5	29.6	43.4
芬　兰	13.5	22.0	40.1	51.4	波　兰	10.5	17.3	30.5	60.3
法　国	20.8	24.0	37.3	54.5	葡萄牙	14.8	23.9	38.6	71.4
德　国	19.1	23.5	36.5	58.1	斯洛伐克	12.6	18.2	26.5	54.6
希　腊	12.2	22.9	37.8	75.0	斯洛文尼亚	13.7	17.3	34.7	65.0
匈牙利	15.5	22.9	33.4	52.6	西班牙	14.6	23.1	32.8	78.4
冰　岛	16.4	19.0	26.6	46.2	瑞　典	20.2	30.9	35.9	45.5
爱尔兰	22.8	21.6	25.0	50.6	瑞　士	17.6	23.9	31.1	54.4
以色列	9.1	17.8	23.9	31.3	土耳其	7.0	9.4	15.2	37.0
意大利	16.4	24.3	39.5	74.4	英　国	20.2	26.9	32.0	47.1
日　本	10.4	19.3	52.0	80.7	美　国	17.3	21.6	28.4	40.4
					OECD	**15.5**	**20.6**	**31.2**	**53.4**

资料来源:OECD (2019). Pensions at a Glance 2019:OECD and G20 Indicators, OECD Publishing.

---

① 关于"工作年龄"的起始年龄,划分标准有一定争议,有的是20岁,有的是15岁。在许多发达国家,目前领取养老金的最早年龄是65岁,因此,以65岁及以上人口数量作为领取养老金的人口数量。由于发达国家的养老保险几近全民覆盖,所以65岁及以上人口数量基本等同于领取养老金的人口数量。

表 1.6 还显示,到 2050 年,将有 20 多个国家的赡养率超过目前日本的水平。赡养率高于 60% 的国家依次是:日本(80.7%)、韩国(78.8%)、西班牙(78.4%)、希腊(75%)、意大利(74.4%)、葡萄牙(71.4%)、斯洛文尼亚(65.0%)和波兰(60.3%)。

在 OECD 国家中,一些经济水平略低的国家赡养率较低。例如,智利、土耳其和墨西哥的赡养率分别仅为 19.7%、15.2% 和 13.2%。这些国家的预期寿命还不是很高,同时伴随着较高的生育率,因此赡养率较低。然而,到了 2050 年,现在大量的年轻人将变成老年人,这三个国家的赡养率也将大幅提高,分别达到 44.6%、37.0% 和 28.9%。

加拿大、美国、澳大利亚和爱尔兰四个文化传统相近国家的赡养率较低,分别为 29.8%、28.4%、27.7% 和 25.0%。这要归功于这些国家大量引进年轻的移民,改善了人口年龄结构。而且除了加拿大以外,其他 3 个国家的生育率都相对较高。

对比 2020 年和 2050 年的数据,可以发现韩国和西班牙的赡养率提高速度最快,分别由 2020 年的 23.6%、32.8%,增长至 2050 年的 78.8% 和 78.4%,主要原因在于这两个国家的生育率急剧下降。韩国将由目前赡养率最低的国家之一,跃升为最高的国家之一。

表 1.7 显示了几个发展中国家的赡养率现状与趋势。由于生育率较高,预期寿命较短,目前,这些发展中的大国的赡养率水平远低于 OECD 平均水平。相对而言,俄罗斯由于较长一段时间生育率水平较低,导致赡养率在几个发展中国家中遥遥领先。

表 1.7　一些发展中国家的老年人口赡养率　　　　单位:%

国　家	1960	1990	2020	2050	国　家	1960	1990	2020	2050
阿根廷	10.1	17.3	20.2	30.3	印度尼西亚	7.6	7.7	10.6	27.3
巴　西	7.1	8.4	15.5	39.5	俄罗斯	10.5	17.2	25.3	41.7
中　国	7.6	10.2	18.5	47.5	沙特阿拉伯	8.4	6.1	5.3	28.2
印　度	6.4	7.9	11.3	22.5	南　非	8.4	8.7	9.6	17.4

资料来源:OECD (2019). Pensions at a Glance 2019:OECD and G20 Indicators, OECD Publishing.

对比 2020 年和 2050 年的赡养率数据可以发现,这 8 个国家的赡养率基本上都将翻一番。其中以中国和巴西的老龄化进程最快。2050 年中国的赡养率将达到惊人的 47.5%,这个数据如果拿到 2020 年的 OECD 成员国中进行对比,可以排到第 2 位,仅次于日本。到 2050 年,预计南非将是最年轻的国家,赡养率甚至低于当前中国的水平,为 17.4%。

第四节　中国的人口老龄化趋势

国际人口学会编著的《人口学词典》对人口老龄化的定义是:当一个国家或地区 60 岁及以上人口所占比例达到或超过总人口数的 10%,或者 65 岁及以上人口达到或超过总人口数的7%时,其人口即称为"老年型"人口,这样的社会即称为"老龄社会"。根据联合国的标准,我国于1999年进入"老龄社会"(见表1.8)。

表1.8 中国的老龄化进程

普查时间	60岁及以上人口		65岁及以上老年人口	
	数量	比例	数量	比例
2000年第五次人口普查	12 998万人	10.20%	8 811万人	6.96%
2005年全国1%人口抽样调查	14 408万人	11.03%	10 045万人	7.69%
2010年第六次人口普查	17 765万人	13.26%	11 883万人	8.87%
2015年全国1%人口抽样调查	22 182万人	16.15%	14 374万人	10.47%

一、我国的三次生育高峰期及对老龄化进程的影响

我国人口变动的某些特征与美国有相似之处。比如,美国有所谓"婴儿潮"人口,而我国却出现过三波人口生育高峰(见图1.1)[①]。

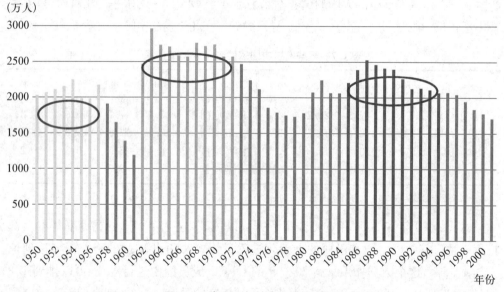

图1.1 我国历年的出生人口数量

资料来源:国家统计局人口和社会科技统计司,《中国人口统计年鉴2001》,中国统计出版社,2001年。

第一波"婴儿潮"是中华人民共和国成立初期(1950—1957年)。这代人目前已经进入老年人口范畴。由于中华人民共和国成立以后,我国的社会政治环境相对稳定,社会经济得到了发展,人民生活水平得到了一定的提高,从而形成这次战后的生育补偿。

第二波在1962—1972年。在1959—1961年三年中,出生率的下降主要是受严

---

① 陈友华:《出生高峰与出生低谷:概念、测度及其在中国的应用》,《学海》,2008年第1期。

重困难的国民经济的影响,而不是由于人们生育观念的改变引起的生育率的下降或者是由于年龄结构的变化引起的。1962年之后社会经济条件有所改善,因此出现了一轮生育高峰。

第三波是1985—1995年。按照现代人婚育的年龄推算,婴儿潮之后24～30年会出现回声婴儿潮。由于20世纪60年代初"第二次人口生育高峰"中出生的人口陆续进入生育年龄,人口出生率出现回升。

从1950年新中国首部婚姻法出台到1980年,在长达30年的时间里,我国规定"男二十岁,女十八岁,始得结婚"。现行法定婚龄始于1980年版的婚姻法,其中规定"结婚年龄,男不得早于22周岁,女不得早于20周岁。晚婚晚育应予鼓励"。1980年婚姻法调高法定婚龄,无疑有当时控制人口数量的考虑。1982年,计划生育被党的十二大确定为基本国策,同年写入我国宪法,并设定了到20世纪末把人口控制在12亿以内的目标。因此,80年代以后的生育率并不高。因此有人认为这段时间只能称为人口出生高峰期,不能称为人口生育高峰期。

我国的人口增长与预期寿命的提高,得益于死亡率的大幅下降。1949年前,妇幼健康服务能力薄弱,广大农村和边远地区缺医少药,孕产妇死亡率高达1 500/10万,婴儿死亡率高达200‰,人均预期寿命仅有35岁。1949年后,妇幼健康事业面貌焕然一新,妇女儿童健康水平不断提高,2018年全国孕产妇死亡率下降到18.3/10万,婴儿死亡率下降到6.1‰。严重威胁群众健康的重大传染病得到有效控制。我国成功地消灭了天花和丝虫病,实现了无脊髓灰质炎目标,在总体上消除碘缺乏病阶段目标,有效控制了麻风病、血吸虫病、疟疾等曾经严重威胁人民群众健康的疾病。未来一段时间,随着我国人口老龄化程度加深,老年人口数量和比重都将增加,死亡率将有一定幅度的上升。

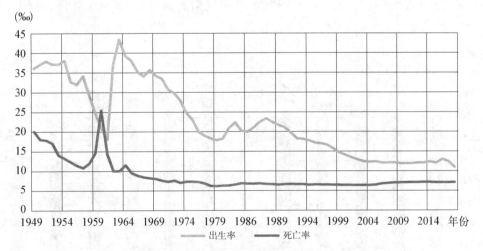

图 1.2　1949 年以来历年出生率与死亡率

注:出生率(又称粗出生率)指在一定时期内(通常为一年)一定地区的出生人数与同期内平均人数(或期中人数)之比,用千分率表示;死亡率(又称粗死亡率)指在一定时期内(通常为一年)一定地区的死亡人数与同期内平均人数(或期中人数)之比,用千分率表示。

二、我国生育政策的调整及其影响

我国从2013年开始实施单独二孩政策,从2015年起全面放开二孩政策,但出生人口远低于预期。"全面二孩"政策自2015年实施以来,政策累积效应在前两年集中释放,导致生育率呈现先升后降的现象,2018年出生人口下降幅度明显。2018年后,生育进入政策调整后的平稳期,受育龄妇女数量和结构影响,2019年出生人口略有减少。

2019年我国出生人口总量减少的主要原因是育龄妇女人数持续减少,特别是生育旺盛期育龄妇女人数减少。15~49岁育龄妇女人数比2018年减少500多万人,其中,20~29岁生育旺盛期育龄妇女人数减少600多万人。另外,生育水平略有下降,也是影响出生人口减少的因素。但从生育孩次看,出生人口中二孩及以上比重明显高于一孩,2019年二孩及以上比重达59.5%,比上年提高2.1个百分点,这说明"全面二孩"政策持续发挥作用。

我国在20世纪60年代生育高峰期结束以后,在计划生育政策的推行中,迅速进入低生育率时期。这就形成了前后两个时期的出生人口差异较大的现象。这样的人口分布情况对老龄化进程影响很大,即60年代生育高峰期出生的人口进入退休期时,将有大量的劳动力退出就业市场;而同时,70年代中后期出生的人口数量急骤降低,既要面临劳动力短缺问题,又要赡养大规模的60年代出生的退休人员,面临较大的挑战。

此外,计划生育政策实施后产生了一个新的问题——"失独"家庭的养老问题。美国威斯康星大学学者易富贤认为,根据2013年人口数据推断,在中国内地现有的2.18亿独生子女中会有1 009万人或在25岁之前离世,也就是说内地将会有1 000万"失独"家庭。

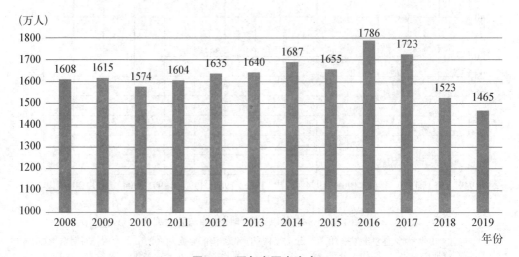

图1.3 历年中国出生人口

资料来源:国家统计局历年公布的《国民经济和社会发展统计公报》。

三、我国劳动年龄人口的变动趋势

由于生育持续保持较低水平和老龄化速度加快,我国15~64岁劳动年龄人口的比重从2011年开始已经逐年下降,与此同时,我国的劳动年龄人口总量也在2013年达到最高值以后,也逐年下降。2017—2019年间劳动年龄人口下降幅度和老年人口增长幅度明显放缓,主要原因是1959—1961年期间出生人口相对较少。随着20世纪60年代生育高峰期出生的人员大规模达到退休年龄以后,我国劳动年龄人口数量将大幅下降。因此,对劳动力供给问题需要给予更多关注。

需要强调的是,劳动年龄人口并非就业人口,人口红利不等于就业红利。一些处在劳动年龄的人员由于长期失业或身份健康原因无法工作,例如一些农民工在建筑、采矿和环卫等领域工作,工作环境较差,又缺乏劳动保护意识,患上尘肺病、职业性化学中毒、职业性噪声聋、职业性放射性疾病等,或是因工伤残,职业生涯特别短;一些人员的退休年龄是50岁或55岁,在领取养老金以后就选择不再工作。当然,也有不少65岁及以上的人员仍在就业之中。2018年年末我国15~64岁人口总量为99 357万人,而年末全国就业人员77 586万人,仅占前者的78.09%[①]。

我们还要看到,就业红利不一定能够为养老形成足够的储备。日本、韩国在20世纪60—80年代高速发展时,其人口红利正好与高速发展的工业时代相匹配,电子产品的利润率较高,使得这些国家的劳动力回报较高。但我国劳动力充沛时,从"微笑曲线"上看,制造业的高利润并没有留在国内。西方国家基本上放弃了电脑、电视、冰箱、空调、智能手机等市场,部分技术转移到中国等新兴市场国家。比如IBM将个人电脑业务出售给联想,日本松下、索尼、夏普基本上剥离了家电业务,部分产品及技术出售给了中国海尔等企业。西方企业只掌控核心技术及产品,如苹果手机、高通芯片、索尼镜头等。这种生产分配格局,制约了我国的人口红利。

表1.9 我国各年龄段人口占总人口的比重

年 份	0~14岁占比(%)	15~64岁占比(%)	65岁及以上占比(%)	15~64岁人口总量(万人)
2000	22.89	70.10	6.96	88 910
2001	22.50	70.40	7.10	89 849
2002	22.40	70.30	7.30	90 302
2003	22.10	70.40	7.50	90 976
2004	21.50	70.90	7.60	92 184
2005	20.30	72.00	7.70	94 197
2006	19.80	72.30	7.90	95 068
2007	19.40	72.50	8.10	95 833

---

① 人力资源和社会保障部:《2018年度人力资源和社会保障事业发展统计公报》。

续 表

年 份	0～14岁占比(%)	15～64岁占比(%)	65岁及以上占比(%)	15～64岁人口总量(万人)
2008	19.00	72.70	8.30	96 680
2009	18.50	73.00	8.50	97 484
2010	16.60	74.50	8.90	99 938
2011	16.50	74.40	9.10	100 283
2012	16.50	74.10	9.40	100 403
2013	16.40	73.90	9.70	100 582
2014	16.50	73.40	10.10	100 469
2015	16.52	73.01	10.47	100 361
2016	16.70	72.50	10.80	100 260
2017	16.80	71.80	11.40	99 829
2018	16.86	71.20	11.90	99 357

资料来源：《中国统计年鉴2019》。

专栏1.6　刘易斯拐点

　　发展经济学家阿瑟·刘易斯（Arthur Lewis）在1954年提出了拐点理论，用以解释在经历快速工业化的农业经济体中，工资是如何保持低位的。此后，该理论被普遍用来解释日本、韩国等经济体的发展轨迹。据刘易斯解释，工业化启动之初，劳动力从生产率低下的农村向城市工业部门的重新分配有助于推动生产力快速增长。但这种发展的成果超出比例地流向企业所有者，因为农村过剩劳动力的"深潭"确保了薪资保持低位。这种格局解释了中国经济的特征：人口结构较为年轻，推高社会总储蓄率；资本方因劳动力廉价，获利丰厚，投资率高得异常。然而，最终会出现劳动力短缺，城市雇主必须提供更高的工资，才能吸引工人离开农村的家乡。企业利润、出口竞争力和资产价格下降。

第一次人口红利

　　通常我们将人口按年龄区分为0～14岁的"幼年人口"、15～64岁的"经济劳动力人口"或"工作人口"，以及65岁及以上的"老年人口"。从这三个年龄群比例的变化，即可看出一个国家或社会的人口结构以及经济发展所需的人力资源。抚养比（或称依赖比）即是其中一项人力指标，又可以区分为扶幼比（幼年人口数/工作人口数）与扶老比（老年人口数/工作人口数），扶幼比加上扶老比，就是所谓的"抚养比"，数值愈高则代表负担愈重。什么样的人口结构最有利于经济发展呢？当然是抚养比愈低愈好，于是有所谓的"人口红利"（population dividend），通常以抚养比低于50%来定义，即抚养人口数与工作人口数的比值低于50%，换句话讲就是工作人口数占总人口至少66.7%，而抚养人口数低于33.3%。1990年我国进入人口红利期，1990—2010年人口红利逐步提升，2010年抚养比下降到最低值（34.17%）、人口红利上升到峰值；

其后人口红利逐渐衰减，2030年前后衰减为零并随即转变到人口负债期；而后负债率逐步走高，2050年抚养比将达到62%左右，负债率也将创出新高。

第二次人口红利

当人口趋向老年型社会时，存在潜在的第二次人口红利，由老年人口较强的储蓄动机而形成的储蓄转化为资本进入生产函数，但是这一阶段不能像第一次人口红利那样存在无限或充足的劳动力供给，故而生产将可能出现边际报酬递减而使得经济产出增长不可持续。随着人口进入老年型社会，人口质量也不断提升，人口文化素质和健康素质将达到更高的水平，整个社会的人力资本也将处于较高水平。由人力资本投入所形成的劳动力内涵发展而削弱边际报酬递减的效应，以助于经济增长。即在人口年龄结构变化了的情况下，仍然可以挖掘出一些有利于经济增长的人口因素。例如，整体提高人力资本水平和健康水平，通过社会养老保障制度向积累型模式转变来推动经济增长。

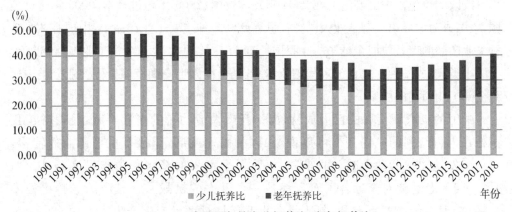

图 1.4　我国历年的少儿抚养比、老年抚养比

资料来源：《中国统计年鉴2019》。

四、中国人口老龄化的特点

(一)"未城先老"

中国的城市化率，在1982年是20%，2000年是35%，2016年达到57.35%，2018年接近60%。但是与绝大多数国家的城市化进程不同，中国的城市化集中发生在1990—2010年这20年里，早期城市化到现在才刚刚经过一代人，导致的一个结果就是农村和城市人口结构在短期大规模人员流动后形成的巨大差异。简单说，就是农村剩下来的人口偏老，城市人口偏年轻。预计农村和乡镇的老龄人口将持续增长，即使到2050年的时候，将仍占所有老龄人口的50%，数量巨大的老年人在农村养老，与子女异地居住，其收入来源、照料看护、医疗保健等存在较大的挑战。

虽然单纯从比例来说，中国将来城市化率会进一步上升到65%～70%，甚至超过

70%,但是这不会通过农村人口进城完成。农村偏老的人口逐渐自然死亡,中国的新出生人口(虽然越来越少)主要集中在城市,这是未来城市化率上升的主要原因。

(二)"未富先老"

我国人均预期寿命大幅增长,从1949年时的35岁增长到2019年的76.9岁,翻了一番还多,这是人类历史上史无前例的奇迹。国际规律是人均GDP越高,人均预期寿命越高。但中国打破了这个规律。以中国1980年的GDP水平,按国际规律计算,我国在1980年时人均预期寿命应该是50多岁,但实际达到了67岁,远远高于发展中国家的水平。

(三)中国人口老龄化进程影响世界人口老龄化进程

2020年中国的人口数量占全世界人口总数的18.47%。中国不仅人口众多,对世界举足轻重,而且中国还是制造业大国。我国制造业形成了体系化的产业链和全球化的供应链,建成了一批规模化的产业基地和产业集群,在国际产业分工中扮演着不可或缺的角色。中国制造业在2004年超过德国、2006年超过日本、2009年超过美国,中国成为世界第一制造业大国。在世界500多种主要工业产品中,中国有220多种工业产品的产量位居全球第一。我国拥有41个工业大类、207个工业中类、666个工业小类,形成了独立完整的现代工业体系,是全世界唯一拥有联合国产业分类中所列全部工业门类的国家。

中国的工农业发展的巨大成就,离不开广大劳动者的辛勤奉献,也得益于我国处在人口红利的机遇期。可以说,中国的高速发展,承接了世界产业的转移,解决了发达国家劳动力减少的难题,保障了全世界的经济稳定与民生福祉。但是,中国的老龄化对全球各国而言都是一个巨大的挑战。一旦中国老龄化程度加深,劳动力价格不断上升,制造业产能下降将对世界产出产生重大影响。迄今我们还看不到世界有任何一个国家在劳动力数量、产业链衔接上能接受中国的产业转移。

五、中国人口老龄化趋势展望

2019年7月联合国人口署发布的《2019年世界人口展望》预计:中国人口在2030年将达到14.64亿,到21世纪末将回落到10.65亿(见图1.5)。依照惯例,人口署会对各国未来人口给出低、中、高预测值,上述数据为中预测值。对应于中国21世纪末的预测,高、中、低预测值分别是:13.40亿人、10.65亿人和8.20亿人。

目前关于人口预测,存在一些争议,例如梁建章、易富贤等认为我国未来的人口数量远低于联合国的预测值,应大力鼓励生育,减轻老龄化的冲击[①]。人口预测决定

---

① 参见梁建章、李建新、黄文政:《中国人可以多生!》,社会科学文献出版社,2014年;易富贤:《大国空巢:反思中国计划生育政策》,中国发展出版社,2013年。

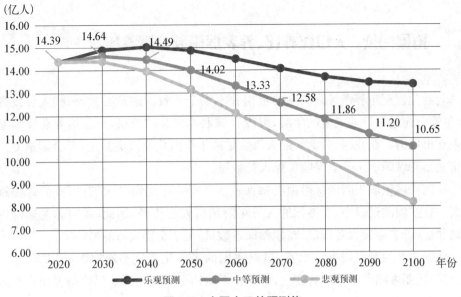

图 1.5 中国人口的预测值

资料来源：United Nations, Department of Economic and Social Affairs, Population Division (2019). World Population Prospects 2019, Volume II: Demographic Profiles (ST/ESA/SER. A/427).

了我国的生育政策制订以及相应的社会福利政策出台。适度控制的人口数量，有利于资源与环境的协调；而如果人口规模适度扩张，则有利于减轻老龄化负担。因此人口规模与老龄化结构之间存在一定的矛盾性，需要寻找一个平衡。

如表1.10所示，按65岁及以上人口比重进行排名，2020年中国老龄化比重为12.0%，远低于西方七个大国；到2030年，我国老龄化比重将达到美国2020年的水平，但仍低于西方七国；到2050年，我国的老龄化比重将达到26.1%，超过英国、加拿大和美国，在8个国家中位列第5；到2075年，排名将超过法国，位列第4。

表 1.10　我国与西方七国的老龄化比重展望　　　　　　（单位：%）

国　　家	2020 年	2030 年	2050 年	2075 年
中　　国	12.0	16.9	26.1	30.1
加 拿 大	18.1	22.8	25.0	28.0
法　　国	20.8	24.1	27.8	29.9
德　　国	21.7	26.2	30.0	30.4
英　　国	18.7	21.5	25.3	27.8
意 大 利	23.3	27.9	36.0	36.7
日　　本	28.4	30.9	37.7	37.8
美　　国	16.6	20.3	22.4	26.3
世　　界	9.3	11.7	15.9	19.5

资料来源：United Nations, Department of Economic and Social Affairs, Population Division (2019). World Population Prospects 2019, Volume II: Demographic Profiles (ST/ESA/SER. A/427).

注：老龄化比重＝65岁及以上人口数量/全部人口数量。

拓展阅读：人口赡养比、养老保险制度赡养比

老龄化程度与养老保险制度的负担并不完全一致。这是因为，一些人员没有参保，尽管已超过领取养老金的年龄，但没有领取养老金的资格，不会给养老保险基金带来支出压力。在我国，劳动年龄人口数量高于全国从业人员数量，而全国从业人员数量又高于城镇职工养老保险参保人员数量。

我国的城镇职工养老保险制度参保覆盖面有一个逐渐扩大的过程，参保率逐年提高。在扩面的过程中，新参保的人员年龄结构较为年轻，因此，我国养老保险的制度赡养比（养老金领取者数量/在职参保者数量）低于全部人口的赡养比。

从图1.6的制度赡养率来看，虽然我国的老龄化程度不断加深，但2000—2011年，我国的制度赡养基本没有变化，原因在于城镇企业职工养老保险制度使许多来自农村的新职工源源不断地加入，改善了制度的年龄结构。

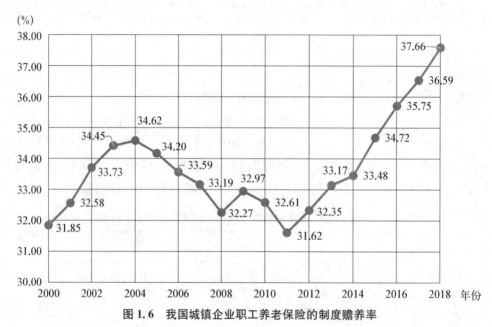

图1.6 我国城镇企业职工养老保险的制度赡养率

资料来源：《中国统计年鉴2019》。
注：制度赡养率=城镇企业养老保险退休职工数量/城镇企业养老保险在职职工数量。

 **复习思考题**

1. 你认为我国城镇职工养老保险的支出高峰期将在何时出现？

2. 有人认为,人类社会目前存在老龄化与少子化并存的现象,从社会的总抚养率来看,少子化减轻了社会支出压力,老龄化加重了社会支出压力,两个互相抵消,社会支出的压力并没有发生变化。你认为这一说法是否有道理?

3. 2019年3月5日,全国人大二次会议在北京召开,此次会议上全国人大代表、贝达药业股份有限公司董事长丁列明提交《关于抓紧修改法定结婚年龄及不再鼓励晚婚晚育的建议》,获得了较为广泛的关注。其建议修改《婚姻法》第六条,将结婚年龄"男不得早于二十二周岁,女不得早于二十周岁"改为"男不得早于二十周岁,女不得早于十八周岁",同时删除"晚婚晚育应予鼓励"。请分析降低结婚年龄的利弊之处,试判断对提高我国的生育率有无帮助。

第二章

家庭的小型化与福利给付

家庭是社会的基础。传统家庭为家庭成员提供了包括养老、医疗、生育、救济、福利等全方位的保障功能。1989年12月8日,第44届联合国大会通过一项决议,宣布1994年为"国际家庭年",并确定其主题为"家庭:变化世界中的动力与责任",其铭语是"在社会核心建立最小的民主体制"。联合国有关机构又确定以屋顶盖心的图案作为"国际家庭年"的标志,昭示人们用生命和爱心去建立温暖的家庭。"国际家庭年"的宗旨是提高各国政府、决策者和公众对于家庭问题的认识,促进各政府机构制定、执行和监督家庭政策。

1993年2月,联合国社会发展委员会又做出决定,从1994年起,每年5月15日为"国际家庭日"。设立"国际家庭日"旨在改善家庭的地位和条件,加强在保护和援助家庭方面的国际合作。

第一节 各国的家庭组成情况及发展趋势

家庭保障是社会保障的有力支柱,直接有效地帮助维护了社会的安定。但家庭本身也逐渐小型化、流动化,对家庭成员的保障作用有所削弱。在现代社会,既需要继续提倡家庭的保障功能,也要调整和完善社会保障政策,以应对家庭保障功能的弱化。

一、家庭结构的变迁

(一) 从传统家庭到核心家庭

在过去的传统农业社会,一般居民都是为了配合农业生产,因而家庭多以几代同堂形态扩大。其后,随工业革命的诞生,社会的生产模式渐渐转移至工业方面,于是大家庭模式亦开始转化为"一夫一妻",以及其子女所组成的核心家庭,我们称之为"现代家庭"。

核心家庭的风险通过福利国家的制度得到保障。因为有养老金,老年人在经济上从子女家庭独立了,而子女家庭也因养老保险制度削减了对父母的赡养义务,经济的自立程度进一步增加。但这些自立是有代价的。在传统社会,老年人丧偶并不意味着就失去家庭;而在核心家庭时代,丧偶就意味着失去家庭。这种现象导致对现代国家社会服务的新的需要。

(二) 从核心家庭到后现代家庭

20世纪70年代中期以后,个人开始从核心家庭中脱离出来。现今繁荣的大都市中大多数城市的制造业比重开始降低、服务业日益繁荣,对产业工人的需求下降,对女性的就业限制有所减少。此外,女性主义高涨,特别强调男、女两性的平等,再加上教育水平逐渐提升,于是女性纷纷外出工作追求自我价值的实现,并且能够在经济上独立生活,可以不再依赖于家庭,"核心家庭"受到冲击。

所谓后现代家庭,除了离婚率持续攀升之外,再婚的比率也相继提高,再加上部分人群对结婚的忧虑,于是这个后现代的社会便出现不少单亲家庭、多段婚姻的继亲家庭、无子女家庭和单人家庭。后现代家庭的特质是不确定和多种关系,学者无以名之,则称为"后现代家庭"(post-modern families)。所以,随时代的变迁,独身、迟婚、离婚、单亲、多元的家庭模式,已成为这个后现代社会的特色了。以英国为例,从20世纪70年代初期至21世纪第二个十年,家庭形态和结构发生了重大的改变(见表2.1):越来越多的非婚生子女、婚前同居、晚婚现象出现,同时妇女生育子女数减少,最后的结果是单亲家庭越来越多、独居人数增加、家庭成员平均数量变小。家庭形态变得更加多样化,一个成年人可能在独居、单亲、同居、结婚、离婚、再婚、生育更多的孩子等状态间转化。家庭形态也随着区域、民族和收入水平的不同而有所差异。因此,无法用一种家庭形态反映所有人实际所处的家庭状态。

表2.1 英国的家庭形态和家庭结构变化

指标	20世纪70年代早期	21世纪第二个十年中期
非婚生子女比例(%)	8	47
单身女性同居比例(%)	8(1979年)	31
女/男第一次结婚的中位者年龄(岁)	21/24	30/32
15~44岁女性的堕胎数量(人次)	161 000	190 800

续表

指标	20世纪70年代早期	21世纪第二个十年中期
生育率(每千名女性)	84	93
离婚数量(对)	79 000	118 140
离婚率(每千个已婚人口)	5.9	10.8
单亲家庭的比例(%)	8	25
独居家庭的比例(%)	18	28
家庭成员的平均数量(人)	3.1	2.4
16岁以下人口所占比例(%)	25	19
65岁以下人口所占比例(%)	13	17

资料来源:Pete, A., Margaret, M., Sharon, W. (2016). *The Student's Companion to Social Policy*, Fifth Edition, John Wiley & Sons, p.411.

由于离婚和同居的占比增加,加上低生育率的趋势,当前各国家庭中,只有一个或两个孩子的家庭开始增加。许多小孩只与父母中的一人共同生活,这在一定程度上削弱了家庭保障的保护功能。例如,2007年以来,法国"非婚生子女"比例达52%以上,已超过"婚生子女"数量,占社会主流。而且,这些孩子的母亲大多数都不是单身母亲、未成年母亲或贫穷母亲,相反,各种社会背景和经济阶层的人都有,她们大多都是自愿在不结婚的情况下生下孩子的。以法国司法部前部长拉齐达·达蒂为例,在任时未婚怀孕后,她在国内的民众支持率不降反升,大部分法国民众及媒体不仅对她十分同情,还自动组成"沉默阵线",约定不为满足大众好奇心而不择手段去曝光达蒂孩子的父亲。

专栏2.1　日本政府推行女性经济学,但成效不佳

日本妇女生育率和劳动参与率都低于欧美,且比欧美长寿5~6岁,年轻时"不养人",年老时"要人养"。前首相森喜朗认为不生育的妇女是不负责任地享受"自由",不应享受退休金。10多年前,日本就提出要提高妇女劳动参与率。近年来,"女性经济学"(Womenomics)作为"安倍经济学"(Abenomics)经济刺激计划的一部分,致力于鼓励女性进入职场,以此抵消日本的低生育率及老龄化带来的劳动人口下降问题。

2015年8月28日,日本上议院通过法案,要求日本所有公有企业及私营企业在2016年4月前为招聘及提拔女性员工设立具体数字目标。9月27日,安倍本人在联合国就性别平等问题发表演讲,声称计划在2020年在政界和商界将女性领导者的比例提升至30%。同年12月,安倍就将30%的目标猛砍至7%,从而宣告该政策基本破产。

二、世界各国的家庭组成情况

2012年,在OECD成员国的家庭组成中,结婚是最普通的家庭存在形式(占全部家庭数量的52.4%);其次是从未结婚(27.1%);第三是同居(7.9%);接下来分别是:鳏寡(6.2%)、离婚(4.9%)、分居(1.5%)。各国的家庭形态情况差异较大(见表2.2)。同居已成为北欧国家中长期伙伴关系的一种重要形式,在北欧国家,人们推迟并经常以同居关系取代婚姻[①]。例如在瑞典,处理同居关系的规则主要来自2003年出台的单行法《同居法》,与专门调整狭义婚姻关系的《婚姻法》并立。

表2.2　2012年OECD国家15岁及以上人口的家庭形态占比　　单位:%

国　家	结　婚	同　居	从未结婚	鳏　寡	离　婚	分　居
土耳其	66.26	0.15	27.09	4.27	1.84	0.40
日　本	65.39	0.22	23.41	7.79	2.83	0.36
意大利	63.53	1.99	23.68	5.95	2.00	2.86
葡萄牙	62.96	2.22	24.90	6.61	3.11	0.21
希　腊	60.73	0.13	26.53	9.07	3.07	0.47
以色列	59.93	0.10	32.09	3.18	4.58	0.12
西班牙	56.36	3.99	29.86	4.58	3.26	1.95
波　兰	56.12	0.88	28.20	9.45	4.26	1.09
韩　国	55.77	0.24	38.61	3.46	1.34	0.59
捷　克	55.58	2.49	24.89	5.23	11.06	0.75
奥地利	55.03	6.97	24.51	5.83	7.00	0.66
瑞　士	54.92	3.31	27.54	4.98	7.52	1.73
卢森堡	54.70	6.26	25.56	4.69	7.05	1.74
澳大利亚	54.40	9.90	23.90	5.04	4.04	2.72
爱尔兰	54.07	4.54	33.41	4.51	1.21	2.26
美　国	52.52	1.24	30.82	4.86	8.13	2.43
OECD	**52.43**	**7.87**	**27.13**	**6.22**	**4.86**	**1.50**
荷　兰	52.23	10.80	28.74	3.68	4.28	0.27
德　国	51.51	5.50	26.18	9.18	6.40	1.24
冰　岛	50.63	21.00	23.36	2.44	1.85	0.73
英　国	50.56	10.44	22.41	7.20	6.79	2.61
比利时	50.40	10.81	24.89	7.80	5.72	0.38
斯洛伐克	50.36	3.41	30.07	10.18	5.56	0.42
加拿大	49.38	9.05	28.36	4.68	5.22	3.31
斯洛文尼亚	49.37	14.50	25.83	6.67	2.80	0.82
墨西哥	49.11	11.28	28.49	5.70	2.29	3.13
新西兰	48.63	13.30	26.73	4.50	4.67	2.18
挪　威	48.31	16.90	24.11	5.32	4.44	0.91
法　国	47.52	12.26	24.46	7.71	5.77	2.28
丹　麦	45.46	12.32	27.49	7.66	6.22	0.86

---

① OECD (2019). Society at a Glance 2019：OECD Social Indicators，OECD Publishing，p. 80.

续表

国　家	结　婚	同　居	从未结婚	鳏　寡	离　婚	分　居
芬　兰	44.88	11.11	27.36	6.18	10.25	0.22
匈牙利	44.50	12.38	21.58	13.33	6.59	1.62
瑞　典	42.40	19.36	26.73	4.08	5.13	2.31
智　利	41.19	9.74	37.97	5.13	1.15	4.82
爱沙尼亚	37.80	18.65	22.65	10.62	7.76	2.52

资料来源：OECD (2014). Society at a Glance 2014：OECD Social Indicators，OECD Publishing.
注：数据是根据 Gallup World Poll（www.gallup.com）调查结果得出的。

（1）结婚率在各国差异较大。2012 年，日本和土耳其的已婚人士占比超过 65%；而智利和爱沙尼亚的已婚人士占比仅有 40% 左右。

（2）一般而言，在低结婚率的国家，同居人群的占比较高。例如，爱沙尼亚、冰岛和瑞典，大约有 1/5 的成年人处于同居状态。反之，在日本、土耳其等结婚率较高的国家，同居人群的占比仅为 0.1%～0.2%。

（3）一些国家中，从未结婚的人群占比较高。例如，在智利、韩国，每 10 名成年人中大约有 4 位从未结婚；在爱沙尼亚、匈牙利、英国等国，这一占比也达到了将近 1/5。

（4）丈夫挣钱养家、妻子在家料理家务的传统家庭模式已经不再流行。以英国为例，这类家庭总量占英国有子女的家庭总量比例已低于 1/4[①]。在 20 世纪 70 年代初期，英国仅有 50% 的已婚母亲就业。在当时，已婚女性通常会花几年时间照看年幼的小孩，等小孩大一些以后再就业。而在 2010 年，已婚母亲的就业率达到了 3/4。

（5）由于生育率下降使家庭人口数减少，老龄者独立（独自或与其配偶）生活趋势日益普遍，并与人口老龄化程度呈正相关。目前全球约有 40% 的老龄人口独立生活，在老龄化程度相关性不变情况下，预计未来此比率仍将呈上升趋势。2011 年 3 月 11 日发生在日本东北部的大地震，令这个问题暴露无遗。在这场地震以及海啸双重灾难中，死亡人数为 15 800 人，而 60 岁以上的死者人数占可统计死亡人数高达 64.4%，此次受灾的很多沿海城镇多年来人口一直在减少，因为年轻人都前往大城市寻找工作。

（6）如表 2.3 所示，在发展中国家，家庭结构的差异也很大。在中国、印度、印度尼西亚，超过 70% 以上的成年人是已婚的，而在南非，仅有约 25% 的成年人是已婚的。在发展中国家中，仅有巴西、阿根廷的同居人口比重超过 OECD 成员国的平均水平。令人吃惊的是，俄罗斯的经济发展水平不高，但离婚人口的比重高达 9%，仅低于捷克和芬兰，高于其他 OECD 成员国。

---

① Pete, A., Margaret, M., Sharon, W (2012). *The Student's Companion to Social Policy*, Fourth Edition, John Wiley & Sons, p.167.

表 2.3　2012 年一些发展中国家 15 岁及以上人口的家庭形态占比　单位：%

国　家	结婚	同居	从未结婚	鳏寡	离婚	分居
中　国	78.97	0.27	17.77	2.18	0.62	0.19
印　度	70.74	0.14	23.26	5.13	0.42	0.31
印度尼西亚	70.53	0.06	22.97	4.72	0.98	0.74
俄罗斯	50.78	2.54	22.37	12.16	8.94	3.21
巴　西	45.35	8.67	34.85	4.58	3.25	3.31
阿根廷	36.92	17.18	31.48	7.61	1.16	5.66
南　非	26.70	3.53	56.22	7.64	3.09	2.81

资料来源：OECD（2014）．Society at a Glance 2014：OECD Social Indicators，OECD Publishing．
注：数据是根据 Gallup World Poll（www.gallup.com）调查结果得出的。

三、各国结婚率与离婚率

从长期趋势来看，各国的初婚年龄持续提高，结婚率呈下降趋势（见图 2.1），离婚率明显趋于稳定。1990—2016 年，在 OECD 国家中，只有瑞典和土耳其的结婚率有所上升。

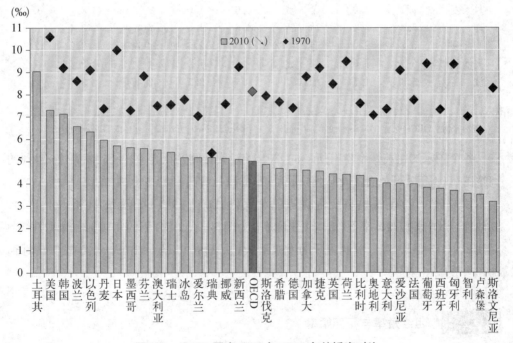

图 2.1　OECD 国家 1970 年、2010 年结婚率对比

资料来源：OECD 网站，http://www.oecd.org/social/family/database.htm.

结婚率下降的主要原因在于适婚人口比例的降低。一方面，各国正在逐渐进入老年人口比重不断加大的社会时期，人均寿命延长，总人口基数不断上升。另一方面，适婚年龄人口（其中主要是青年）占总人口比例不断下降。

此外,结婚率下降跟初婚平均年龄后延也有较大关系。从某种程度上说,并不是现在的年轻人都不想结婚了,而是随着经济社会的发展以及平均寿命的延长,人们的教育、就业、结婚、生育等社会化行为相应延后了。

虽然经济原因容易导致家庭破裂,但是由于离婚成本高昂以及家庭具有互济性和降低生活成本的优势,也在一定程度上遏制了离婚率的下降势头。

2016 年,OECD 国家的平均粗结婚率为 4.8(见表 2.4)。各国间差异很大,排名前三的国家的结婚率是后三名国家结婚率的 2 倍。

表 2.4　2016 年 OECD 各国的结婚率与离婚率　　　　(单位:‰)

国家	结婚率	离婚率	国家	结婚率	离婚率	国家	结婚率	离婚率
土耳其	7.5	1.6	日本	5.0	1.7	墨西哥	4.4	1.0
立陶宛	7.4	3.1	瑞士	5.0	2.0	英国	4.4	1.7
美国	6.9	3.2	澳大利亚	4.9	1.9	新西兰	4.3	1.7
拉脱维亚	6.6	3.1	**OECD**	**4.8**	**1.9**	比利时	3.9	2.1
以色列	6.4	1.7	捷克	4.8	2.4	荷兰	3.8	2.0
韩国	5.5	2.1	爱沙尼亚	4.8	2.5	西班牙	3.7	2.1
斯洛伐克	5.5	1.7	爱尔兰	4.8	0.7	法国	3.5	1.9
丹麦	5.4	3.0	希腊	4.6	1.0	智利	3.4	0.1
瑞典	5.4	2.4	冰岛	4.6	1.6	意大利	3.4	1.6
匈牙利	5.3	2.0	芬兰	4.5	2.5	卢森堡	3.2	2.1
奥地利	5.1	1.8	挪威	4.5	1.9	斯洛文尼亚	3.2	1.2
波兰	5.1	1.7	加拿大	4.4	2.1	葡萄牙	3.1	2.2
德国	5.0	2.0						

资料来源:OECD (2019). Society at a Glance 2019:OECD Social Indicators,OECD Publishing.

各个国家的粗离婚率也有所不同,2016 年,从智利的低至 0.1‰ 的离婚率(智利的离婚在 2004 年才开始合法化),到拉脱维亚、立陶宛和美国的高于 3‰ 的离婚率。

1990—2014 年,离婚率变化情况好坏参半:20 个 OECD 国家的离婚率上升,而其他 16 个国家的离婚率下降。美国下降最为明显,从 1992 年的每 1 000 对离婚 4.8 对到 2016 年的 3.2 对,而西班牙的增幅最大,从 1990 年的每 1 000 对离婚 0.6 对到 2016 年的 2.1 对。

专栏 2.2　粗结婚率与粗离婚率

粗结婚率(crude marriage rate)是指:在一定时期内(一般为年度)某地区结婚登记对数与年平均总人口之比,通常以千分率表示,即在一年内一千人中有多少对结婚。

粗离婚率(crude divorce rate)是指:在一定时期内(一般为年度)某地区离婚数与年平均总人口之比,通常以千分率表示。

实际上,测量离婚最科学、直观的方法应采用"一般离婚率"的概念,它反映的是每1 000对夫妇（通常以有偶女性人口代替）中的年离婚数，也称已婚人口离婚率。因为这个计算方法排除了不具离婚风险的儿童以及成年未婚、丧偶和离婚人口，而以该地区所有的已婚人口为基数，能较为准确地反映该地区某一时期婚姻解体的实际概率，是一个具有综合性特征的离婚率测量指标。但由于已婚人口数只是在人口普查的年份才能获得，因此不适宜做年度统计。

四、我国人口的婚姻现状及趋势

中国曾经出现过几次单身潮。粗离婚率发布十余年来，只有2002年是降低的，从2003年至今离婚率持续递增（见图2.2）。近年来，一些城市房产限购以及二手房出售的税收政策也在一定程度上导致假离婚增加。

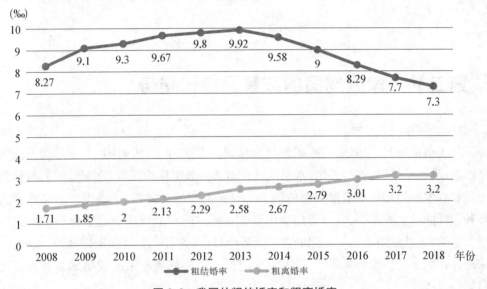

图2.2　我国的粗结婚率和粗离婚率

资料来源：民政部，《中国民政统计年鉴2017》《2018年民政事业发展统计公报》。

2001年，民政部公报中开始披露"民政部门登记离婚"和"法院调解和判决离婚"的统计数据，2001年和2002年法院调解和判决离婚数量超过民政部门登记离婚数量。但从2003年至今，登记离婚数量一路赶超法院调解和判决离婚数量，2014年登记离婚数量是法院调解和判决离婚数量的3.8倍[①]。

我国初婚年龄也有提高的趋势。我国的结婚年龄拐点出现在2013年。根据国家统计局发布的数据可以发现，2013年25～29岁年龄段结婚人口占当年结婚登记数的比重首次超过20～24岁年龄段结婚人口，此后进一步增长至2015年的39.4%，显

---

① 2003年的《婚姻登记条例》取消"离婚时须提交单位证明"的规定，在一定程度上简化了离婚程序，推高了离婚率。

示出"晚婚年龄"段人口开始上升。上海市妇联公布的《改革开放40年上海女性发展调研报告》显示,截至2015年,上海男女的平均初婚年龄分别为30.3岁和28.4岁,比10年前分别提高了5.0岁和5.4岁,与欧盟平均水平持平。不过,补证也是原因之一。比如,2017年扬州43 597对新人领"红本本",其中17 343对是补证的,占到了近四成。近些年,由于领取独生子女奖励、买房、出国旅游等多种原因,很多找不到结婚证的老人去补证,这就导致平均初婚年龄被拉高了。

与此同时,我国的未婚率也有逐年增长趋势,但绝对值仍然较低。根据2010年第六次全国人口普查结果显示,30岁及以上未婚女性比例高达2.47%,比10年前增加近两倍,主动选择单身的女性显著增多。根据国家统计局《2015年全国1%人口抽样调查资料》公布的数据,2015年,我国20～34岁青年群体中未婚青年占比41.38%。但是,通过分析各年龄段青年群体的婚姻状况可以发现,随着年龄的增长,未婚比例逐年下降,34岁青年中未婚占比降至7.03%,40岁以上未婚占比更是低至3%以下。

第二节 家庭成员的数量及变化趋势

自工业革命起,家庭的生产职能越来越弱。在17世纪的英国,家务劳动可能包括酿酒、乳制品生产、养鸡养猪、水果蔬菜种植、纺织、医疗护理等,在偏远的农村依然可以看到家庭妇女从事诸多类似的活动。但在工业革命之后,这些生产活动转变为各种各样的社会职业,人们需要用货币来购买相应的产品或服务。家务劳动的内容越来越少,尤其是随着当下家用电器的更新换代,家务劳动变得越来越轻松。这使得家庭存在的必要性有所减弱,个人在许多时候不需要依赖于家庭或婚姻来实现各种目标。

各国家庭的情况差异很大,而且家庭成员的数量也随着社会发展,出现许多变化。

(1) 各国家庭成员的平均数量差异很大(见图2.3)。在21世纪第一个十年中期,德国、挪威、丹麦和瑞典的家庭成员平均数量在2人左右,而土耳其、墨西哥在4人左右。

(2) 各国家庭成员的平均数量呈下降趋势。一些现代家庭不再以传宗接代为目标,无子女的"丁克家庭"(double-income-no-kid, DINK)。在有统计数据的OECD国家中,仅有荷兰几乎无变化,其他所有国家在21世纪第一个十年中期的家庭成员平均数量均低于20世纪80年代中期。例如,英国家庭成员数量从20世纪80年代中期的2.44人降至21世纪头十年的2.12人,降幅达13.16%。

(3) 富裕的家庭往往拥有更多的家庭成员。美国联邦储备银行达拉斯分行的经

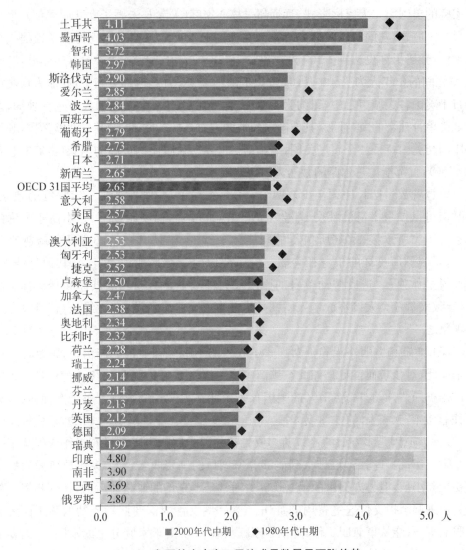

图 2.3 各国的家庭人口平均成员数量呈下降趋势

资料来源:OECD(2011). Doing Better for Families, OECD Publishing.

济学家米歇尔·考克斯和理查德·奥姆 2008 年的一项研究表明,美国最富 1/5 家庭的人口数量平均为 3.1 个,居中 1/5 家庭的人口数量平均为 2.5 个,而最穷 1/5 家庭的人口数量平均只有 1.7 个[①]。

(4)单身者数量惊人。美国纽约大学社会学教授艾里克·克里南伯格在《单身社会》一书中认为,单身社会是经济与社会发展的必然趋势[②]。截至 2010 年,超过 50% 的美国成年人单身,其中 3 100 万人独自一人生活(亦即每 7 个成年人中有 1 人选择独居),独居人口占到美国总人口的 28%,独居家庭已经成为仅次于无子女的夫

---

① Cox, W. M., Alm, R. (2008). "You Are What You Spend," *New York Times*, Feb. 10.
② 艾里克·克里南伯格:《单身社会》,上海文艺出版社,2015 年。

妻家庭的美国第二大家庭形式，远远超过核心家庭(夫妻与未婚子女共同居住)、多代复合式家庭、室友同居以及老人之家。在性别上，1 700 万独居女性构成了独居人口的主体，独居男性也达到 1 400 万。年龄上，18～34 岁的年轻独居者有 400 万，35～64 岁之间的中年人为 1 500 万，64 岁以上的约 1 000 万。地理分布上，独居人口集中分布于美国各大城市之中，纽约为 100 万，而曼哈顿有一半以上的人口选择独居，堪称全美单身社会的"首都"。其他国家和地区方面，日本、欧洲，尤其是北欧诸国，独居者比例与美国持平甚至超过美国，瑞典则是世界上独居比例最高的国家(占家庭总数的 47%)，首都斯德哥尔摩的独居人口比例则达到惊人的 60%。

单身者数量增长原因至少有两个：一是主动单身，既保证了一定程度的独立，同时又可以投身丰富的社交、社会生活。在(北欧)高福利制度下，原本属于家庭的义务为国家所承接，家庭所执行的职能越来越少，于是家庭的必要性也就越来越小，这是我们所见证的单身社会崛起的重要原因。二是被动单身，与其说是独立，不如说是孤独[①]。造成被动单身的原因很大程度上是劳动收入低迷和社会福利匮乏，导致大量社会人口不敢走入婚姻并生儿育女。日本所谓的"无缘社会"可算是此类现象之一[②]。

(5) 离婚和婚姻外抚养子女加大了收入的不平等和财富的鸿沟，对整个社会而言是如此，对孩子而言更是如此。逃离家庭是以主要牺牲脆弱的孩子为代价。美国人口普查局估计，2014 年 27% 的美国孩子生活在无父亲的家庭。对于女性而言，离婚往往是陷入贫困的主要原因之一。2008 年，美国的单身母亲的贫困率高达 37.2%[③]。原因是多方面的：① 许多女性往往因为照顾家庭而没有工作或仅从事一些兼职工作，一旦离婚，很难拿到能够养家糊口的工资收入。② 大多数离异的妇女都要抚养小孩，但男方提供的子女抚养费通常是不充足的或是滞后的，还有相当一部分父亲逃避承担支付这笔费用的责任。③ 一些女性因需要照顾年幼的孩子而无法全职上班，只能从事兼职工作，降低了家庭收入。④ 由于家庭分工的不同，在夫妻未离婚时，家庭往往给丈夫进行了教育投资和职业生涯的积累等，这些投资实际上是夫妻双方共同完成的，但由于其收益是潜在的，无法在离婚时进行分割(例如，男性在退休时可以拿到较为丰厚的职业年金，这一补充养老金是不会和其前妻共同分享的)，因此女性往往是离婚财产分割的受损者。

专栏 2.3　两次人口生育变迁

第一次人口生育率变迁(the first demographic transition)：在欧洲工业革命初期由高生育率和高死亡率，向低生育率和低死亡率转变。

[①] 韩国年轻一代形容自己为"三抛世代"：抛弃恋爱、抛弃结婚、抛弃生子。有些年轻人在"三抛"之上再加"两抛"，即抛弃人际关系、抛弃买房。

[②] 日本 NHK 特别节目录制组：《无缘社会》，上海译文出版社，2014 年。

[③] George E. Rejda (2012). *Social Insurance and Economic Security*, Seventh Edition, Routledge, p. 12.

第二次人口生育率变迁(the second demographic transition)：长期、稳定的婚姻模式变得不流行了，离婚或分居变得普遍，还有持续同居和偶然联络的现象。为保护长久婚姻关系的家庭可能生育较多的孩子，而离婚或独居的家庭则几乎没有小孩。数据显示，从20世纪80年代初期至20世纪90年代初期，在OECD的21个国家中，单亲家庭的数量平均增加25%（而在全部家庭中所占的比率也增高到了17%）。在世纪之交，许多国家，包括美国、德国、瑞典和英国，以单亲父母为首的家庭占了所有有孩子家庭总数的1/4。双薪家庭也与日俱增，加上单亲家庭增加，让现代家庭对儿童、年长者及其他需要照顾者提供亲身照顾的能力大为降低，而对政府提供儿童或老年人照料、经济补助及其他支持服务的需求大为增加。

资料来源：R. Lesthaeghe（1995）. "The Second Demographic Transition in Western Countries: An Interpretation," in K. Oppenheim Mason and A. Jensen (eds.), *Gender and Family Change in Industrialized Countries*.

Neil Gilbert、Paul Terrell，《社会福利政策引论》（第8版），华东理工大学出版社，2013年。

第三节 关于家庭政策的几种观点

Giele以美国社会为基础，将三种关于家庭政策的不同看法进行分析如下。[①]

一、保守主义的观点

保守主义认为，当代双亲家庭的崩解，起因于离婚、婚外恋等情况增多，导致儿童成长中出现营养不良、学习成绩下降、行为缺乏管教以及容易产生心理问题等诸多风险。解决的办法在于重整家庭承诺、宗教信念，以及取消对非婚母亲与女性单亲家庭的福利给付。近几十年来，导致家庭功能衰退的原因可能很多，例如工业化、城市化、个人主义的兴起等。然而，保守主义者最担心的不是这些，而是传统道德的沦丧。

其对家庭变迁的解释逻辑如图2.4所示。

图2.4 保守主义关于家庭变迁的解释

[①] Giele, Janet (2013). "Decline of the Family: Conservative, Liberal, and Feminist Views." in Arlene Skolnick & Jerome Skolnick eds, *Family in Transition*, Seventeenth Edition, Longman, Ch. 2, pp. 54–74.

保守主义认为,家庭照顾是最自然、最好的照顾方式;机构化的照顾,或任何试图替代父母的照顾方式都不应被鼓励,甚至会影响子女的情绪发展和人际关系。保守主义还认为,福利国家的一些制度破坏了家庭,即政府介入托儿所、养老、济贫等事务,这些事务被认为是家庭应该做的事。一旦政府负起这些责任后,不但政府的财政负担过重,而且个人也会变得不照顾家庭,家庭因而会瓦解;同时,家庭责任被国家取代以后,家庭的重要性降低,离婚、不婚的人增多,使得传统家庭价值遭到破坏。

家庭主义在中国表现为对儒家家庭伦理的强调,对家人采取利他主义的态度,相互提携,守望相助;在美国则表现为对所谓家庭价值(family values)的重申。我国当前许多中老年人也是保守主义的拥护者,虽然他们已经很少决定子女的婚配对象,但仍然经常"逼婚"。

在实践中,许多国家从保守主义的角度出台了一些法律法规,旨在通过挽救婚姻、稳定家庭、减少未成年怀孕,达到维持传统家庭功能的目的。

二、自由主义的观点

自由主义者也认为家庭的保障功能在衰退,儿童的健康、教育与贫穷等问题突出,但是把矛头指向经济与结构的变迁所产生的新需求没有被社会所满足,例如女性全职就业以后就不可能有时间照顾儿童;随着社会分工的专业化,家庭功能萎缩,家庭亲密合作关系也因就业形态而改变,但社会并没有完全接手来支持家庭,因此就产生了不利于儿童的后遗症。

其对家庭变迁的解释逻辑如图 2.5 所示。

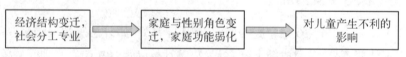

图 2.5 自由主义关于家庭变迁的解释

自由主义者将家庭的巨大变化归因于货币经济的入侵,而不是文化和道德上的衰落。自由主义认为,家庭变迁是现代社会发展的必然趋势,每个现代人都应有权利选择自己喜欢的家庭生活安排,包括"非传统"的家庭生活安排,例如同居、单亲家庭、离婚、再婚等,甚至同性恋家庭。自由主义者不认为存在唯一最优形式的家庭形态。

大多数自由主义者所拥护的解决方案是政府建立社会安全网,以促进妇女的就业,减轻贫困的影响,并帮助妇女和儿童获得经济上的保障。

三、女性主义的观点

女性主义主要强调男女平等,反对压迫女性的传统父权家庭;认为家庭不只是一个小团体,而是一个由学校、教会、医院、职场所共同构成的公民社会的制度中的一环节,家庭与工作、家庭与社区、男性与女性的生活都应被重新调整。

其对家庭变迁的解释逻辑如图 2.6 所示。

图 2.6　女性主义关于家庭变迁的解释

女性主义者与保守主义者的不同之处在于,他们接受家庭的多样性以应对现代经济的需求;女性主义者与自由主义者不同,他们接受家庭固有的特殊性和情感性质,认识到亲密的养育关系(例如养育子女)不能全部依赖于提供正式照料的社会安全网。

在劳动力没有商品化之前,家庭自给自足,丈夫和妻子都既从事生产性劳动,也从事家务劳动,两种劳动的界限是模糊不清的。而在劳动力被商品化以后,生产性劳动成为有酬劳动,家务劳动仍然是无酬劳动。生产性劳动与家务劳动的界限变得非常分明。实际上这两种性质的劳动并非是单纯的并列关系,而是互相成为对方的前提。在资本制下,家务劳动不能离开生产性劳动而单独存在;而如果没有家务劳动,生产性劳动也不可能成立,仅依靠工资不可能满足所有的生活所需。事实上,没有家务劳动的介入,劳动力人口根本就不可能再生产。

父权制是调整生产性劳动与家务劳动之间的一种机制。首先,它将生产性劳动凌驾于家务劳动之上;其次,人们根据性别被固定分配到两种劳动中去。因此,女性主义者批评,资本制与父权制的结合,形成的福利制度助长了性别差异化,福利制度是以丈夫从事生产性劳动、妻子从事家务劳动的"标准家庭"为前提而设计的,因此对单身母亲、独居女性等非标准家庭没有提供应有的社会保障[①]。

女性主义认为,传统家庭中,男性压迫女性,离婚和单亲家庭本身并无弊端,离婚或分居往往是女性勇于脱离被迫害的父权家庭的象征;离婚率的升高往往也是反映了不幸福婚姻下女性人口的减少。女性主义并不反对家庭制度,只是反对传统上由两个成年男女组成、男主外女主内的唯一家庭形式,提出家庭政策应该是用来作为解放女性的手段,例如,有带薪且两性共享的生育假与育婴假等。

专栏 2.4　英国"二孩福利封顶"政策面临巨大挑战

在 2015 年财政预算中,英国政府提出了"二孩福利封顶"(two child limit),宣布冻结一个家庭中,第三个以后的孩子在以前可以享受的若干项补贴,主要包括统一福利金(universal credits)、儿童税收抵免(child tax credit),以及抚养人收入补贴(income support with dependants allowance)。

"二孩福利封顶"中规定,从 2017 年 4 月 6 日以后,家庭有三个及以上孩子(这自

---

① 武川正吾:《福利国家的社会学:全球化、个体化与社会政策》,商务印书馆,2011 年,第 25—27 页。

然包括了第四或者第五个），除非是符合了"特殊条件"(special circumstances)，否则将不能再拿到额外的补贴。不论你生了多少个孩子，最多只能领到两个孩子的福利金。

2019年8月，英国政府就业与养老金部(DWP)公布的数据显示，将近60万儿童受到"二孩福利封顶"政策的消极影响，在受影响的16万多家庭中，59%的家庭中至少有一人在工作。几乎所有受影响的家庭需要削减食物、药品、供暖和衣物的支出。很多家长表示这给家庭生活和家庭关系带来压力。

反对者认为，这项政策让贫困人口的生存状况恶化，试图游说政府撤销这一项封顶政策。许多人认为，每个孩子都该有一个很好的开始，但是这项政策意味着有些孩子比其他孩子能得到的更多，仅仅是因为出生的顺序不同。

2019年7月31日，《卫报》报道，109位社会政策的学者联合表示，该政策"是对社会保障体系的最大损害"，让"英国最贫困的儿童生活水平受到前所未有的影响"。鉴于受影响的家庭中有相当一部分人已在工作，"二孩福利封顶"在无形中惩罚了低收入的工作家庭。

作为英国政府福利政策的改革内容之一，自2017年4月之后，可领取与儿童福利相关的通用补贴(universal credit)和纳税人补贴(tax credits)的家庭（福利价值2780英镑一年），仅有前两个孩子可以享受这些福利，目的是鼓励更多的家庭参与工作，而不是等待纳税人来为自己养孩子。根据BBC的报道，政府表示这番举动每年可以节约纳税人30亿英镑的支出。

根据规定，"二孩福利封顶"有一些例外情况：多胞胎，向地方当局领养来的孩子，帮助亲友照顾的孩子，或是孩子是在女性非自愿的情况下出生（例如：被强暴）。然而例外的案例仅有4%。根据预测，福利受到影响的孩子在2024年将达到180万人。

该政策是保守党政府出台的颇具争议的政策之一。2015年，在有关削减福利支出的讨论中，杰里米·亨特因"改革能教英国人像中国人和美国人那样努力工作"的言论上了多家报纸头条。他相信这是"非常重要的文化信号"。"我们有一个不得不回答的艰巨问题：我们国家有没有准备好，像亚洲国家和美国那样努力工作？这需要创造一种工作文化，让它成为我们成功的核心。不得不说，这是一个非常有挑战性的改变，但是我相信转向帮助人们独立和自力更生的文化，是能为低收入人群做的最重要的事情。"

2015年10月，在一场保守党会议上，英国政府就业与养老金部前秘书伊恩·邓肯·史密斯表示，纳税人补贴改革将让家长明白，"养孩子需要花钱"，纳税人不能为更多的孩子买单是理所应当，从而使这些家庭仔细考虑是否会生两个以上的孩子。

伊恩·邓肯·史密斯强调，改革是用来结束贫困的，而不是加剧贫困，政策是用来复原生活的，需要对大量的纳税者公平，他们不仅对自己的经济状况负责，也支付了别人的福利；二孩福利封顶政策的意义在于，让家长明白，如果你想要更多的孩子，就需要做出和别人一样的选择,而不是认定纳税者的钱能让你避免这种选择的后果。这是负责任,这是公平。

英国财政研究院的一份报告显示,不交个人所得税的成年人比例已由2010的38%升至如今的43%,创造历史新高。交税的重担落在了小部分高收入人群身上。也就是说,英国前1%的收入者负担了全国27%的个人所得税。经济学家解释,这一现象是过去十年来提高个人税收起征点的结果。这些高收入人群一年收入至少达到16万英镑,通常为中年男性,生活和工作地集中在伦敦和英国东南部。英国财政研究院的专家警告,如此依赖这么小部分人提供政府税收收入非常"有风险",一旦有威胁到这部分人收入状况的政策,会给医疗、教育等公共支出带来不成比例的压力。报告认为,英国需要更精准的税收体系来反映不同收入群体的状况;税收政策应当刺激不同收入级别的人参与工作和投资,保证英国是个充满竞争力的社会,从而吸引最优质的人才;英国也需要用政策来刺激女性在增加生产力和提供高生活水平中的表现。

在英国最受欢迎的母婴论坛之一 Mumsnet 上,关于这一政策的讨论热烈,吸引了一千多条留言。观点的两极分化严重,多数留言支持"二孩福利限制"。支持该政策的网友相信"用纳税人的钱来养自己的孩子"是不负责任的行为,很多人认为当前的环境形势意味着政策不应该鼓励人口过度增长。

第四节 社会保障给付单位的选择

传统的资本主义国家的福利制度是在资本制(劳动力商品化)和父权制(男性养老模式)的框架中成立的[①]。

首先,在资本制下,劳动者出卖劳动力,换得了工资和福利。在劳动力市场,"家庭工资"的思维方式占据了主流,工资被设定在能够维持一个家庭生活的水平上。对有配偶的职工,雇主还要支付抚养津贴。在税制方面,不仅对子女而且对配偶也设有抚养扣除,课税一般也以家庭为单位。劳动者获得的回报,超出了单纯保全劳动力生存权的水平,换句话讲,就是在劳动力作为商品的同时,劳动者又具有一定的公民权(即劳动力不纯粹是商品,具有一定的"去商品化"色彩)。

其次,社会保障的缴费和给付原则上均以家庭为单位,男主外、女主内的男性养老模式使得女性难以独立。工薪阶层的养老保险制度给遗属支付遗属年金,医疗保险也支付家属的医疗费。在日本、美国,养老保险是以家庭为单位参保的,在德国,医

---

① 武川正吾:《福利国家的社会学:全球化、个体化与社会政策》,商务印书馆,2011年,第105页。

疗保险是以家庭为单位参保的。

一、以家庭为社会保障给付单位所面临的新挑战

随着社会的发展，这一制度框架遭遇到了新挑战：

(1) 个体从家庭中脱离出来，就意味着与社会保障制度脱离。例如，对于女性而言，离婚不仅伴随着陷入贫困的危险，还意味着丧失领取养老金和得到医疗保障的权利。

(2) 个体从家庭中脱离出来，往往在社会保障权利上受到歧视。以家庭为单位的制度一般都倾向照顾家庭主妇，随着女性就业的增加，该制度就有失公平。又如，家庭养老金意味着缴费者必须缴纳足够多的养老保险费，才能支撑夫妇的养老金水平。但这种方式意味着，单身者（甚至是未婚妈妈）要供养已婚夫妇[①]。

(3) 随着个体化越来越普遍，客观上要求政府的福利政策去性别差异化，政府应该以性别中立为原则，需要从以往的以家庭为单位改为以个人为单位。

(4) 家庭形态的多样性，给社会政策制造了特别的难题——提供的服务对某一形态的家庭是合适的，但对其他家庭可能反而不利。更为严重的是，如果对某些形态的家庭提供更好的服务，可能会改变和干涉人们的婚姻、生育行为。

二、我国社会保障给付单位的争议

根据全国第六次人口普查显示，中国家庭数量至2010年已超过4亿户，家庭平均人数比1982年减少1.34人，总趋势是1~3人户的比重持续上升，4人及以上的家庭比重持续下降。国内学者普遍认为，支持个人而非家庭是我国家庭政策的最大缺陷之一。因此，在讨论如何建立中国的发展型家庭政策时，以家庭为单位成为研究者最基本的主张。例如，有人认为要纠正单纯以个人为单位提供福利保障的弊端，完善以家庭为单位的制度设计，以增强家庭的凝聚力，支持家庭对成员的保障功能；或是认为只有强调家庭作为福利对象的整体性，才能真正支持和强化家庭在福利供给中的功能与责任，激活家庭的潜力并延续重视家庭的优秀传统。

至于如何在政策内容、视角中体现以家庭为单位，主要内容有：(1) 建立家庭为单位的税收政策以及税收优惠措施，将有养老或育儿需求家庭的经济成本考虑在内，保障家庭的经济安全，体现出对家庭责任承担的社会承认。(2) 建立以家庭为单位的社会保险及医疗保险制度也被提及，认为要允许保险在家庭成员（配偶、法定受抚养者）之间转移、延伸，以满足未就业或非正规就业家庭成员的需求。(3) 针对女性产后再就业难、职业发展受影响、生育和养育成本高等问题，进一步完善父母产假制度，大力推进母婴设施建设工作。

---

① Hinrichs, K., Jessoula, M. (eds.). (2012). *Labour Market Flexibility and Pension Reforms: Flexible Today, Secure Tomorrow?* Springer, p. 34.

专栏 2.5　我国个人所得税中的家庭政策

2019年1月1日起施行的《个人所得税专项附加扣除暂行办法》规定,个人所得税专项附加扣除,是指个人所得税法规定的子女教育、继续教育、大病医疗、住房贷款利息或者住房租金、赡养老人等6项专项附加扣除。我们在此介绍子女教育、赡养老人的扣除规定:

(一)子女教育专项附加扣除:每个子女1 000元/月

1. 纳税人的子女接受全日制学历教育的相关支出,按照每个子女每月1 000元的标准定额扣除。

2. 学历教育包括义务教育(小学、初中教育)、高中阶段教育(普通高中、中等职业、技工教育)、高等教育(大学专科、大学本科、硕士研究生、博士研究生教育)。

3. 年满3岁至小学前处于学前教育阶段的子女,按照每个子女每月1 000元的标准执行。

4. 父母可以选择由其中一方按照扣除标准的100%扣除,也可以选择由双方分别扣除标准的50%扣除,具体扣除方式在一个纳税年度内不能变更。

(二)赡养老人专项附加扣除:独生子女2 000元/月;非独生子女,与兄弟姐妹分摊2 000元/月,每人不超过1 000元/月

1. 纳税人赡养一位及以上被赡养人的赡养支出,统一按照以上标准定额扣除。

2. 纳税人非独生子女的,可以由赡养人均摊或约定分摊,也可以由被赡养人均摊或者约定分摊。约定或指定分摊的须签订书面分摊协议,指定分摊优于约定分摊。具体分摊方式和额度在一个纳税年度内不能变更。

3. 本方法所称被赡养人是指年满60岁(含)的父母,以及子女均已去世的年满60岁的祖父母、外祖父母。

毋庸置疑,把家庭作为社会保障给付单位有一定的合理性。但是,我们必须清醒地意识到,家庭视角仅仅是政策制定的一个视角而已,并非唯一视角,而且家庭视角也并不是万能良药,也存在一定的风险与漏洞,并非都能产生正面的、积极的政策效用。可能的负面作用有①:

(1)以家庭为单位可能会出现一种道德风险。以家庭为单位的政策设计,反而可能会破坏家庭,或是有违社会公平。例如,假离婚可以获取更多的低保补助金和动拆迁款;又例如一些炒房者为了获得购房资格或享受贷款利率优惠,便使用"假离婚"的方式钻调控政策漏洞。

(2)家庭整体利益和家庭中个体成员利益并不总是一致的,过于强调家庭利益很可能会忽视个体的价值和自由。例如,生育行为符合家庭、儿童的利益,但妇女却

---

① 张亮:《反思家庭政策研究中的"家庭视角"》,《中国社会科学报》,2015年8月19日。

往往因此而遭受"生育惩罚"——工资收入减少、职业生涯中断、晋升机会渺茫以及劳动力市场的排斥。如前所述，女性主义认为，通过男性挣钱养家、女性照料家庭的分工模式，男性不仅从家庭内部女性的无偿家务劳动中获利，而且从妨碍女性进入公共领域参与公平竞争中获利。母亲的利益也经常被放在家庭利益、儿童利益的对立面，在公共辩论中甚至有不少人认为，母亲外出工作会破坏家庭的稳定性、伤害她们的孩子，母亲们把自己的生活、愿望和需求摆在家庭、孩子之前，是自私自利的、冷漠的。

（3）社会变迁导致了家庭形式的变化以及家庭形式的多样化，如何确定"家庭"变得越发困难，更不用说以家庭为单位来制定和实施政策了。例如，有研究者以上海市世博大礼包政策为例，展示了中国社会有关"家庭"概念的理解和操作的复杂性，以及由此产生的冲突和对公平性的挑战。

（4）在家庭结构和家庭形式日益呈现多样性的情况下，家庭捆绑式的社会政策的有效性逐渐变得不确定：一是异地就业和离婚率上升，造成家庭结构的不稳定性上升；二是一些传统的大家庭仍然存在，核心家庭并未能完全取代传统家庭，例如房产投资、生育以及小孩照料等家庭大事往往是双方父母甚至二代直系家庭户共同选择的结果；三是独身未婚的现象趋多，许多人无法借由家庭形式获得福利国家的保障。在这种情况下，福利国家开始调整自己的福利供给和保障方式，把以家庭为单位设计的福利供给和保障制度引入以个人为单位设计的轨道，即所谓的社会福利传送路径"去家庭化"，以实现社会福利对公民更有效的覆盖。因此，尽管西方福利国家日益重视把家庭纳入社会政策的视野之中，但不是单单通过以家庭为单位来设计政策，而是以在政策制定过程中充分考虑个人的家庭角色和家庭负担来实现的。

专栏2.6　回力镖世代（boomerang generation）

在欧美社会，孩子成年后一般都会离开家庭，过独立自主的生活。但近年全球经济萧条，日本和欧美社会出现"回力镖世代"——部分年轻人在离开父母家庭后，因无力负担高昂楼价或租金，被迫"回巢"与父母同住。有父母坦言，子女回巢令他们的开支大增，有时被迫放弃享受旅游。部分欧美父母为减少子女的依赖，会向子女收取租赁费，或者要求承担水电费等账单。

拓展阅读：世博大礼包发放中关于"家庭"认定的困惑

有关房贷政策、裸官界定、家庭养老等公共政策的制定都出现了以家庭为单位的取向，尤其是世博大礼包更是明文指出以"户"为单位。无论是在实践中还是在学术领域，越来越多的人认识到了构建中国家庭政策的重要性，但是有关"家庭政策"的定义往往比较含糊。

"世博大礼包"是上海市政府为了"表示对上海市民奉献的一种心意"以及"对上海人民支持世博的感谢",在世博会正式运行期间,对所有上海常住居民,包括在上海有居住证的外来人口,每户免费赠送一份世博大礼包,其中包含一个印有中国馆的大信封,里面装了一封感谢信、一张世博门票、一张交通卡、一张世博周边公交时刻表、一个海宝徽章和一份上海交通地图。

在发放世博大礼包的过程中,针对上海户籍人口的发放过程非常简单,工作人员给每一本户口本上的"家庭"一个世博大礼包,在居民户口簿户主栏上加盖海宝纪念章印戳,并让领取人在《上海市居民家庭赠票赠卡发放登记表》上签字即可。但由于一本户口本上的人可能并不是一个家庭,也不是所有的上海家庭都拥有一本户口本,各种矛盾还是非常突出的。

第一,完整的小家庭没有家庭户口本导致的矛盾。比如,一对年轻夫妇是老上海,他们结婚的时候,并没有把自己的户口从各自的父母家迁出,他们买了自己的房子,生了一个孩子,当时考虑孩子以后的就学问题,他们把孩子的户口落在了爷爷奶奶家。

第二,一本户口本上有几个家庭导致的矛盾。由于分户并不是强制性的,并且因为很多上海居民因为住房的问题,三代人居住在同一屋檐下,只有一本户口本,因而在领取大礼包的时候只能领一份,导致分配不均。

第三,因为离婚后未分户导致的矛盾。离婚后虽然可以分户,但根据上海市常住户口管理规定,离婚后必须有独立的住处才能分户。但并不是所有的离婚者都能买得起房,因而有的离婚后依然住在一起,有的离婚后重新租房子住,而租赁的房子是很难落户口的。

第四,所有集体户口的人群被排除在发放礼包的对象之外。

摘编自:沈奕斐,《社会政策中的"家庭"概念——以上海市世博大礼包政策为例》,《社会科学》,2010年第12期。

复习思考题

1. 我国民政部2016年《关于"关于建立离婚疏导机制的提案"答复的函》中,提出:"我们也注意到了闪婚闪离、冲动离婚现象逐渐增多以及由此带来的婚姻家庭问题,并在坚持当事人自愿接受的基础上,指导地方民政部门积极开展婚姻家庭文化宣传、结婚登记颁证和婚姻家庭辅导工作。通过开展婚姻家庭文化宣传工作和举办庄严神圣的结婚登记颁证仪式,增强当事人的婚姻家庭责任感和法律意识;通过开展婚姻家庭辅导服务,为有需要的当事人提供法律咨询、情感辅导、心理疏导、危机处理、离婚后辅导等多方面服务,帮助当事人慎重对待婚姻关系、正确处理婚姻家庭问题,增强当事人婚姻家庭责任感,提升其应对婚姻家庭问题的能力"。针对冲动离婚,不少地方的民政部门与司法部门都尝试了干预措施,如婚姻登记机构实行离婚预约制度,给欲离婚的夫妻设置"缓冲期"。2021年1月1日起,《中华人民共和国民法典》正式实施,备受关注的"离婚冷静期"也正式生效。根据《民法典》第一千零七十七条规定,自婚姻登记机关收到离婚登记申请之日起三十日内,任何一方不愿意离婚的,可以向婚姻登记机关撤回离婚登记申请。前款规定期限届满后三十日内,双方应当亲自到婚姻登记机关申请发给离婚证;未申请的,视为撤回离婚登记申请。有人认为,适度的离婚干预有助于婚姻的和谐与稳定,有积极意义。你如何理解和评价民政部的上述表述以及民政部门关于离婚干预的举措?

2. 2012年我国出台的《女职工劳动保护特别规定》将产假由原来的90天调整为98天,并规定女职工如果难产(包括剖宫产),增加产假15天。多胞胎生育的,每多生育一个婴儿,增加产假15天。女职工产假期间依法享受生育津贴。除了法律法规规定的女职工产假外,目前大多数地方在人口与计划生育法的授权下规定,符合政策生育的女职工还享受30~90天的奖励假,丈夫享有7~30天的护理假(男性陪产假),并明确工资待遇照发。目前我国劳动者每年除享有115天休息日、节假日外,还可以根据工作年限,享受5~15天的带薪休假,生育女职工可以将带薪年休假等假期与产假合并使用。有人认为,目前女性的产假不宜继续延长,否则会增加用人单位人工成本,增大女性的求职难度,降低女性的就业竞争力。你认为这一观点是否正确?如何平衡生育政策与就业政策?

3. 生活中很多家庭并不是每个成员都有医保账户,也可能存在某成员医保账户余额不够用,而另一成员的账户余额却比较充足,于是希望能将自己账户内的资金给身边有需要的亲人使用。2019年2月,四川省医疗保障局下发《四川省医疗保障局等四部门关于完善城镇职工基本医疗保险个人账户使用有关政策的通知》。从2019年3月1日起,四川城镇职工基本医疗保险个人账户的使用人群由原来的职工本人扩大到职工本人及其配偶、夫妻双方父母和子女。除四川之外,目前浙江省等多地也已在推行个人医保账户家庭共用的政策。不过,目前各地已施行的医保共济政策,适用范围仅限于城镇职工医保账户,不包括城镇居民医保账户和新型农村合作医疗账户。请结合本章所介绍的家庭政策相关知识,分析这一政策的必要性。

第三章 经济全球化与社会保障

全球化超越了民族国家的藩篱,通过大量跨国界的货物贸易与服务的交换、国际间的资本流动,以及科技迅速而广泛的扩散,世界各国在经济上存在紧密的互相依赖关系。全球化的脉动是超越国家疆界的,也因此对传统上民族国家的权力产生了冲击。全球化使国家的宏观调控能力、收入再分配能力更加薄弱。同样地,建立在民族国家基础上,且以传统家庭、标准工作模式为假设前提的传统福利国家,也不免受到全球化的挑战。

本章将介绍两大问题:一是全球化对各国经济发展、贫富悬殊的影响,以及各国在社会保障政策上的应对,即"全球化进程中的社会保障政策";二是一些国际组织与国家,致力于推进各国社保政策的协调与衔接,甚至不遗余力地推广某一模式的社保制度,即"社会保障政策的全球化"。

第一节 经济全球化及其影响

20世纪70年代以后,信息技术革命成为第三次工业和技术革命的核心,彻底改变了传统经济运行模式,催生了数字经济等新经济与社会发展形态。人们仿佛生活在一个相互为邻的"地球村"了。从总体上看,经济全球化进程极大促进了人类社会的发展,比如,财富逐步增长,贸易与投资活跃,绝对贫困人口减少,预期寿命增加。

一、经济全球化的主要特征

第一,全球化使商品和信息的转移成本大大降低,知识的传播与学习成本降低,物流成本与关税税率也在降低,商品和服务都得以在成本最低与效率最高的地区生产或完成;某个地区的新发现也可以在极短的时间内被其他各地采用。以苹果手机为例,芯片内存可能是由韩国生产,屏幕可能在日本生产,最后则在中国组装,所以生产供应链非常国际化。

第二,各国对资源、市场和资金的竞争加剧。传统的经济学家(例如大卫·李嘉图)认为全球化对于参与各方都是赢家。但事实上,全球化使资本、原材料的流动加速,可能形成"赢家通吃"格局,富者越富,穷者越穷。例如,无论是搜索领域的谷歌和百度、社交领域的脸书和腾讯微信,还是零售电商领域的亚马逊和阿里巴巴,都已成为各自细分领域的绝对领先者;这些数字平台所在的不同领域、不同地域均呈现出"一家独大"或"寡头垄断"的市场格局。又例如,2010 年美国发行了 7.5 万张音乐专辑。其中排名靠后的 6 万张,全部销量加起来大约为 80 万份,只占了所有专辑总销量的 0.7%。而美国说唱歌手埃米纳姆的专辑 *Recovery*,该年销量为 342 万份,排名全美第一,超过那 6 万张专辑总销量的 4 倍。此外,如果一个产业(例如微软),具有较高的固定成本(即无论生产多少都需要投入的成本)和近乎为零的边际成本(即每多生产一个产品的新增成本),那么这个产业也会呈现出赢家通吃的局面。

第三,劳动力的流动正在加速。长期以来,资本的国际流动较为迅速,而劳动力的流动较为困难,但目前各国纷纷给科研人员、工程师等高端人才发放就业签证或永久居留证,吸引人才。与此同时,由于互联网的兴起,劳动力即使不出国也可以进行跨国服务。

第四,经济全球化下的结构性变化。自 20 世纪 80 年代特别是 90 年代以来,世界经济全球化趋势进一步增强,其形式和结构都发生了很大变化,基于全球价值链的大量零部件贸易在国际贸易中的占比越来越高。全球价值链分工弱化了传统分工的国家界限,分工主体由国家过渡到企业,跨国公司成为国际分工的主体,分工类型逐渐从产品和行业的国际分工转向生产过程的国际分工。在此过程中,发达国家借助游戏规则的制定权,利用资本和技术方面的优势以及庞大的市场规模,轻而易举地占据了全球价值链的顶端;与之相比,一些发展中国家只能依附在全球价值链的底端,依靠本国的自然资源和廉价劳动力来参与国际分工,而有些欠发达国家则被世界所遗忘,根本没有参与到国际分工中。

第五,全球化使各国在经济发展中的相互依存度日益增强。随着国际分工的不断深化和经济全球化浪潮的兴起,生产要素的国际间流动大大加快,跨国公司全球性的产业链布置把各个国家紧密联系在一起,对各国经济增长带来了极其深刻的影响。一国的经济繁荣或衰退将通过贸易、投资、金融等途径传递给周边国家,进而蔓延到世界范围。例如,一国尤其是经济大国经济的繁荣、需求的增长,必定会增加进口产品的需求,同时在资本市场上增加对外投资和资本输出。这将使得其他国家出口增长、就业增加、资本充足,从而促进经济的增长和繁荣。

二、全球化对个体间收入差距的影响

过去30年间,全球经济规模翻了两倍多,但财富分配也愈加悬殊。如今,世界上最富有的1%人口占有全球48%的财富,紧随其后19%的最富有的人控制着余下全球46%的财富,剩下80%的人口仅占有5.5%的全球财富[1]。2015年,全球最富有的62人所拥有的财富,相当于世界相对贫困的那一半人口(即36亿人)的财富总和。在2010年时,这一比例还是388人:36亿人。2010—2015年,最富有的62位超级富豪的财富增长了45%,即从5 420亿美元增加到1.76万亿美元。同期,世界较贫穷的那一半人口所拥有的财富反而减少了1万亿美元,下跌了41%[2]。

财富和收入如此大量地集中,反映出一个关键趋势:不断增长的资本回报率远高于劳动回报率。在几乎所有发达国家和大多数发展中国家中,劳动者享有的国民收入占比持续下降,这意味着劳动者自经济增长中的获益越来越少。与之相反,资本所有者则通过利息、股息或净利润等方式,使其资本持续以高于经济增长的速度不断累积。资本所有者的避税行为以及政府减少资本收益征税都进一步提高了资本回报率。

导致资本与劳动回报率差异的一个重要原因是:资本和劳动在跨国移动上的非对称性。得益于信息技术的发展,资本可以在各国间瞬息转移,而劳动的移动存在诸多物理上的制约、社会文化的适应等问题。因此,资本寻求低工资的移动远比劳动力寻求高工资的移动简单得多。全球劳动力市场的形成要滞后于全球资本市场的形成[3]。

三、全球化对国家之间收入差距的影响

(1)各国的收入水平绝对值普遍增长。经济全球化的确带来了很多积极的变化,它促成了贸易繁荣、投资便利、人员流动、技术发展、生活改善。在过去的几十年中,全球经济的显著开放和融合提高了世界各地的许多人的生活水平,特别是在那些比较穷困的国家。全球人口从1965年的30亿增长至2013年的约70亿,而全球经济的增速快于全球人口增长,于是全球实现了普通公民生活水平的提高。

(2)部分新兴市场国家经济快速增长的同时,有部分低收入国家经济增长缓慢。在20世纪80年代末开始的全球化浪潮下,发展中国家表现不一,内部呈现出明显的分化趋势。主要是亚洲的一些新兴经济体打破了全球分工体系的"天花板",突破了

---

[1] 阮煜琳:《1%超级富豪控制全球一半财富 80%的穷人仅占5.5%》,中新社,2015年1月21日,http://finance.people.com.cn/n/2015/0121/c1004-26421275.html。
[2] 乐施会:《财富:拥有全部,想要更多》,2015年1月22日。
[3] 武川正吾:《福利国家的社会学:全球化、个体化与社会政策》,商务印书馆,2011年,第94页。

全球价值链的低端锁定,顺利地推进了技术转移并实现了产业升级,特别是中国和印度这两个发展中国家的快速发展上升大大降低了世界不平等程度。

与之相比,其他很多发展中国家则依然徘徊在全球价值链的低端,缺乏公平参与全球化的机会,经济增长缓慢,没有分享到全球化进程的应得红利。如果我们以平均收入为标准对所有国家按最穷到最富进行排名,然后将相对贫穷的国家(比最贫困国家水平高 1/4 的国家)与相对富裕的国家(比最富裕国家水平低 1/4 的国家)进行对比,会发现 1960 年相对富裕国家的平均收入约为相对贫穷国家的 7 倍,而到了 2009 年,它们之间的平均收入差距扩大到了 8.5 倍[①]。更为极端的是,2012 年,有的国家和地区(撒哈拉以南非洲、印度)人均月收入仅 150~250 欧元,而有的区域(西欧、北美和日本)人均月收入高达 2 500~3 000 欧元,两者相差 10~20 倍[②]。

四、全球化对一国内部收入差距的影响

(一) 发达国家的内部收入差距

20 世纪 50 年代,诺贝尔经济学奖获得者西蒙·库兹涅茨提出"倒 U 形"的"库兹涅茨曲线"(Kuznets curve):在工业化过程初期,资本是最稀缺的要素,投资机会很多,企业所有者能够获得丰厚的利润;与此同时,大量的廉价乡村劳动力流入城市,劳动力市场竞争的结果使劳动者的收入处于较低的水平上。但是,随着工业化进程的推进,一方面,资本会趋于日益充裕,促使利润率下降;另一方面,劳动力会趋于供给紧张,工资开始上涨。此外,养老金、失业保险及其他形式的社会转移支付将会缩小收入差距。也就是说,收入不平等程度将经历一个先上升、后下降的"倒 U 形"轨迹。但最近 50 年的世界经济增长和收入分配情况似乎推翻了库兹涅茨假说。

以 OECD 定义的最富裕国家来看,其收入差距起初符合库兹涅茨曲线的先升后降规律:在 19 世纪末的英国和 20 世纪 20 年代的美国,收入差距在扩大到极限后出现大幅度、持续缩小,并在 20 世纪 70 年代末触底。但从那时起,包括美国、英国等在内的大多数最发达经济体,社会财富显著增加,收入差距也迅速扩大。在劳动人口中,中产阶级占大多数的社会崩溃之后,收入阶层的分布即往低收入阶层与高收入阶层上下两级移动,形成了两端高峰、中间低谷的"M 型社会"[③]。

在 2010 年,美国的实际人均收入比 20 世纪 80 年代增长 65%,英国则增长 77%。但在同时期,美国的国民收入差距却日益扩大,基尼系数从 0.3 上升至 0.4,一度更高;英国则从 0.3 上升至 0.37。总体而言,从 20 世纪 80 年代中期到 2006 年,OECD 成员国的 20 个富裕国家中有 16 个国家的收入差距扩大。

2016 年,OECD 国家之间家庭可支配收入的基尼系数差异很大(见图 3.1)。收

[①] 安格斯·迪顿:《逃离不平等:健康、财富及不平等的起源》,中信出版社,2014 年,第 182 页。
[②] 托马斯·皮凯蒂:《21 世纪资本论》,中信出版社,2014 年,第 64 页。
[③] 大前研一:《M 型社会》,中信出版社,2010 年,第 38—42 页。

入最不平等的墨西哥,基尼系数为 0.459,是斯洛伐克(0.241)的 2 倍。由于历史原因,欧洲中部国家(斯洛伐克、斯洛文尼亚、捷克、波兰、奥地利)保持了较低的基尼系数。北欧国家长期实施高福利制度,收入再分配力度大,丹麦、挪威、冰岛、芬兰、瑞典等的基尼系数均较小。南美国家、土耳其和美国的不平等程度很高。

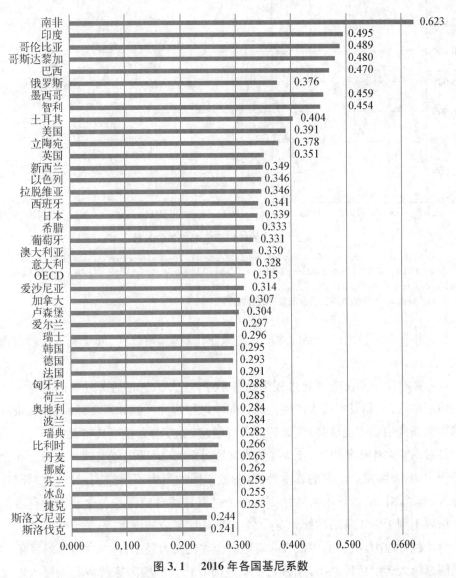

图 3.1　2016 年各国基尼系数

资料来源:OECD (2019). Society at a Glance 2019:OECD Social Indicators, OECD Publishing.

造成收入差距扩大的原因有许多,其中一个重要原因就是全球化的影响。

(1) 发达国家制造业受到中国、印度及其他新兴经济体的冲击。廉价的低端进口产品和外包业务致使较低技能劳动者薪资水平下降,抑或失业。此外,新技术的应用,制造业的自动化率提升,也造成了低端工作数量减少。仅在美国,家庭收入中位数增长几乎已经停滞了约三十年(见图3.2),劳动力市场持续疲软,制造业失去就业机会,许多人经历了生活水平的显著恶化。

图3.2　美国的住户家庭中位年收入数

资料来源：U. S. Census Bureau, Real Median Household Income in the United States [MEHOINUSA672N], retrieved from FRED, Federal Reserve Bank of St. Louis, https://fred.stlouisfed.org/series/MEHOINUSA672N, February 21, 2020.

注：根据2019年物价指数进行调整后的数据。

(2) 高技术含量出口产品的生产呈现专业化趋势,导致高、低技能工人薪资差距拉大。

(3) 资本收入者在全球化进程中受益丰厚,拉大了与普通劳动者的差距。从市场的角度讲,劳动和资本在生产要素的分配中进行博弈。假如资本稀缺,那么资本在要素市场谈判中就占据优势；假如劳动力过剩,那么劳动力就不具备议价能力。发达国家经过两百多年积累以后,出现了资本高度过剩,此时劳工就有谈判余地。在全球化进程中,一方面发达国家的资本外流,造成本国的资本不再过剩,另一方面国外商品输入,造成本国的劳动不再稀缺。这两个过程显然会使得在各个要素持有者的博弈中出现不利于劳工阶层的博弈,这就会出现基尼系数的增大、不平等的扩大。

由于种种原因,欧美的中低收入者则将全球化视为眼中钉。例如,特朗普在2016年美国总统大选中意外胜出,原因之一就是随着新兴市场国家的崛起而陷入困境的美国白人劳动阶层的不满爆发。其实,反全球化的浪潮早在20年前就有了。1999年11月30日到12月初,世界贸易组织(WTO)贸易部长会议在美国太平洋城市西雅图召开,旨在发起新一轮多边自由贸易谈判,但没有想到的是,会议内部南北国家分歧严重,会议外部发生举世震惊的反全球化示威。WTO的会议无果而终,连一直在寻求取得国会赋予的谈判自由贸易协议权力的时任美国总统克林顿也不得不站在示威者一边说话,因为沉寂了很长时间的美国工会组织,以及向来是民主党支持者的环境保护主义者是这次抗议活动的主角。这次抗议活动虽然让西雅图一片混乱,店铺被砸,许多示威者与警察受伤,但却把全球化带来的一系列社会与环境问题充分揭露出来。

(二) 发展中国家的内部收入差距

一些发展中国家在经济全球化过程中出现了严重的贫困"极化"现象,导致经济结构转型失败和社会不稳定;也有一些发展中国家在经济全球化过程中受益,居民收入普遍提高。

图 3.1 显示了各国的基尼系数。几个发展中的大国的基尼系数普遍高于发达国家。发展中国家的内部收入差距较大。原因有:第一,发展中国家的经济水平有限,财政支出更多地用于建设基础设施,较少用于收入再分配。第二,发展中国家没有长久发展所形成的中产阶级,受教育的程度差别较大。第三,发展中国家的税收制度以及再分配制度不完善,没有把财富充分地二次分配。第四,发展中国家经济发展的过程中,监管和运行等有漏洞,并且没有如同发达国家那样充分地发展各行业,往往是低级的和初始阶段的加工。

第二节 全球化对各国社会保障政策的影响

权力资源理论认为,福利国家规模的扩张与社会公民权的逐步制度化,主要归因于劳工阶级权力的取得与有效动员[①]。一方面,劳工阶级通过政治市场上与左翼政党的结盟取得对政治权力的影响,政府出台的政策能够保护劳动者的利益;另一方面,劳工阶级在劳动市场上依靠工会组织,增加其对资方的判议价能力,保证工资和职业福利的合理性,同时工会承认雇主的企业管理权并承诺在集体协议有效期内不举行罢工。以前劳资冲突的零和状况才逐渐变为互利的正和局面。因此,在政治市场、劳动力市场这两个方面形成了劳资双方"历史性的妥协",使得福利国家的扩张具有现实的可能性。

在这样的体制下,一方面,劳动者依靠工会的谈判权,获得了较高的工资薪金收入,有利于提高整个社会的消费水平,促进了经济发展;另一方面,第二次世界大战后各国在凯恩斯主义的影响下,实行了经济扩张和促进就业的措施,有利于劳资双方关系的缓和。总之,二战以后的各国"黄金时代"将原先相互矛盾的几个目标——经济增长与所得分配、经济效率与社会公平等有效地平衡起来,建立起各方均能接受的发展框架。

随着经济全球化的深入,主权国家所面临的国际经济环境发生了深刻的变化。

---

① Korpi, W. (1983). *The Democratic Class Struggle: Swedish Politics in a Comparative Perspective*, Routledge and Kegan Paul.

原先是劳方与资本方势均力敌的均衡局面,现在逐渐有被另一个新的架构取代的趋势:一个倾斜向资本(特别是跨国资本)的霸权体系。

一、政府征税的能力下降,影响社会保障政策的实施空间

政府迫于国际竞争,放松了资本课税。一方面,全球化的深入加强了资本方与国家谈判中讨价还价的能力,从而提高了其迫使国家减税、取消管制和降低成本(如降低工资水平和福利水平)的能力。另一方面,全球化背景下,各国为竞争流动性税基的努力,也不可避免地导致相应税率的"向下竞争"。研究表明,自20世纪80年代中后期以来,全球范围内,间接税和直接税的法定最高边际税率和平均税率水平都普遍地下降了。2017年,美国特朗普政府推出庞大的减税计划,核心内容是降低企业所得税、个人所得税,对企业海外利润汇回给予大幅税收优惠,据预测这些减税政策未来10年将使美国政府减少约1.45万亿美元的税收收入。美国的减税改革又将引起世界各国新一轮减税浪潮。

政府管理个人所得税的难度增加了。高收入的个人往往经常在国内外流动,其收入形式有工资薪酬、专利权使用费、咨询费、顾问费、股息红利等,税务机关的监管难度较大。而且高收入者常常以更改国籍的方式逃避高税负。

跨国公司通过全球化产业布局,将生产流程进行切割,利用发展中国家廉价劳动力提高其获利能力,并实施转移定价策略,将公司设在税负水平低的国家,以逃避高税负国家的课税。例如,跨国公司可能在母国进行设计、研发并接受订单,在第二国生产制造,最后在第三国销售。

随着互联网与移动支付的兴起,劳动者提供劳务与服务,例如音乐创作、文章撰写以及教育辅导等,均可以通过互联网进行业务委托、外包与支付。交易的次数与数额难以透明化,这增加了各国税务人员的征税难度。

二、各国税收收入出现结构性变化,加重了中低收入者的负担

各国为了争取外资的进入,纷纷采取降低税负的方式。这种方式对于发展中国家尤其重要,因为外资的进入不仅带来就业机会,更重要的是,它可能带来发展中国家发展所需要的技术。通常,各国降低的税负主要是公司所得税。

而另一方面,由于普通工薪阶层的跨国流动性低,往往成为税收制度结构性调整的受害者。有研究表明,1980—2007年,在包含OECD国家的65个样本国家中,企业所得税税率从45%降至30%以下,面向高收入群体的个人所得税税率从最高的42%左右降至32%左右。同时,针对中等收入群体的个人所得税税率却从15%以下提高到17%左右[1]。

---

[1] Egger, P. H., Nigai, S., Strecker, N. M. (2019). "The Taxing Deed of Globalization," *American Economic Review*, 109(2): 353—390.

专栏 3.1　"短命"的法国富人特别税政策

　　对富人征收重税是奥朗德竞选总统时的主要施政纲领之一。奥朗德曾经表示他"不喜欢"富人,与代表富人阶层的萨科齐界限分明。2012年10月,在奥朗德当选5个月后,法国国民议会通过一项议案,向年收入超过100万欧元的个人征收税率为75%的所得税(又称特富税,supertax)。两个月后,该议案被法国宪法委员会裁定违宪,称其违背了税收平等原则。但奥朗德并没有放弃这项主张。2013年,他领导的政府提出了新的75%富人税,将征收对象由个人变成企业,同时将缴纳税款总额的上限定为企业营业额的5%。这项议案于当年12月得到了法国最高法院的通过,并从当年开始实施。

　　法国政府决定自2015年1月1日起终止这项政策。这项影响了约470家企业及十多家足球俱乐部的政策,仅仅帮助法国政府增收了共计4.2亿欧元的收入,还不到法国财政赤字的0.5%。政府表示将采取对商业更为友好的手段来提振经济,因此从2015年开始,该政策将不再继续实施。

　　这项政策从一推出就招致了广泛的批评和反对。当时《经济学人》刊文表示,该议案实施后,没有哪一个欧洲国家征收的税率能与之匹敌,哪怕历史上以高税负闻名的瑞士(57%)也落后于法国近20个百分点。该政策出炉后,引发了大量的富人外流,例如,外号"大鼻子情圣"的法国著名演员杰拉尔·德帕迪约(Gerard Depardieu)先是去了比利时,后加入了俄罗斯国籍。在俄罗斯,个人所得税税率为单一税率(13%),不具有累进性。法国《回声报》2015年公布的一份调查报告显示,法国富豪前100强中,有20人已在比利时安家,这些法国人起码持有170亿欧元资产,其中,法国首富、路易斯威登的首席执行官贝尔纳·阿尔诺加入了比利时国籍,据称因此流向比利时的资产就高达70亿欧元。比利时之所以能够吸引到法国富豪来此安家或落户公司,是因为比利时对富人征收的所得税率比法国低,特别是资本利得税很低。此外,这项政策也引发了法国足球运动员的抗议活动。2013年年初法国本土俱乐部曾因此罢赛,抗议超高的税率将使得足球俱乐部更加难以经营,一些顶级球员可能因此申请转会。

三、工会的谈判权下降

　　在传统的工业时代,健全的工会组织和集体谈判制度确保了雇员工资福利水平的合理性,还会干涉企业的裁员,而且雇员内部的薪资等级差别也不大,同时不断促进工作环境的改善。即使在福利水平较低的美国,企业也会提供丰厚的职业福利给员工。

　　一般而言,制造业中的大企业居多,企业雇员数量较多,雇员更倾向于加入工会,而在服务业中,企业更加小型化,雇员加入工会的意义不大。因此,随着各国制造业比重降低,加入工会的雇员比重越来越低,例如,只有10%的美国雇员参加工会。OECD各国的工会会员加入率的中位数约为18%,低于20世纪80年代初的50%以上的峰值①。由于工会的影响力式微,劳动者的工资谈判能力也受到较大影响。

与此同时,由于雇主能威胁将工厂转移到另一个完全不同的国家,工会的谈判优势进一步被雇主削弱,导致雇员的收入长期难以提高。过去30年,几乎所有的OECD国家中劳动力收入在国内生产总值中的占比都在持续下降,2/3的中低收入国家在1995—2007年也经历了类似的下降。在此期间,拉丁美洲是唯一成功扭转这一下降趋势的地区。部分拉美国家劳动力工资所占份额持续增长。宾夕法尼亚大学世界数据表的数据显示,127个国家的平均劳动力工资占比已经从1990年的55%下降到了2011年的51%。同时,工资并没有随着工人劳动生产率的提高而增长。不断下降的劳动力工资占比表明,生产力提高和产量增长并没有转化为同比例的劳动力收入增加。由于生产力和收益之间的联系由此被消除,因而其后果极其严重。在美国,1973—2014年,净生产力增长了72.2%,然而,扣除通货膨胀因素,普通工人的工资实际只增长了8.7%。

正如《21世纪资本论》所指出的,21世纪全球化面临的最大问题是:仅有经济、市场与金融的全球化,却没有治理的全球化、征税的全球化、转移支付的全球化、对全球化输家的补偿(培训和救济),导致这样的全球化无法持续,因为金融资本可以在全球寻找机会,本地市场劳动力的议价能力却越来越低,机会与财富的分配日益不均,贫富差距日益拉大,会割裂社会的机理,推动民粹的抬头,最终葬送全球化的进程。

专栏3.2　英国脱欧是穷人发出的呐喊

在欧盟成立后的这些年,尤其是2004年东扩以来,西欧国家的中下阶层利益受损最为严重。这是因为新加入欧盟的10个"东欧穷亲戚",其劳工阶层大量涌入西欧。以英国为例,10年间接纳了超过100万东欧移民。在英国中下阶层眼中,东欧移民抢走了他们的就业岗位,还申请了大量福利、津贴,然而他们很少在英国消费,而是将钱寄回东欧老家。在荷兰、德国、法国等国家,这种情况同样普遍存在。

而恰恰在这个时候,欧洲经济陷入了衰退。蛋糕做大的时候,多些人来分,大家不会说什么;但当蛋糕无法做大甚至变小的时候,矛盾就出来了。遗憾的是,在西欧精英阶层眼中,账不是这样算的。企业家、工厂主们认为,东欧移民增加了劳动力供应,降低了企业成本;而政客们则认为,移民可以带来经济增量,容易体现自己的政绩;而欧盟东扩可以挤压俄罗斯的生存空间,让欧洲更加安全。

在这场欧盟东扩、欧洲一体化的游戏中,富人更富了,穷人更穷了,甚至被迫要跟东欧移民竞争上岗了。所以,穷人不愤怒是不可能的。

---

① "Workers of the World, Log on!" *Economist*, No. 9118, 2018, pp. 23—26.

专栏 3.3　欲进全球采购网，先过劳工门槛关

"社会条款"(social clause)是美国等发达国家主张在贸易与投资协议里写入的关于保护劳动权的条款，缔约方如果违反该条款，其他缔约方可以予以贸易制裁。其目的在于通过贸易制裁来保证有关社会基本权利的实现。相对于保护环境的"绿色条款"而言，社会条款有时也被称为"蓝色条款"。"社会条款"主要是针对"社会倾销"(social dumping)而提出的。所谓"社会倾销"，是指一个高工资的工业化国家进口相对低廉的外国产品，而这些产品之所以廉价是因为出口国没有提供合理的工资、福利及对工人其他方面的保护。通过利用廉价的和缺乏保护的劳工，出口国能够以远低于一般市场价格的价格在工业化国家销售产品，这就将其社会问题"倾销"到了进口国，其形式就是使后者失去就业机会，迫使进口国降低工资和利润以使其价格结构更具有竞争力。

沃尔玛、家乐福、特易购等跨国零售企业在介绍如何才能进入其采购网络时，都强调企业一定要遵守劳工标准。社会条款和劳工标准已成为欧美等发达国家继生态环境标准之后，对发展中国家实施贸易壁垒的新举措。与跨国零售商打过交道的企业也表示，跨国零售商不仅看中产品，更看中产品是如何生产出来的。他们往往要花费很长时间去考察工厂的管理情况、产品质量及安全性能，经过严格评估合格后，才可能下订单。这种考察包括工厂的工资福利、是否雇用童工、工时工资及安全生产等情况。

据了解，近十年来，欧美国家的消费者运动越来越多地关注进口产品的生产过程是否符合国际劳工标准，他们通过"购买权力"要求跨国公司承担社会责任，要求进口商监督海外合约工厂的劳工问题；投资者也日益关注跨国公司的劳工问题，他们通过"投资手段"影响跨国公司的政策和计划，要求定期汇报劳工和社会责任业绩；劳工组织和大众媒体更加活跃，它们通过舆论压力对跨国公司施加影响，甚至组织游行示威等抗议活动，抵制"血汗工厂"产品；一些国际组织还推出了 SA8000/WRAP/FLA 等工厂检查/认证制度和社会标志计划，鼓励消费者购买遵守劳工标准的工厂生产的产品；另外，欧美发达国家政府通过法律、行政和投资贸易等手段，鼓励跨国公司监督国外工厂遵守劳工标准，制裁违反劳工标准的公司和工厂。英国政府就设立了一个负责企业社会责任的部门。一些进口商，特别是知名品牌公司和零售企业，出于维护企业利益和公众形象的考虑，纷纷制订供应商社会责任守则(COC)，建立相应的工厂监督检查体系。

德国进口商协会已制订了《社会行为准则》，要求德国进口商应经过 SA8000 社会责任国际组织授权，对其供应商工厂的社会责任进行监督检查。SA8000 标准是一个类似于 ISO9000 的工厂认证标准，主要涉及童工、强迫劳动、安全健康、工时工资等 9 个方面。目前，我国出口到欧美国家的服装、玩具、鞋类、家具、运动器材及日用五金等产品都受到劳工标准的限制，一些大型跨国公司，如沃尔玛、家乐福、欧尚、翠丰、耐克、锐步、阿迪达斯、迪士尼、美泰、雅芳、通用电气等,还在中国设有办事处,专门监督工厂的劳工问题。

第三节 社会保障政策的跨国协调

与社会保障政策有关的跨国协调,就形式而言,可以分为三大类。第一类是经济类的国际组织,如国际货币基金组织、世界银行等,它们主要是由新自由主义经济思想驱动,对各个国家的经济和社会保障政策施加影响。第二类是非经济类的国际组织,主要是联合国以及它的附属机构,包括国际劳工组织,通过提高劳工权利和社会保障权利来影响政策。它们关心的主要是人道主义方面,而不是经济方面。第三类是地区性、国家间的贸易协定,提供了解决跨国社会保障和劳工问题的论坛,其中影响比较大的是欧盟、北美自由贸易区和世界贸易组织等达成的协定。

一、经济类的国际组织

经济类的国际组织在推进全球化进程和宣传新自由主义中扮演着重要的角色,如国际货币基金组织、世界银行等,它们直接或间接地参与到促进经济活动开放化、商品化和私有化的过程中来,而且它们还参与了促进削弱政府的权力和减少社会保障的活动[①]。实际上,国际货币基金组织和世界银行等机构很大程度上受控于美国这个最大的经济大国和缴费国。这是因为,在这些机构中,投票权取决于成员国的金融地位和缴费额。美国持有国际货币基金组织基金份额最大,但与欧洲达成"默契",世行行长职位多为美国人担任,而国际货币基金组织总裁的职位多为欧洲人长期担任。

经济类国际组织在实现社会保障政策的方法有所不同:国际货币基金组织是最坚定的新自由主义,世界银行稍次之,OECD则非常欣赏欧式社会保障制度中的有用部分[②]。但是,总的来说,这些国际组织倾向于把社会保障机构在很大程度上看成是一种"负担",即看成是经济发展和发挥市场势力自由功能的障碍。这些国际组织在经济政策上认为,解除市场管制和扩大市场范围是通向繁荣和增长之路。因此,它们在相当程度上将社会政策看作经济政策和经济目标的附属物,或仅仅是提供基本的社会安全网。

自从20世纪70年代晚期以来,国际货币基金组织和世界银行一直在对第三世

---

① 拉梅什·米什拉:《社会政策与福利政策:全球化的视角》,中国劳动社会保障出版社,2000年,第118页。
② 同上书,第120页。

界国家施行和实行严厉的政策,它们以提供或安排贷款为条件来换取第三世界国家的结构性调整方案或其他变革。只有满足上述机构在经济和金融纪律方面的要求,才能够获得贷款或其他形式的经济援助。

同时,国际货币基金组织和OECD一直劝说欧洲福利国家转向美国和英国的新自由主义模式。由于僵化的劳动力市场体制,欧洲难以适应国际竞争。根据国际货币基金组织的说法,美国劳动力市场更大的灵活性体现在以下几个方面:在福利救济、福利期限和福利确认方面的失业保险限制较少;更大范围的收入差别;较低的联合程度和更为分散的薪金谈判机制;在薪金谈判中政府的干涉更少;在员工雇佣和解雇方面的限制更少;社会保险费用和其他非工资劳务费用较低,例如带薪年假的数量较少[①]。

二、非经济类的国际组织

联合国及其附属机构,如国际劳工组织是最重要的非经济类的国际组织之一,主要从人权的立场来参与制定跨国社会保障政策联合国关注的是整个经济和社会权利领域,而国际劳工组织更重视工人的社会保障及其权利的提高。联合国及其附属机构也存在主要缺陷,它们推出各类协定是由各国自愿参加的,一些国家往往是达到了条件再参加,没有达到条件就不参加,即使参加了却没有遵守协定的情况也屡屡出现。

(一)联合国的社会保障相关政策

联合国颁布的《经济、社会及文化权利国际公约》包含了一系列广泛的权利,如"工作权利、维持基本生活水平的权利、获得包括社会保险在内的社会保障的权利以及得到公正、良好的工作环境的权利等",其中每一种权利都有充分、详细的论述。与其他国际人权公约相比,《经济、社会及文化权利国际公约》的最大特点是要求缔约国尽最大能力逐步实现公约规定的各项权利,而不强求一步到位。这有助于处于不同经济、社会发展阶段的国家在履行公约义务时可依据各自国情,制定适合其自身特点的具体计划。1997年10月27日,时任中国常驻联合国代表秦华孙大使在纽约联合国总部代表中国政府正式签署该公约。2001年2月28日,中国第九届全国人大常委会第二十次会议作出批准该公约的决定。

(二)国际劳工组织的社会保障相关政策

1919年,国际劳工组织根据《凡尔赛和约》,作为国际联盟的附属机构成立。1946年12月14日,它成为联合国的一个专门机构。总部设在瑞士日内瓦,训练中心位于意大利都灵,秘书处被称为国际劳工局。其宗旨是促进充分就业和劳资合作、改善劳动条件、扩大社会保障、保证劳动者权益和维护社会公平。

国际劳工组织还支持发起了国际社会保障学会(international social security

---

① OECD(1994). The OECD Jobs Study: Facts, Analysis, Strategies.

association, ISSA)。国际劳工组织所关注的问题包括工人的组织权、禁止使用童工、健康、工地安全以及包括养老金和医疗护理在内的社会保障。

"社会保障"(social security)正是国际劳工组织自二战结束以来力推的一个与公民社会权利相关的核心概念。国际劳工组织1952年通过的《社会保障最低标准公约》(第102号)是一个基本文件,确立了应当把社会保障作为一种普遍性制度加以实行的原则。1967年,国际劳工组织出台了《残疾、老年和遗属津贴公约》(第128号)。但是,到目前为止,国际劳工组织的185个成员国中仅有53个批准了第102号公约,而且绝大部分是已经具备较为完善的社会保障体系的发达国家。

国际劳工组织一直倡导现收现付型的养老金体制,与一些发达国家的改革方向不一致。在20世纪80年代的福利削减时期,以及20世纪90年代的养老金私有化改革国际潮流中,国际劳工组织的政策主张是被边缘化的,影响力非常有限。

国际劳工组织是一个由政府、雇主和劳工代表组成的三方组织,它认为社会保障政策应由政府、劳工组织与雇主三方共同决定,反对"各国的财政部和国际机构在各自的密室里决定养老金和其他救济水平"[①]。

到了20世纪90年代以后,国际劳工组织常用的概念中又多出了一个词——"社会保护"(social protection)。20世纪80年代中期,国际劳工组织的专家组集体撰写了题为《21世纪社会保障展望》的报告。其中提道:社会保障的目标不止于防止或减轻贫困,应该更为广泛。它反映着一种最为广义的社会保障意愿。它的根本宗旨是使个人和家庭相信他们的生活水平和生活质量会尽可能不因任何社会和经济上的不测事件而受很大影响。这就不仅是在不测事件中或已出现不测事件时去解决困难,而且也要防患于未然,帮助个人和家庭在面临未能避免或不可避免的伤残和损失的时候,尽可能做到妥善安排。因此,社会保障需要的不仅是现金,而且还要有广泛的医疗和社会服务。

2004年,国际劳工组织重提建立普遍社会保障的议题,提出了所有人都具有一系列基本的社会权利,包括获得基本社会服务的权利。这项倡议被称为"社会保护底线"(social protection floor)。2011年6月,国际劳工组织决定以建议书的方式制定"社会保护底线"标准。这项工作受到当年在法国戛纳召开的20国集团领导人峰会的支持。2012年6月,国际劳工大会顺利通过《关于国家社会保护底线的建议书》(第202号建议书)。此后,国际货币基金组织也同意与国际劳工组织合作,探索如何在各国中为实施社会保护底线创造财政空间。2015年6月,世界银行集团更是在历史上首次明确将普遍社会保障作为一项发展优先事务,并与国际劳工组织一道发起了普遍社会保障倡议(universal social security initiative)。

近些年来,国际劳工组织在发展中国家大力推动建立非缴费型社会养老金、缴

---

① 鲍勃·迪肯、米歇尔·赫尔斯、保罗·斯塔布斯:《全球社会政策——国际组织与未来福利》,商务印书馆,2013年,第225页。

和非缴费相结合的养老金、政府配比补贴的养老金、社会救助等制度,从而扩大养老金制度覆盖面。这是对之前过于依赖社会养老保险的做法的一种纠正[①]。

三、地区性、国家间的贸易协定

(一) 国家之间的贸易协定

西方国家尤其是美国的工会,通过长期以来的努力,已实现了社会保障条款,并在与发展中国家缔结的贸易条约中规定了最低劳工标准。工会要求本国与发展中国家签订协议时,规定最低劳工权利,主要考虑是为了限制不公平竞争和社会福利倾销,但是,这一劳工条款中的保护主义及自私的一面已使之成为全球南北关系中有争议并引起分裂的问题。

(二) 地区性一体化联盟

地区间的一体化联盟,最重要的代表就是欧盟。欧盟在最初建立时,目标是要促进各成员国间经济上的密切合作,推动欧洲经济的一体化。因此,社会政策几乎被排斥在欧盟政策议程之外。但随着一体化的推进,遇到的问题越来越多,也越来越复杂,单纯依靠经济手段已无法有效地应对,需要从更基础的社会层面去思考问题的解决途径。于是社会政策逐渐从先前的边缘领域走向中心。

此后,欧盟开始关注社会保护政策,提出要实现社会保护的趋同。随着社会保护政策被纳入欧盟发展议程中,"社会保护的现代化"成为欧盟政策议程中讨论最多的一个议题[②]。

1. 欧盟社会保障政策协调的重要性

首先,统一的社保政策有利于维护良好的市场竞争环境[③]。一般而言,削减社会保障缴费与待遇水平,有利于降低企业的劳动力成本,从而在竞争中获得优势。但如果各国竞相降低社保水平,就将形成无序和不公平竞争。因此,建立统一的制度性框架,既有利于规范各国社保制度,也有助于消除成员国在社会保障水平和标准方面的差异,从而保障内部统一市场竞争规则的有效实施。

其次,统一的社保政策有利于形成欧盟一体化的向心力与认同感。长期以来,欧盟一体化都是由政治精英和知识精英提出设计理念并付诸实施,普通民众对欧盟的决策和整体运作较为陌生。积极推动欧盟社保政策的发展,例如,为劳动者的跨境流动提供便利,也对其家庭和子女的相关问题做出了安排,有利于拉近欧洲民众与政治精英间的距离,也有助于提升欧洲经济与政治一体化的合法性。

2. 欧盟社会保障政策协调的主要进程

2000年3月在里斯本召开的欧洲理事会会议可以说是社会保护政策在欧盟层面

[①] 李清宜:《养老金政策的演变历程:国际劳工组织和世界银行观点的对立与共识》,《社会保障评论》,2019年第4期。

[②] 陈振明、赵会:《由边缘到中心:欧盟社会保护政策的兴起》,《马克思主义与现实》,2015年第1期。

[③] 石晨霞:《欧盟社会政策在欧洲一体化发展中的地位和作用》,《理论月刊》,2013年第10期。

取得实质性进展的一次重要会议。会议提出了欧盟未来10年的发展战略——里斯本战略(lisbon strategy)。该战略提出未来10年欧盟要"成为世界上最具竞争力和活力的知识经济体,能够实现经济的可持续增长,同时提供更多更好的工作以及更大的社会凝聚"。战略首次将社会保护政策置于与宏观经济政策和就业政策同等重要的位置,通过三者间的协同来构建"欧洲社会模式"(european social model)。2005年,欧盟对里斯本战略进行了重新调整,将战略目标调整为:"增长和工作伙伴关系"。在新里斯本战略中重申了社会凝聚的目标,承诺继续推动贫困和社会排斥的实质性减少,并将之前社会包容、养老金、医疗保健与长期护理等三大领域的工作整合到一起,形成了一个单一的一体化过程,目的在于使社会保护政策与广泛经济政策指导方针和欧洲就业战略步调一致,实现社会、经济和就业三者之间的相互加强。随着2008年席卷大部分欧盟国家的债务危机持续加剧,欧洲经济逐渐衰弱。到2010年,里斯本10年发展战略大部分目标都未能达成,从结果上看基本是失败的。

从2010年开始,欧盟社会保护政策的发展进入了一个新阶段。欧盟委员会制定了"欧洲2020"战略。鉴于里斯本战略中较弱的社会维度,加之全球金融危机给欧盟社会带来的消极影响,新战略突出强调"要更专注于欧盟的社会维度",并采取了一系列实质性措施:(1)将促进智能型增长、可持续性增长和包容性增长等,共同作为"欧洲2020"的三个优先目标;(2)将"至少要让2 000万人摆脱贫困和排斥风险"作为该战略的五大"总任务"(headline targets)之一;(3)创建了"欧洲反贫困平台"(EPAP),作为实现"欧洲2020"战略的七大"旗舰计划"(flagship initiatives)之一;(4)将"促进社会包容和消除贫困"纳入新提出的十大"增长和工作综合指南"中,强调了养老金、医疗保健和公共服务等在维持社会凝聚方面的重要性。

与里斯本战略相比,新战略不仅把社会保护看作生产性要素,同时也将其视为消除贫困和社会排斥、实现包容性增长的重要手段。不过,2014年的中期评估报指出:"欧洲2020"战略在前两个目标(灵活的、可持续的增长)方面取得了很大进展,但在包容性增长领域却进展缓慢。到2012年,欧盟贫困和受排斥人口非但没有减少,反而比2009年增加了1 000万。报告再次呼吁各成员国要建立有效的社会保护体系以实现减少贫困和社会排斥目标,强调"通过降低不平等以及对弱势群体的支持,社会保护在促进人力资本的投资、提升生产效率、促进社会政治稳定发挥着重要作用"。

但是从近期来看,受各国经济发展水平与社保模式特征、排外等各种相关因素的影响,社保政策整合程度一时难以实现明显提升。而且,欧盟社保政策未来的发展恐难以导致一个"社保政策联盟"的出现,"社会欧洲"仍将是一个长期愿景。对于欧盟社保政策而言,比较现实的前景是建立一个在社会层面逐渐强化合作与协调的低层次联合机制,这种机制显然有别于主权国家的社会政策,而是介于民族国家社会保障政策与超国家社会保障政策之间的一种中间状态的特殊机制。

专栏 3.4　希腊的主权债务危机与社会保障政策调整

希腊的主权债务危机发端于 2009 年 10 月的政权更替。为了解决希腊的主权债务危机，国际货币基金组织、欧盟于 2010 年 5 月、2012 年 2 月相继实施了总额 1 100 亿欧元、1 300 亿欧元的救援计划。作为交换条件，希腊政府被要求实施财政紧缩政策，并将公共事业民营化，造成的后果是国民负担加重。此后，希腊政府按照金融援助项目的交换条件实施改革，财政面逐步得到改善，但经济继续跌落，国民生活愈加艰苦，罢工、暴动开始露头。

2015 年 1 月，以反紧缩为口号的激进左翼联盟党得到国民支持赢得大选，齐普拉斯上台组阁，并与 2 月份与欧盟达成了将金融救援延长到 2015 年 6 月的协议。

2015 年 6 月末，希腊宣布将于 7 月 5 日就是否通过财政紧缩政策举行全民公投，要求将金融救援延长到此时。但该提案遭到欧盟拒绝，7 月 1 日希腊成为发达国家中首个违约国。希腊政府出于对资金外流的担忧，决定实施资本限制政策，银行停止营业，并将每日的取款额度限制在 60 欧元以内。最终全民公投结果显示，赞成率 38.69%，反对率 61.31%，财政紧缩政策被否决。此后，希腊于 7 月 7 日的欧盟峰会上提出了新的金融救援申请，但欧元区要求希腊在 7 月 9 日前提交新的财政改革方案。这对于希腊来讲无疑是最终通牒，也就是说，如果届时希腊不提交改革方案，欧盟很可能在峰会上讨论希腊脱离欧元区问题。7 月 9 日，希腊政府提交了新的财政改革方案，内容基本符合欧盟提出的条件，因此得到了欧盟的首肯。但该改革方案与全民公投中被否决的财政紧缩政策内容相似，因此招来了国民与党内人士的不满。7 月 16 日，希腊议会通过了财政改革方案，实质上同意了财政紧缩政策。此后，欧盟表示同意提供过渡性融资。

2016 年 1 月 5 日，希腊政府完成养老金改革草案修订，出人意料地主动选择向国际债权人妥协，计划通过改革进一步削减养老金。希腊政府已于当日将这份草案提交国际债权人，并计划以此为基础与后者完成本阶段的救助谈判，以获得下一笔援助贷款。

若按照这份草案进行养老金改革，将会使中等收入人群的养老金提取额度减少 15% 至约 750 欧元/月，而高收入人群养老金的削减幅度更可能高达 30%。草案中被纳入养老金削减范围的仅为 2016 年及以后退休人群，此前已退休人群将继续按照现行标准领取养老金至 2018 年。同时，希腊政府也计划将目前存在的多个养老基金合而为一，并提高不同收入人群社保缴纳比例 0.5~1 个百分点。

自债务危机爆发以来，希腊按照国际债权人要求已经将养老金削减近半，但由于制度建设不完善以及社会化程度不足等问题，导致养老金占财政支出比例仍居高不下。欧盟统计局数据显示，希腊养老金支出占国内生产总值比例高达 17.5%，远远超过欧盟成员国的平均水平，而养老金发放条件过于宽松、监管不严造成冒领现象泛滥等问题，更使国际债权人将其视为严重阻碍救助计划的顽疾。

希腊现行的养老制度已经处于崩溃边缘,需要进行深层改革才能使其重回正轨,但直接削减养老金带来的影响也同样难以承受。在希腊,很多子女失业在家全靠老人的养老金接济,难以想象养老金缩水后全家人将如何度日。

若按照草案内容进一步削减养老金,必将对执政联盟产生更大的冲击,但拒绝国际债权人要求将导致新救助计划破产,又将难以避免给希腊经济带来毁灭性打击。而国际债权人方面其实也同样两难,虽然要求希腊政府削减养老金,但并不希望看到希腊政府再度倒台影响救助计划。

摘自:韩秉宸,《希腊主动推出削减养老金计划》,《人民日报》,2016年1月6日。

拓展阅读:港澳台居民在内地(大陆)参加社会保险办法

2019年11月29日,人力资源和社会保障部、国家医疗保障局联合发布了《香港澳门台湾居民在内地(大陆)参加社会保险暂行办法》(人力资源和社会保障部、国家医保局令第41号),自2020年1月1日起正式施行。

41号令的颁布为港澳台居民在内地(大陆)参加社会保险提供了具有可行性的操作办法和指导性意见,进一步保障了在内地(大陆)工作、学习、生活的港澳台同胞的平等权益。

主要内容有以下几点:

一是被内地(大陆)各类用人单位聘用、招用的港澳台居民应当参加五项基本社会保险(城镇职工基本养老保险、职工基本医疗保险、工伤保险、失业保险和生育保险),并依法享有各类社会保险权益。

二是在内地(大陆)从事个体工商经营和灵活就业的港澳台居民可以参加职工基本养老保险和职工基本医疗保险。

三是在内地(大陆)居住且办理港澳台居民居住证的未就业港澳台居民,可以在居住地按照规定参加城乡居民基本养老保险和城乡居民基本医疗保险,由各级财政按照统筹地区城乡居民相同的标准给予补助。

四是在内地(大陆)就读的港澳台大学生,与内地(大陆)大学生执行同等医疗保障政策,按规定参加高等教育机构所在地城乡居民基本医疗保险,由各级财政按照所在高等教育机构内地(大陆)大学生相同的标准给予补助。

为切实保护港澳台居民社会保险权益,同时充分考虑其实际情况和诉求,减轻企业和个人负担,该办法规定,已在香港、澳门、台湾参加当地相关社会保险,并继续保留社会保险关系的港澳台居民,可持相关授权机构出具的证明,不在内地(大陆)参加养老保险和失业保险。对于医疗、工伤和生育保险,该办法规定在内地(大陆)就业的港澳台居民应当依法参加。主要考虑是上述三个险种均为应对即期风险事件的险种。

复习思考题

1. 由于欧盟不存在单一、统一的社会保险体系，各成员国养老保险制度差异很大，养老保险的缴费基准、待遇水平、最低缴费年限等大不相同，劳动者因跨国流动就业而导致的养老保险待遇的损失，成为阻碍欧盟建立统一、开放、灵活的劳动力市场的重要因素。为保障跨国流动就业劳动者的养老保险待遇，解决劳动者因流动就业未能达到某一国或几国养老保险的最低缴费年限，以及养老保险待遇明显低于一直在某一国就业所能获得的待遇问题，欧盟立法规定了各成员国养老保险转移接续的具体办法：

一是全面覆盖，即劳动者至少会被其中一个成员国的社会保障计划所覆盖，使其养老保险及其他的社会保险福利能够得到保障。根据有关法令，跨国流动就业的劳动者，可以只执行一个成员国的养老保险政策。通常情况下，劳动者在就业地国家缴费，参加养老保险。但如果劳动者被派往其他国家工作，预期时间不超过 12 个月内，该劳动者将继续执行其调离前的国家的社会保险政策。如果由于不可预期的情况导致工期超过 12 个月，还可延长不超过 12 个月。此外，为了个人或者一类人的利益，两国的社保部门也可达成一致，无论该劳动者工作时间长短，对其执行原所在国而不是就业所在国的社会保障制度。

二是保险记录连续累加，即劳动者在各成员国的缴费年限应当得到连续累计、全部计算。例如，德国规定养老保险累计缴费满 5 年才可享受养老保险待遇。即使某劳动者 10 年的缴费记录中，只有 4 年是在德国完成，另外 6 年在其他国家缴费，该劳动者仍然被认为已达到享受德国养老保险待遇的最低缴费年限。

三是保险待遇分段计算，即各成员国分别按照劳动者在本国完成的缴费年限来分配对该劳动者的养老保险待遇，劳动者所获得的养老保险待遇为在各成员国工作期间按其缴费年限所应得养老金之和。并且法律规定，对流动劳动者计算的养老保险待遇不得低于同一时期一直在本国工作的劳动者的养老保险待遇。

请问欧盟这种分段式养老金缴费与给付方法，与我国当前的养老金制度有何区别？各自的利弊是什么？

2. "零工经济"（gig economy）是指由承担一系列零活的自由职业者构成的经济领域，尤指那些做零活的合同是利用网站或应用程序在互联网上签订的。移动互联网时代，人们的工作形式在世界范围内发生了重大变化：越来越多的人选择自雇佣或者临时工作，取代了部分全职工作或者固定工作角色。数字化技术正在改变未来的工作形态，引领这一趋势的当数在线工作平台的崛起，从出租车 APP "滴滴" 到威客代表 "猪八戒"，再到大学生兼职平台 "e 兼职"。在越来越灵活的劳动力市场，传统朝九晚五的工作正逐渐失去原有的吸引力，工作的独立性更加受到关注。BBC 报道称,近年来,"零工经济"发展势头迅猛。在英国,自由职业者人数已经增至500万。调研发现,如今,在美国有将近5400万、超过三分之一的劳动力为自由职业者。自由职业者崛起对企业劳动力主体产生了深远的影响。试分析零工经济发展对社会保险参保的影响与冲击。

第四章 各国社会保障政策的分类

社会保障政策有许多不同的分类方法,可以根据待遇确定原则以及水平高低、社保政策的收入再分配的程度、社会服务的提供方式等进行分类。当今各国均采取了混合式的社会保障模式,一个国家的社保制度是各类社保模式的混合,没有一个国家是纯粹实施某类社保模式。

基于对英国社会的历史考察,1949年,英国著名社会学家 T. H. 马歇尔在其名著《公民权与社会阶级》中指出,公民权包括三个基本维度或三个组成要素:公民民事权(civil rights)、政治权(political rights)与社会权(social rights)。公民民事权是对于个人自由的保障,政治权是参政的自由,社会权是享有基本的社会福利以及参与社会生活的权利;若能具备三种权利则称之为完整的公民身份(full citizenship)。这三种权利的发展在英国经历了三个世纪,先有公民民事权,再有政治权,最后才有社会权。各国对公民权的理解与保障力度不同,就形成了不同类型的社会保障政策。

第一节 蒂特马斯的福利国家三种模式

英国著名的社会学家理查德·M.蒂特马斯提出福利国家可以分为三类:补缺福

利模式、工作成就模式和制度性再分配模式①。

一、补缺福利模式(the residual welfare model)

在这种模式下,政府对社会保障领域的介入应越少越好,尽量由市场机制与社会自主来实现社会保障功能,而政府仅是最后一道防线,担任暂时与替代性任务。社会保障制度扮演补偿性供给的角色,当家庭和个人陷入困境,或市场功能失灵时才介入,以满足个人的基本需求。政府保障的对象主要是穷人,给付水平较低。此模式含有济贫、施舍以及慈善等意味,亦是社会福利发展起初的基调。

二、工作成就模式(the industrial achievement-performance model)

在这种模式下,社会保障是经济发展的附属产品。福利的取得与分配原则是功绩式(merit)的,即视福利为一种报酬,主导的分配方式是论功行赏,按照各人的贡献、工作表现和生产力来满足需要,当个人在经济上的产出越高,所能获得的福利越多,两者之间关系成正比。在此模式下,政府保障的对象主要是有工作的人群。

三、制度性再分配模式(the institutional redistributive model)

在这种模式下,政府在市场以外,按照需要的原则,提供普惠性的服务(universalist services)②。这一模式主张社会平等原则,认为所有国民都享有基本生存的权利,不分贫富、性别、种族、有无工作等。主要的福利分配者应该是政府。政府站在保障人民基本生活需求的第一线,扮演主导控制与社会保障运作和分配的角色。

此模式下,政府应主动规范全民式的社会保障政策,并将资源进行调配。根据蒂特马斯的主张,资源的调配应包含横向式与纵向式两种再分配方式:前者如向富人课税以救济穷人;后者如建立社会保险体系支付老人养老金,是一种代际再分配。

蒂特马斯的三分法对后来福利国家的研究产生了深远的影响,艾斯平-安德森对蒂特马斯给予了高度的评价。在许多学者(包括艾斯平-安德森在内)的研究中,我们都可以看到蒂特马斯著名的三分法的影子。

第二节 俾斯麦模式与贝弗里奇模式

回溯养老保险制度的历史起源,各国基于政策目标的差异而发展出两种截然不同的制度模式。

---

① Titmuss, R. M. (1974). *Social Policy*, Allen & Unwin.
② 理查德·蒂特马斯:《蒂特马斯社会政策十讲》,吉林出版集团,2011年,第15页。

一、俾斯麦模式与贝弗里奇模式的概念与特点

(一) 俾斯麦模式

俾斯麦模式是指基于社会保险参保缴费为融资渠道的社会保险制度,强调多缴多得,不是很重视制度的收入再分配功能。该模式基于社会保险原则,以"就业为本"的取向为基准。

俾斯麦模式可以追溯到奥托·冯·俾斯麦时期的德国,1883年他在德国引入了法定健康保险,为实施全面的社会保险体系铺平了道路。

俾斯麦的目标是应对社会动荡和社会主义思潮,并在经济上削弱工会和教会等举办的互助式的自愿保险。俾斯麦模式的特点有:

(1) 参保人是雇员或从事有酬工作的人,通常采用对称原则,雇主与雇员平摊缴费额。

(2) 根据工资薪金为基数计算缴费额,收入高者多缴费。

(3) 给付额与缴费额、缴费年限等挂钩。

(4) 社保制度的管理与资金的管理由雇主和雇员双方共同参与。基金收支常常委托给专门的独立机构来管理。

(二) 贝弗里奇模式

贝弗里奇模式是指通过税收融资的社会保障制度,实施全社会均一的给付待遇,收入再分配功能很强。贝弗里奇模式是来自《济贫法》的传统,最初建立的公共年金是在达到法定退休年龄或失能标准,并经资产调查后给予均一给付,后来才逐渐成为基于公民权的普惠式基础年金、医疗保健服务等。

贝弗里奇模式以英国著名学者威廉·亨利·贝弗里奇命名,他对当时的国家社会保险方案及相关服务进行调查,并就战后重建社会保障计划进行构思设计,于1942年提出具体方案和建议。这份报告名为《社会保险和相关服务》,即著名的贝弗里奇报告。

贝弗里奇报告对英国、欧洲乃至整个世界的社会保障制度建设和发展进程产生过重要的影响。二战以后,贝弗里奇模式在欧洲开始广泛普及开来,成为福利国家的一个"样板",甚至可以说,当今欧洲福利国家的发展多少都受到了贝弗里奇报告的一些影响:挪威、瑞典、芬兰、丹麦和爱尔兰等20世纪50年代开始效法,70年代加拿大予以采纳,80年代希腊、意大利、西班牙、葡萄牙等国家也开始部分借鉴贝弗里奇模式[①]。

不过,后人归纳的贝弗里奇模式实际上与贝弗里奇本人的主张有所区别,例如贝弗里奇主张通过缴费来实现社保筹资,而后来的贝弗里奇模式被解读为主要通过税收来实现社保筹资。

---

① 郑秉文:《法国社保制度模式分析:与英德模式的比较》,《世界社科交流》,2004年第41期。

贝弗里奇模式的特点有：

（1）普惠性（universality）。即"统一资格"的原则或称国民待遇标准。给付对象包含全部人口，领取条件主要依据公民资格，消除了不同群体、不同资格条件的碎片化管理以及"社会排斥"现象。参保人可能不需要缴费就能获得社保待遇，即使缴费也是统一的定额缴费。

（2）一体性（unity）。即管理上的大一统性质，在缴费渠道、营运管理、待遇发放等各个环节由国家一个机构统一管理，它的资金主要来源于国家财政预算。

（3）一致性（uniform）。即缴费比例和待遇水平全国遵循一个比例原则，无论居民的工作性质和收入水平如何，福利制度为每个国民提供的待遇给付比例是一致的，不存在由于职业与行业的不同而导致的待遇差距。这个"统一待遇"的原则体现的是社会团结，它彻底摒弃了俾斯麦模式的行业职业间待遇差别和特权问题。

二、俾斯麦模式与贝弗里奇模式的主要差异

从定位来讲（见表4.1），俾斯麦模式的目的是收入维持，即确保人们达到标准的生活水平（a standard of living），待遇较为慷慨，而贝弗里奇模式则是防止贫困，致力于确保人们达到基本温饱的生活水平（a subsistence level）。

表4.1 俾斯麦模式与贝弗里奇模式的差异

特　　点	俾斯麦模式	贝弗里奇模式
目标	收入维持	防止贫困
待遇计发办法	与收入挂钩的给付额	均一给付额
待遇水平	高	低
领取资格	根据缴费记录确定	根据居民身份或按需领取
覆盖面	雇员	全部人口
融资来源	缴费	税收

资料来源：Bonoli, G. (1997). Classifying Welfare States: A Two-Dimension Approach. *Journal of Social Policy*, 26(3): 351—372.
注：引用时，笔者做了少量增补。

贝弗里奇模式下，养老金的领取资格主要依靠公民权，这使得有更多的妇女不需要通过婚姻来获得养老金，老年女性有了独立的养老金的收入。而在俾斯麦模式下，女性往往可以通过其丈夫的缴费记录获得养老金，其就业意愿受到影响。有统计表明，实施贝弗里奇模式的国家有着更高的女性劳动参与率[1]。

在贝弗里奇模式的国家，公共养老金水平较低，职业养老金就起到了保证收入的作用。在这些国家中，职业养老金往往并非由或不完全由国家管理，但是就业者享有职业养老金的权利却是由法律明文规定的。

---

[1] Meyer, T. (2014). *Beveridge not Bismarck! European Lessons for Men's and Women's Pensions in Germany*, Friedrich Ebert Foundation.

尽管英国因其发达的职业养老金和较低的公共养老金而被归入贝弗里奇模式，然而它却游离在集团之外①。第一，英国公共养老金低于其他贝弗里奇国家。在北欧国家、瑞士及荷兰，至少自 20 世纪 60 年代起，法定养老金均持平于或高于经过家计调查所确定的社会救济金。而在英国，如果养老金领取人没有职业养老金，他们只能依赖于社会救济。第二，在实施贝弗里奇模式的国家中，只有英国听任企业决定是否向员工提供职业养老金。其结果是，只有一半左右的就业人口，即只有公共部门员工和私营大企业的员工才享有职业养老金。截至 20 世纪 90 年代末，英国的职业养老金主要由所谓的"确定给付型养老金"构成。这种同收入挂钩的给付，金额由雇主担保，财务风险从员工转给了雇主。此外，此类职业养老金金额高居欧洲前列，领取人被视为特权阶层②。

三、俾斯麦模式与贝弗里奇模式的细分

在图 4.1 中，根据社保支出占 GDP 比重的高低、社保支出通过缴费融资比重的高低，可以把欧洲各国分成四种类型。

类型一：社保支出占 GDP 的比重较高的贝弗里奇模式，包括瑞典、丹麦、芬兰和挪威等，此类型国家的收入再分配力度较大。

类型二：社保支出占 GDP 的比重较低的贝弗里奇模式，包括英国和爱尔兰等，此类型国家的收入再分配力度较小。

类型三：社保支出占 GDP 的比重较高的俾斯麦模式，包括荷兰、比利时、法国、德国和卢森堡等，参保者与不参保者的福利待遇差距较大。

类型四：社保支出占 GDP 的比重较低的俾斯麦模式，包括意大利、希腊、西班牙和葡萄牙

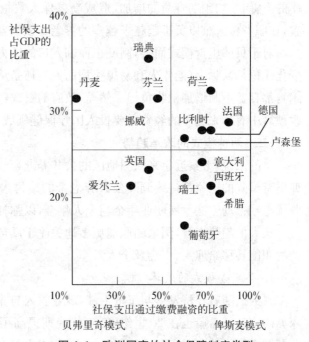

图 4.1 欧洲国家的社会保障制度类型

资料来源：Bonoli, G. (1997). Classifying Welfare States: A Two-Dimension Approach. *Journal of Social Policy*, 26 (3): 351—372.

注：根据上述国家 1989—1992 年的数据进行计算。

---

① Meyer, T. (2014). *Beveridge not Bismarck! European Lessons for Men's and Women's Pensions in Germany*, Friedrich Ebert Foundation.

② Bridgen, P., Meyer, T., Riedmuller, B. (2007). "Private Pensions versus Social Inclusion? Three Patterns of Provision and Their Impact," in Bridgen, P., Meyer, T., Riedmuller, B. (eds) *Private Pensions versus Social Inclusion? Non-State Provision for Citizens at Risk in Europe*, Edward Elgar, pp. 3—43.

等,参保者与不参保者的福利待遇差距较小。

四、两种模式的发展趋势

严格地讲,没有哪个欧洲国家是属于某种单一社保模式,因为没有一个国家是以纯粹的形式遵循这两个模式中的任何一个,大多数国家的模式都是上述两种模式的混合。而且随着时间的推移,一些国家的社保模式也会产生变化和转型。

(一) 两种模式都面临挑战

通常,北欧国家与贝弗里奇模式有紧密联系,而在欧洲大陆中部的国家中,俾斯麦模式占主导地位。但是,随着时间的流逝,欧洲国家之间的这些差异逐渐变得越来越小。例如,在过去十年中,税收融资所占比重较低的国家(如法国、意大利和葡萄牙)开始增加政府的财政投入,而税收融资所占比重较高的国家(如斯洛伐克),开始注重缴费筹资的作用。这反映了这两种模式都面临一些挑战。

对于俾斯麦模式而言,制度的可持续性需要有源源不断的新参保人加入,而生育率的下降、平均预期寿命的增加,造成新参保人数量和占比下降,人口金字塔已经倒置,在职参保人难以负担起越来越多的养老金领取者。

对于贝弗里奇模式而言,制度也面临人口的压力。在医疗保健方面,人口结构的变化无论从数量上(老年人和易患疾病的人),还是从质量上(更昂贵的医疗服务和技术),都日益不断增加税收负担。然而,政府的财政资金增长幅度有限,这就导致了财政预算中有越来越多的经费需要投入医疗保健领域,影响了其他领域的资金投入。

(二) 两种模式的改革趋势

总的来说,考察近年来欧洲地区的公共养老金改革趋势,无论是俾斯麦模式或贝弗里奇模式的国家都持续调降公共养老金的给付水平,但在紧缩的同时积极通过税收优惠或推动立法发展职业年金与个人年金,以弥补削减之后产生的收入落差。

从大的趋势来看,国家的职能更多地关注于反贫困与保障基本生活,而把所得维持的职能转移给雇主、工会及个人。

1. 俾斯麦模式的改革

二战后随着经济发展与工资上涨,就业收入与养老金之间逐渐拉大差距,南欧国家如西班牙与希腊也在20世纪60年代晚期提高了养老金的替代率。与此同时,一些劳动者因缴费年限不足或工资收入太低,丧失养老金领取资格,德国为这些人群建立最低收入保障制度;奥地利和法国等则建立最低养老金制度,弥补了俾斯麦模式覆盖率较低的缺点。

2. 贝弗里奇模式的改革

20世纪60年代,瑞典、芬兰、挪威及加拿大等国家着手在基础公共养老金的基础上,再加入一层养老金——缴费式、现收现付型、与缴费基数挂钩的补充公共养老金,以满足老年人生活需要。这种双层型的养老金制度,实际上导致了这些国家的贝弗里奇模式转型为俾斯麦模式。

与此同时,另外一些国家,如荷兰、英国与丹麦等从20世纪70年代开始,通过建立私有化、完全积累制的职业年金制度来弥补公共养老金的不足。

当然,还有第三类国家,如新西兰与爱尔兰,则没有出现养老金加层的改革。

第三节 普惠性福利与选择性福利

1968年,英国学者蒂特马斯提出了普惠性社会福利与选择性社会福利的分类与抉择问题[①]。举个例子,对于70岁及以上的老人,国内有的城市规定可以在非高峰时段免费乘车。这里就存在一个争议:优惠乘车的对象针对所有的70岁及以上的老人,还是针对少数经济状况较差的老人?争论背后实际上就是理念的分歧。蒂特马斯的主要看法如下。

一、选择性的社会福利

选择性福利(selective benefit)是以申请人的家庭或个人资产多寡、收入高低等作为领取津贴或提供服务的前提条件。社会福利的给付对象仅限于经过资产或收入调查符合条件,被认为有需求的人们。与选择性社会福利相对应的福利体制是"补缺福利模式"(the residual welfare model),即在个人福利需要满足中,国家扮演的只是"补缺"角色。

1. 选择性福利的优点

(1) 效果较好:服务提供聚焦在有需求的人身上,精准扶贫、扶弱。

(2) 成本较低:不需要服务的人均被排除在服务之外,在财政资金有限时,较能符合节约成本的原则。

2. 选择性福利的缺点

(1) 不能满足全体民众的需求。

(2) 对于领取者而言,需要申请、认定,甚至公示,存在一定的耻辱感。

(3) 政府的管理成本较高。

(4) 缺少激励工作的机制,容易形成"福利陷阱"。

二、普惠性的社会福利

普惠性福利(universal benefit)是以需求的类属、群体、地区作为提供服务的基础,只要同一类属,如经济安全、就业,同一群体,如儿童、老人、残疾人员,相同的地

---

① Titmuss, R. M. (1968). "Universal and Selective Social Services," in *Commitment to Welfare*, pp. 113—123.

区,如教育优先区(educational priority area),则可取得相同的服务①。这种模式是假设所有国民都有可能面对各种风险,接受服务是一种权利,即满足每个人的基本需要,让社会的每一个成员都能够得到基本的生活保障。其背后的理念是公民权的政治思想,即给予公民普遍的社会权利。与普惠性社会福利对应的福利体制被称为"制度性再分配模式"(the institutional redistributive model)。蒂特马斯本人就是普惠性社会福利的拥护者。

1. 普惠性福利的优点

(1) 较能响应不同人群的基本社会需求:如儿童与少年普遍需要教育与照顾,老人普遍需要健康照顾、经济安全等。不需要进行家计调查,就能确认其个人需求。

(2) 较能关注到人的尊严与社会凝聚:因为每个人均能公平地得到福利,就不会有人被标签化、羞辱或污名化。

(3) 较能响应人们的立即需求:因为资产调查通常是定期办理,因此,若有急迫需求,如失业、单亲、疾病、未成年怀孕、家庭暴力等事件随时发生,这些需求无法等待家计调查后才认定。

(4) 政治上有利:福利对象基于包容原则,照顾到全体国民,自然较容易获得民众的支持。

(5) 管理成本较低:政府可节约在家计调查方面的管理成本。

2. 普惠性福利的缺点

富人同时也享受社会福利,导致资金使用效率不高。

第四节　福利体制的"三个世界"

世界社会保障制度可以有许多分类,其中最有名的分类是丹麦学者考斯塔·艾斯平-安德森提出的"福利国家的三个世界",将世界上 18 个发达资本主义国家分为三个世界或称三种模式②。

一、福利体制"三个世界"的分类方法

正如艾斯平-安德森自己指出的那样,他的理论与和蒂特马斯的学说有着密切的联系。但是,蒂特马斯更侧重于福利国家传统目标的研究,如保护收入损失、防止贫困和限制社会不平等。艾斯平-安德森与蒂特马斯的明显区别在于,他研究的

---

① 潘屹:《普遍主义福利思想和福利模式的相互作用及演变》,《社会科学》,2011 年第 12 期。
② 考斯塔·艾斯平-安德森:《福利资本主义的三个世界》,法律出版社,2003 年。

不是基于传统的福利国家保障功能,而是福利国家的社会政治关系和劳动力市场政策[①]。

艾斯平-安德森认为,传统的"福利国家"(welfare state)概念过于狭隘,只是指传统的社会保障体制及其改革,于是提出"福利体制"(welfare regimes)的概念架构,对资本主义国家的福利比较,并非仅基于公共支出的规模、范围或福利资格权,而更基于决策模式、过程、阶层形成的潜在模式与政治结构。其关注于福利国家作为一种支持社会公民权的概念,并延伸为两部分。

(一)"去商品化"(de-commodification)

"去商品化"是指社保服务的供给不是一种等价交换的商品,而是基于权利,个人的生活不需依靠市场,而依靠政府福利就能维持其生活,不强调由市场竞争来决定福利分配[②]。去商品化可衡量一国福利供给依赖市场的程度,并测量一国福利的保障程度。

"去商品化"的分析指标有两大类:

第一类为养老金指标。(1)最低养老金的替代率;(2)标准养老金的替代率;(3)达到养老金领取资格所需要的缴费年限;(4)个人缴费在养老金计划融资中的比例;(5)达到养老金领取年龄人口中申领到养老金的人口占比。

第二类为疾病和失业现金给付指标。(1)工人在患病或失业的最初26周内得到给付待遇的替代率;(2)赋予资格所必需的事前就业周数;(3)享受给付待遇之前的等待期天数;(4)给付待遇的持续周数。

(二)福利的阶层化(stratification)

福利的阶层化分析从制度层面来探讨福利是否平均分配给人民。分析的指标有:(1)按职业区分的公共养老金计划的数量;(2)政府雇员养老金支出占GDP的比重;(3)家计调查式贫困救助占社会保障支出的比重;(4)私人养老金支出占全部养老金支出的比重;(5)私人医疗保健支出占全部医疗支出的比重;(6)社会保障计划的人口覆盖率;(7)最高给付额与最低给付额的差距情况。

福利制度不仅仅是一种对失衡的社会结构进行干预或矫正的机制,就其本义而言,亦是一个分层化体系。它是规范社会关系的一支积极的力量[③]。不同福利体制下的社会公民权结构存在着差异,因此,不同福利体制对社会成员的阶级分化和身份地位的影响也是不同的。三种体制下的社会分层化程度是不同的。不同体制下的社会分层化程度与其去商品化程度基本上是逆向对应的。也就是说,去商品化程度最低的国家社会分层化程度是最高的,而去商品化程度最高的国家社会分层化程度是最低的。

---

① 郑秉文:《"福利模式"比较研究与福利改革实证分析——政治经济学的角度》,《学术界》,2005年第3期。
② 考斯塔·艾斯平-安德森:《福利资本主义的三个世界》,法律出版社,2003年,第22—24页。
③ 同上书,第25页。

根据上述理论,福利国家的类型及各类的特征如表 4.2 所示。

表 4.2 福利国家的类型及各类的特征

分 类	自由主义类型国家	合作主义类型国家	社会民主类型国家
去商品化程度	低	中	高
社会分层化	高	中	低
个人所得税的税率	低	中等	高
社会保险税的税率	低	高	中等和低
社会保险资金的主要来源	一般税收	社会保险税	一般税收
基本理念	补缺原则	以工作和个人贡献为主导的原则	普遍原则
核心	市场	家庭	政府
代表国家	澳大利亚、美国、新西兰、加拿大、爱尔兰、英国	意大利、日本、法国、德国、芬兰、瑞士	奥地利、比利时、荷兰、丹麦、挪威、瑞典

资料来源:Esping-Andersen, G. (1999). *Social Foundations of Postindustrial Economies*, Oxford University Press, p. 85.

注:笔者在引用时做了补充。

二、三类福利体制及其特点

(一)"自由主义"福利体制

"自由主义"福利体制(liberal welfare regime)将福利限制到边缘地位,认为自由放任的政策和制度可以实现最理想的社会阶级结构,只要政治权力对市场制度或"市场出清"保持不干预,就可以实现在法律、契约和现金纽带面前人人平等;在这个模式中,工会的作用受到遏制,精英主义得到崇尚,平等主义深入人心,市场原则至高无上;自由市场制度下的货币交易关系在社会各阶层的福利关系中发挥着主导的作用,社会分层的结构也几乎是按照市场化和货币化的原则形成的[①]。

在社会分层化的残酷竞争过程中,为帮助"市场失灵"下出现的弱势群体,国家采取贫困救助政策,这就是典型的补缺型福利国家(residual welfare state)。在这种福利体制中居支配地位的是不同程度地运用家计调查式的社会救助,辅以少量的"普救式"转移支付或作用有限的社会保险计划。这种源于"济贫法"传统的社会保障制度所给付的对象主要是那些收入较低、依靠国家救助的工薪阶层,避免劳动者选择领取福利而不工作,因此,这种体制的非商品化效应最低。此模式的国家倾向于消极地保证最低社会保障给付标准,并积极以税收优惠政策补贴民间福利方案,以鼓励市场机制。这一模式的典型代表是美国、加拿大和澳大利亚等国家。

---

① 郑秉文:《社会权利:现代福利国家模式的起源与诠释》,《山东大学学报》,2005 年第 2 期。

(二)"合作主义"福利体制

"合作主义"福利体制(state-corporatist regime),也称为"保守主义"福利体制(conservative regime)。这类制度最初发生在德国并得到长期发展,而后扩展到整个欧洲大陆,目前包括法国、德国和意大利等许多国家都属于这一类型的福利体制。该制度类型的特点是:

(1) 合作主义体制几乎完全取代市场而成为福利提供者的国家工具之一,而国家的作用主要是维护社会阶级和地位的差异,保护既有的阶级分化现状,再分配对社会权利的阶级归属和社会分层几乎没有什么影响①。

(2) 以社会保险为基础,社会保障权利的资格以工作业绩为计算基础,即以参与劳动市场和社保缴费记录为前提条件,带有保险的精算性质。以社会保险为基础的社会保障制度,实际上更多地保持了社会阶层的分化现状。非就业人群,特别是妇女常被排除在社会保险的保障之外,或只能以家属身份成为社会保险的给付对象,而并非依个人的社会公民权身份取得社保权利。就业人群以男性为主,凭借社会保险获得社保各项权利;非就业人群以女性为主,只能通过社会救助获得社保权利。这就形成了性别差异化的福利国家(gendering welfare state)。

(3) 基于合作、共识与平衡,强调国家、雇主、雇员三方的伙伴关系,是一种具有法律效力的制度化合作,工会在其中具有十分重要的地位。雇员之间建立在"会员资格"基础上而进行互帮互助。

(4) 将个体的忠诚直接系于中央政府的权威。工人在经济中的地位,犹如士兵在军队中的地位。工人以企业和行业为基础来组织(如同以连队为基础来组织士兵),受管理者直接指挥(如同军队领导士兵),并进而听命于国家②。俾斯麦在设计社会保险制度时,渴望将劳工直接与君主制度的家长式权威拴在一起。

以德国为例,其社会保障具有鲜明的强制性和保守性。这种特色的形成是因为德国社会保障制度发源于19世纪末的俾斯麦政府。在19世纪早期,德国由于长期处于国家分裂的状态,资本主义发展缓慢,从而导致类似于英国中产阶级的群体发展缓慢。在英、法工业革命轰轰烈烈开展的时候,德意志民族还处在邦国林立的封建分裂割据状态,是一个落后的农业社会,仍保存着封建农奴制,工场手工业和零散的小手工作坊在德国全国工业中居主要地位,经济上不仅落后于英国,而且落后于大陆国家如法国、荷兰等国。1871年,在"铁血宰相"俾斯麦的统治下,德国完成政治上的统一,并且由开明君主和容克地主阶级通过自上而下的改革,以国家资本主义的形式走上了工业化和现代化道路,这是一条不同于英国也不同于法国的现代化之路。

当时德国作为新兴资本主义国家,资产阶级不够强大,只能依靠国家干预实行强制性的社会保障制度来解决劳资矛盾,社会保障制度是在方兴未艾的资本主义经济

---

① 考斯塔·艾斯平-安德森:《福利资本主义的三个世界》,法律出版社,2003年,第29—30页。
② 同上书,第98页。

体系中维系传统社会关系的方法,是把个体整合成一个有机整体的手段,是保护社会免受个性化和市场竞争的冲击、排除阶级对抗的工具①。这种特色同时也与普鲁士专制主义和尊崇国家权威的历史文化传统有关。

(三)"社会民主主义"福利体制

"社会民主主义"福利体制(social-democratic regime)的国家数量最少,主要存在于斯堪的纳维亚地区的几个国家之中,该体制的主要特征有:

(1) 强调普遍公民权原则②,社会保障给付资格的认定几乎与个人需求程度或工作表现无关,而主要取决于公民资格或长期居住资格。

(2) 福利给付标准较高。由于普救主义原则和非商品化的社会权利扩展到了新中产阶级,定额式的给付是其福利津贴给付的一个基本原则,所以这种福利制度还被称为"人民福利"模式。与其他两种制度相比,该体制寻求相当水平的甚至能够满足新中产阶级需求的平等标准的服务和给付,而不是像有些国家那样只满足于最低需求上的平等,所以,这种制度的非商品化程度最强,给付最慷慨。

(3) 所有的社会阶层都纳入一个保障体系之中。该体制不容许国家与市场之间,以及劳工阶级与中产阶级之间的二分情形,追求最大程度的平等。

(4) 重视就业,推崇积极就业政策。为了维持福利的普遍性与去商品化,此福利体制需要庞大的成本,最好的实现方式是通过大部分的人都积极工作,创造最大化的税收,而且最少的人依赖社会转移支付为生来达成。这一体制的国家通常以积极的就业政策来提高劳动者的就业竞争力,扩大就业,同时增加公共部门的就业岗位。

三、对艾斯平-安德森的"三个世界"理论的批评

"三个世界"的福利体制理论在受到广泛认可的同时,也受到了一些质疑。

(1) 忽略了对规制(regulation)的研究。武川正吾认为,以往的福利国家研究的主流是把焦点对准社会性支出的规模、功能与效果,对社保制度的研究局限在与给付相关的制度;社会性规制所需的财政支出较少,因此与社会性给付相比,可以用相同的成本获得较大的效果③。当今各国都面临着削减社会保障支出的压力,为了实现福利国家的目标不得不依靠社会性规制这一手段。

(2) 性别的观点没有被纳入分析。女性主义者们批评艾斯平-安德森的"三个世界"理论存在"性别盲区",并开始探索新的分类方法④。例如,赛恩斯巴瑞将社会政策分为两大模式:"(男性)养老模式"(breadwinner model)和"个人模式"(individual model)⑤。在男性养老模式中,丈夫在外工作,妻子负责家务、照顾孩子和老人,在此模式中,照护是私人领域的无偿劳动。在个人模型中,夫妇二人都既工作又照顾家

---

① 考斯塔·艾斯平-安德森:《福利资本主义的三个世界》,法律出版社,2003年,第43页。
② 普遍的公民权原则是英国贝弗里奇提出的,见本章第二节。
③ 武川正吾:《福利国家的社会学:全球化、个体化与社会政策》,商务印书馆,2011年。
④ 同上书,第23—24页。
⑤ Sainsbury, D. (1996). *Gender, Equality and Welfare States*, Cambridge University Press.

人,社保缴费、给付以及课税均以个人为单位,在此模式中,男女平等,照护是公共领域的有偿劳动。

四、三大社保模式之外的模式

艾斯平-安德森的"三个世界"的福利体制理论框架只解释了 18 个发达国家的社保体制,其本人也承认该理论无法适当解释其他国家的社保制度,如东欧的转型国家的社会保障制度、东亚的社会保障制度[①]。

(一) 地中海福利模式

西班牙、葡萄牙、希腊等南欧国家基本上采用了欧洲大陆国家的高福利政策,但经济发展水平相对落后,税收水平也低,难以支撑社会保障体系。南欧国家的劳动力市场具有二元性,劳动力市场内的核心劳动者可以享受标准较高的公共社会保障,而劳动力市场外部者仅能享受到较低水平的保障,甚至不能享受各种福利[②]。南欧国家福利体系存在碎片化和覆盖率低的缺点,较为依赖家庭性的保障[③]。

不过,亚伯拉罕逊等学者将合作主义因素作为衡量福利类型的一个重要标准,认为南欧这些国家与德国和法国这些西欧国家相比可以被看成是合作主义福利国家中的一个不完善的或不成熟的"版本",并非是一种独立的社会保障模式[④]。

(二) 澳大利亚、新西兰和英国的"激进"模式

传统上,澳、新、英等国社保模式被视为自由主义模式。但有人认为实际上这些国家的收入再分配力度很大,应属于第四种模式——激进模式[⑤],例如英国的全民免费医疗应属于北欧模式。特别是澳大利亚在许多方面都形成了强有力的收入再分配效果。

(1) 澳大利亚是世界上法定最低工资金额最高的国家。从 2019 年 7 月 1 日起,澳大利亚全国最低工资上调至每周(38 个小时)740.80 澳元,时薪涨到 19.49 澳元,最低时薪已经相当于美国的 2 倍多,是英国的近 2 倍。通过规定最低工资来调节收入再分配的方式,没有体现在社保收支上,但同样起到了收入再分配的效果。

(2) 从表面上看,澳大利亚的养老金领取资格是以家计调查为前提的,存在诸多限制条件,但实际上的养老金领取资格规定很松,并非面向少数穷困的老年人。2012 年 6 月 30 日,澳大利亚 65 岁及以上的人口中有 76% 领取了基本养老金,总人数为

[①] Esping-Andersen, G. (1997). "Hybrid or Unique? The Japanese Welfare State between Europe and America," *Journal of European Social Policy*, 7(3): 179—189.

[②] Ferrera, M. (2010). "The South European Countries," in Francis G. Catles, et al. (eds), *The Oxford Handbook of the Welfare State*, Oxford University Press.

[③] Ferrera, M. (1996). "The 'Southern Model' of Welfare in Social Europe," *Journal of European social policy*, 6(1): 17—37.

[④] Abrahamson, P. (1992). "Welfare Pluralism," in L. Hantrais et al (eds), *Mixed Economy of Welfare*. Cross-National Research Paper 6, Loughborough University.

[⑤] Castles, F., Mitchell, D. (1993). "Worlds of Welfare and Families of Nations," in Castles, F. (ed) *Families of Nations: Patterns of Public Policy in Western Democracies*, pp. 93—128.

230万人。在领取养老金的人士中有59%领取了全额基本养老金。

（三）东亚福利模式

东亚福利国家的现代化过程是被压缩的①。二战以后，东亚国家的收入、技术发展、产业结构等方面与发达国家有较大差距。在后发过程中，东亚国家的主要任务是建立促进劳动商品化的政策体系以达成工业化和经济追赶的目标②。因此东亚福利国家在工业化时期并未建立广泛的社会保障体系，而是强调教育和健康政策③。20世纪80年代中后期之后，东亚福利国家同时面临政治民主化、经济全球化、后工业化和人口结构转型问题，民主政治的压力迫使国家积极响应社会需求，国家必须同时建构所得保障政策以及积极性社会政策，以解决新旧社会风险。这一点与欧洲福利国家是不同的。

长期以来，东亚各国的社会保障模式被称为第四种福利国家模式——生产型福利体制(productivist welfare regime)，即东亚国家是以经济增长为导向的发展型国家，相对于经济政策，社会政策只处于从属地位。例如学者霍利迪曾基于在东亚地区发现提高生产力和经济增长是该地区福利制度的独特特征之一，断言东亚社会政策的存在从本质上看是为了辅助经济发展④。

不过，黄圭振(2010)认为，近几十年来，东亚社会保障制度在程度和性质上发生的变化，却证明这些经济体并没有经历苛刻的福利紧缩；这与发展型或生产型范式的主要论调相悖，因为假如东亚各国真的是生产型，那么按逻辑来讲，它们应该对社会保障不太关注，而不是更加关注⑤。

（四）美国模式（按揭凯恩斯主义）

美国西北大学社会学教授莫妮卡·普拉萨德认为，美国并不是一个自由主义模式的国家，而同样是政府积极干预的国家，只是对福利的干预方式与其他国家有所不同⑥。其主要观点是：

（1）由于美国农业的巨大规模，美国农民的利益无法像欧洲那样仅仅依靠贸易保护主义来捍卫，更多要通过拉动内需来消化，而财富集中在富人手中被认为是内需不振的主要原因，由此导致美国在制定法律和政策时倾向于对消费者让利，而对财富拥有者征税。反映到税制构建上，则体现为收入所得累进税大行其道，而针对销售和消费的累退税则裹足难行。

---

① Whittaker, D. H., Zhu, T., Sturgeon, T., et al. (2010). "Compressed Development," *Studies in Comparative International Development*, 45(4): 439—467.

② Gough, I. (2004). "East Asia: The Limits of Productivist Regimes," in Gough I. and Wood G. (eds.), *Insecurity and Welfare Regimes in Asia, Africa and Latin America: Social Policy in Development Contexts*, Cambridge University Press, pp. 169—201.

③ Rudra, N. (2008). *Globalization and the Race to the Bottom in Developing Countries: Who Really Gets Hurt?* Cambridge University Press.

④ Holliday, I. (2000). "Productivist Welfare Capitalism: Social Policy in East Asia," *Political Studies*, 48: 706—723.

⑤ 黄圭振：《东亚福利资本主义的发展》，《公共行政评论》，2010年第6期。

⑥ 莫妮卡·普拉萨德：《过剩之地：美式富足与贫困悖论》，上海人民出版社，2019年。

(2) 高累进制又诱导公司通过给予员工附加福利以享受税收优惠待遇,这无疑促进了美国的私人福利制度,但反过来也使公共福利得不到支持。

(3) 美国缺乏普遍存在于欧洲的福利制度,导致了对信贷的潜在需求,信贷成了美国人的生存方式。信贷的民主化鼓励美国人将相当一部分公共福利需求转化为信贷需求,从而让政府通过金融便利化回避了自己的福利供给责任,比如以住房信贷支持制度来替代公共住宅建设体系。换言之,累进税加信贷民主化削弱了美国作为福利国家的能力,而促成有别于欧洲版社会凯恩斯主义的美国式按揭凯恩斯主义的兴起。

(4) 如果信贷是公共福利国家的替代品,那么公共福利国家的发展将会减少对信贷的需求,从而降低金融的波动性。一个更加发达的福利国家将会减少美国政治经济中对按揭贷款和信贷的需求。它非但不会损害美国的经济增长,反而会为其铺平道路,因为随着对金融需求的减少,对金融业的回报也将会减少,而其他生产力更高、更稳定的实业将会吸引资源和熟练工人。

专栏 4.1　劳资自治：德国社会保险的重要特征

法团主义的现代表现形式主要是德国福利国家所形成的针对劳资纠纷所建立的国家、企业和工会的三边协调机制(Tripartismus),在古典时期则是指专制主义的威权国家为了笼络和收买各个社会阶层,通过行政强制方式催生形成了以行业为基础的职业团体和协会团体。通过给予这样的社会中间团体一定的自治权,同时紧密联系各行业团体中的领导阶层,国家实现了对社会的控制,消除了社会不稳定的隐患。国家给予每个特殊职业团体一定的优惠,同时每个职业团体也完成一定的国家任务,例如在矿工、铁路、邮政等领域都形成了其单独的行业团体。这样的特殊安排对于养老保险制度的组织构造形成了深远的影响。

为了使国家与社会保险事务保持一个适当的距离,德国在养老保险事务管理主体上选择的是独立于政府部门的社会组织。在德国,养老保险经办机构是一类公法人主体,依靠从养老保险基金中提取管理费而不是通过财政拨款来获取收入。这种法律地位和财务来源上的独立能够确保养老保险经办机构在处理社会保险业务的时候尽可能不受国家的直接干预。

截至 2013 年 1 月 1 日,德国共有 14 家地区承保人、1 个全德年金保险联合会以及 1 个德国矿工-铁路工人-海员年金保险基金来负责养老保险的具体运营,这些养老保险经办机构统称为"德国养老保险联盟"。在德国,养老保险经办机构的内部组织基本上是按照自治管理原则来设置的,被选举出来的被保险人代表以及雇主代表按照人数相等的原则组成代表大会来负责本经办机构的决策。但是,德国矿工-铁路工人-海员年金保险基金的代表大会中,被保险人代表占据 2/3,雇主代表只占据 1/3。作为主管部门,德国联邦劳动和社会事务部对年金保险经办机构实行一般监督,全德年金保险联合会对德国年金保险联盟的行政管理进行监管。医疗保险基金则代为征收年金保险费并将其解付给年金保险经办机构。

首先，劳资自治的原则是基于历史的原因和德国社会民主的传统而形成的。工人运动是推动德国最早建立社会养老保险制度的主要因素之一，因此工人阶级在社会养老保险制度创建之时，就有参与养老保险决策与管理的期望和动力。与此同时，主张社会参与的社会民主主义在德国长期盛行，它为劳资自治原则的确立奠定了理论基础。需要特别强调的一点是，劳资自治是与国家立法紧密结合的，劳资自治的原则是通过国家立法确定的，而劳资自治形成的重大决策也需要通过国家立法得以实现。

其次，劳资自治的原则集中体现在养老保险管理体制上。自治管理机构是德国养老保险的经办机构，负责养老保险基金的征集、管理和发放、信息的收集与整理以及养老保险纠纷的初步协调等工作。自治管理机构是独立于政府的公法法人，由雇主和雇员代表按照相同的比例组成，接受国家的监督。自治管理机构的最高权力机构是全体代表大会，一般由60人组成，资方代表和劳方代表各30名，共同商议决策养老保险制度的重大调整问题。所有的养老保险经办机构共同组成养老保险机构协会，负责协调各经办机构间的关系。自治管理模式为养老保险关系中的直接利益方——劳方和资方——提供了平等的决策与管理机会，劳资双方通过协商与博弈，实现社会保险管理效率的最大化，因此是一种高效的并且符合社会公平原则的管理方式。

最后，劳资自治是德国社会养老保险制度实现自我平衡、自我完善的重要机制。当社会养老保险制度面临外部环境变化而带来的危机和挑战时，劳资自治的原则要求首先通过制度自身的调整来适应外部环境变化，而非首先通过外部力量，例如政府的介入来解决问题。例如，为了应对人口老龄化带来的基金支付压力，劳资自治的原则必然要求首先调整缴费率、退休年龄等内部因素，由劳资双方共同承担制度风险，其次才是适度引入政府补贴等外部力量。劳资自治的原则合理划分了劳资双方和政府在养老保险制度中的责任，有利于制度在自我调整中实现自我平衡和自我发展。

资料来源：(1) 李志明，《德国社会保险自治管理机制：历史嬗变、改革及其启示》，《欧洲研究》，2012年第4期。(2) 鲁全，《德国：劳资自治的社会养老保险》，《法制日报》，2010年10月19日。

拓展阅读：资源诅咒与"荷兰病"

资源诅咒是一个经济学的假说，即丰富的自然资源可能是经济发展的诅咒而不是祝福，大多数自然资源丰富的国家比那些资源稀缺的国家增长得更慢。1959年，荷兰在北海发现丰富的天然气资源，由此成为出口天然气为主的国家，但是到了70年代这个国家却得了"荷兰病"。这是因为天然气出口导致荷兰国内生产要素向该产业集中，抑制了制造业的发展；加之天然气出口收入增加，引起汇率变化，荷兰货币升值,使制造业因出口竞争力下降而衰落。特别是荷兰并未将天然气收入投入到产业结构调整升级和人力资源开发,而是用于弥补福利支出。当国际能源市场波动,荷兰经济就失去了增长动力和后劲。一般来说,"荷兰病"多出现在一些单纯依赖出口自然资源,而缺乏经济长期增长动力的国家。

在荷兰,劳资关系具有合作主义的传统,与他国相比,荷兰较容易达成劳资合作。但雇主不能随意裁员,而且裁员的成本很高,需要经过必要的烦琐程序。在这种情况下,劳资双方合谋钻福利制度的空子——让健康的在职劳动者领取残疾金从而退出劳动力市场。

1967年荷兰颁布了《残疾法》,最初的对象只限于工人,雇员一旦生病,可以申请一年的疾病津贴,此后还可以申请残疾津贴,领取残疾金。1976年,《无劳动能力法》出台以后,领取范围扩大到因残疾而无法谋生的所有人,并且职业风险与社会风险享受同等待遇。此外残疾资格的认定还将一些受教育程度低的健康人也囊括其中。残疾人的定义模糊、资格认定宽松,加上残疾金的补助水平高,这就隐藏着道德风险。80年代后期,荷兰雇主将这种方法作为解雇员工的一种替代办法。

由于荷兰僵硬的劳动力市场政策维护固定工的利益,这些人属于传统意义上的"挣钱养家的人",对他们的裁员受到严格控制。因此,对于年纪偏大的低技能劳动者,雇主找到了一个既能让他们体面退出又简便易行的化解劳资纠纷的办法,既甩了包袱,又提高了劳动生产率。对于劳动者来说,残疾金的福利待遇高于失业救济金,且可以一直领到退休年龄,还不要求去找工作,这导致了部分在职者转计为残疾人而不计入失业。一时间,荷兰残疾人统计数目骤增。残疾金领取者最初不超过20万人,1980年达66万人,1989年达100万人高峰,占就业者的1/6。与其他西欧国家相比,荷兰残疾人数高得惊人。1987年在1万名55~64岁的雇员中,领取残疾金的人数在比利时为434人,联邦德国有262人,荷兰达到980人。

高福利制度产生了许多弊端:

一是高失业率。1983年失业率达12%,超过欧共体其他成员的失业率,1984年荷兰失业人数达80万人,几乎占其劳动力的14%。与此同时,还有很多劳动者通过领残疾金和提前退休退出了劳动力市场,其广义失业人数已占劳动力的27%。

二是经济低增长率。福利支出需要雄厚的财力支持,必然要加重税赋,使企业负担加重,打击了企业投资。70年代中期,荷兰的GDP增长率低于OECD国家的平均水平。

三是财政入不敷出。为了实施高福利政策,荷兰建立了庞大的公共部门。80年代初,它的公共部门开支占GDP的70%。1982年荷兰政府为国债还本付息支出占财政支出的比重高达10.7%,已经超过可以容忍的4%~5%上限,而1982—1991年荷兰的国债余额又翻了一番。

1982年11月起担任荷兰首相的吕贝尔斯曾在拉德堡德大学的一场演讲中表示,荷兰已经成为一个"病人国家"。此后,荷兰全国上下耗费了将近20年时间,才逐渐摆脱相关症状,甚至还曾在21世纪前后,创造出一段受到国际瞩目的"荷兰奇迹"。改革的措施包括:收紧残障人士的资格申请条件,减少福利,并要求单身母亲在子女达到五岁后回到劳动力市场。2004年,荷兰又对残障人士计划进行改革,雇主必须支持伤残雇员两年的病假工资,此后,雇员可能申领公共残疾福利金。1985年,荷兰每千名工人的伤残率是美国的三倍;到2009年,这一数字比美国的数字还要低。

资料来源:(1)钱箭星,《从"荷兰病"到"荷兰奇迹"——一个全球化时代调适劳资关系和福利制度的案例》,《中共天津市委党校学报》,2011年第5期。(2) Gilbert, N., Terrell, P. (2013). Dimensions of Social Welfare Policy (8th ed.), Pearson.

复习思考题

1. 1986年,德国社会学家乌尔里希·贝克在《风险社会:新的现代性之路》一书中提出,劳动时间与劳动空间同时出现"去标准化"过程,促使工业社会原有的"一元化、终身全日劳动"的全职就业模式已经转化过渡到"弹性、多元、去核心化、充满风险的低度就业"的"风险社会"。社会变迁带来新的社会不平等和社会风险。试分析目前"新社会风险"与"旧社会风险"的主要区别,并探讨相应的社会保障制度改革。

2. 阅读王绍光所著的《中国仍然是低福利国家吗?——比较视角下的中国社会保护"新跃进"》(《人民论坛·学术前沿》2013年第22期),并查找相关资料,试分析我国当前的社会福利政策属于何种类型。

3. 2013年11月,党的十八届三中全会通过的《中共中央关于全面深化改革若干重大问题的决定》提出:"建立更加公平可持续的社会保障制度。坚持社会统筹和个人账户相结合的基本养老保险制度,完善个人账户制度,健全多缴多得激励机制,确保参保人权益,实现基础养老金全国统筹,坚持精算平衡原则。"试从社会保障理论及福利模式的分类,分析"精算平衡原则"的政策含义。

4. 20世纪90年代,关于我国社会保障体系建设的方针,政策文件的提法是"广覆盖、低水平、多层次"。进入21世纪,改为"广覆盖、保基本、多层次、可持续"。十八大报告则提出"全覆盖、保基本、多层次、可持续"。试结合本章所学知识,分析我国社保基本方针的调整及其必要性。

第五章

各国社会保障概况

"社会保障"一词,源自英语的"Social Security",意为社会安全。作为一个专用术语,最初出现于1935年美国国会通过的《社会保障法案》,法案在美国建立起了一套较完整的社会保障制度①。从名称上看,它是由"社会保险"(social insurance)和"经济保障"(economic security)两个词语结合而成的一个新的专有名词。

1941年,第二次世界大战硝烟正浓,美英两国首脑在大西洋的一艘军舰上会晤,并发表了著名的《大西洋宪章》,这个文件在论及社会问题时两次使用了"社会保障"这个概念,社会保障一词引起了全世界的关注。1942年出版的英国贝弗里奇报告中也大量使用了"社会保障"。1944年国际劳工组织举行第26届国际劳工大会,会议发表了《费城宣言》,宣言中接受并使用了"社会保障"概念。

1952年国际劳工组织在日内瓦举行第35届国际劳工大会,会议通过了著名的第102号公约——《社会保障最低标准公约》,"社会保障"一词开始被国际社会广泛运用。

需要说明的是,虽然"社会保障"一词已广泛使用,但在不同历史时期、不同国家,其内涵并不完全相同。

---

① 美国社会保障总署网站有资料专门考证"社会保障"一词的起源,认为这个词是由美国激进主义者亚伯拉罕·爱泼斯坦首创的,他是一个名为"美国社会保障协会"组织的领导者。参见:http://www.ssa.gov/policy/docs/ssb/v55n1/v55n1p63.pdf。

第一节　社会保障的定义与构成

目前,在全球225个国家和地区中,有172个建立了社会保障制度。各国对社会保障有多种具体定义。1989年,国际劳工局编著的《社会保障导论》对"社会保障"做出的概括是:"**社会通过采取一系列的公共措施来向其成员提供保护,以应对由于疾病、生育、工伤、失业、伤残、年老和死亡等原因造成停薪或大幅度减少工资而引起的经济和社会贫困,并提供医疗和对有子女的家庭实行补贴。**"[①]这一定义显示了社会保障的三大基本特征:第一,社会保障是由社会提供的援助,不同于家庭成员之间的相互帮助;第二,社会保障援助来自公共措施,一般由政府主导,不同于私人的慈善行为;第三,社会保障提供的是经济援助,一般不包括精神抚慰等社会援助。

根据社会保障概念的内涵,经济合作与发展组织(OECD)在20世纪90年代发展起一套社会保障支出的统计方法,建立起了社会性支出数据库(SOCX),包含各类项目支出的详细数据,这是国际上较为成熟的衡量社会领域支出的方法体系。OECD将社会保障支出的内涵界定为"**公共和私人机构向家庭和个人提供的福利待遇及资助。这些支出的目的是在家庭和个人福利受到不利影响时向他们提供支持**"。这一界定强调相关支出对家庭和个人的直接支持,主要是收入维持性支持,不包括长期的社会性投资支出和改善外部环境的支出。在外延上,OECD界定的政府和私人社会保障支出包括9个领域的支出[②]:

(1) 老年福利(养老金、老年服务等);

(2) 遗属福利(养老金和丧葬费);

(3) 失能待遇(残障者待遇、工伤待遇、病休待遇等);

(4) 医疗卫生(门诊和住院、医疗用品、预防费用);

(5) 家庭福利(儿童津贴、儿童看护、家长休假期间的收入支持、单亲补贴等);

(6) 积极的劳动力市场政策(就业服务、培训青年的补贴性就业、残疾人就业支持);

(7) 失业待遇(失业补偿、解职补偿等);

(8) 住房(住房津贴和租房补贴);

(9) 其他社会支出(面向低收入家庭的现金支出与服务,例如食品补助)。

根据社会性支出内涵的界定,OECD社会性支出没有包括教育支出,因为这属于长期的社会性投资[③]。当然也没有包括社区发展、环境保护等不是直接针对家庭和个

---

① 国际劳工局社会保障局:《社会保障导论》,劳动人事出版社,1989年。
② OECD (2007). The Social Expenditure Database: An Interpretive Guide.
③ 参见王列军:《社会性支出:民生支出的替代性衡量方法》,国研网,http://www.drcnet.com.cn/www/int/。

人的支出。

根据 OECD 的分类,社会保障支出可以分为现金支出和实物支出(见图 5.1)。

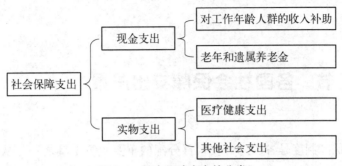

图 5.1　社会保障支出的分类

专栏 5.1　什么是"Social Security"

1935 年,美国第一部《社会保障法案》诞生,它标志着美国社会保障制度(Social Security system)的正式确立。由于制度设计的原因,从一开始,美国人所讲的"社会保障"就是极其特殊的,它不同于其他国家或地区。它有三个基本特征:

1. 美国"社会保障"的两个英文单词的首字母在任何场合总是大写的,即 Social Security。

2. 美国"社会保障"在一般场合仅指美国人的老年、遗属和残疾保险(old-age, survivors, disability insurance, OASDI)计划,这大体相当于我们平时所讲的社会保险中的"养老保险"计划,但不完全相同。

3. 美国"社会保障"仅指联邦政府负责的 OASDI 计划,不包括州和地方政府的社会保障项目。

除了美国以外,大多数国家在使用"Social Security"一词时,通常指的是社会保障制度,都包含社会保险(养老、医疗、失业、生育、工伤保险等)、社会救济、社会福利和军人保障制度。考虑到美国"Social Security"的真实含义,我们认为将其翻译为"美国联邦社会保险"较为贴切。

我国有的学者直接把"Social Security"翻译成"社会保障",例如在斯蒂格里茨的《公共部门经济学》(第二版)、哈维·S. 罗森的《财政学》(第七版)、海曼的《财政学》(第 8 版)中,译者都将"Social Security"翻译成"社会保障"。

有的学者则把"Social Security"翻译成"社会保险",例如学者林羿在 2002 年出版的中文版专著《美国的私有退休金体制》(北京大学出版社)一书中,把美国联邦政府的"Social Security"译成"社会保险",把常见译法《社会保障法案》译为《社会保险法》。

美国的社会保险之所以不称为社会保险,而称为社会保障,其原因是,在 1935 年建立联邦社会保障制度前夕,美国遭受了前所未有的经济大危机,人们需要经济保障的承诺和希望。相对而言,社会保险就意味着参保者缴费才能得到这种保障,不缴费就得不到,这不符合当时人们的期望。

第二节 各国社会保障支出总量

社会保障制度是各国进行收入再分配的重要政策工具之一。从收入端来看,社会保险税(工薪税)已成为各国的第一大税种;从支出端来看,社会保障支出已超过教育支出、国防支出等,成为各国财政支出中最大的项目。

面对不断加速的老龄化进程、跌宕起伏的经济形势以及复杂的社会转型,各国社会保障计划的实施效果、可持续性都将经历巨大的考验。

一、各国社会保障支出的变化

从1960年开始计算,50多年来,多数发达国家的社会保障支出占GDP的比重已经翻了一番。多年前,曾有一个广为认可的观点是:全球化导致资本和人力资本加速流动,国际竞争使得各国不断减税,而税收减少又导致社会保障项目将不断削减[1]。但是,实际上在这50年间,社保支出比重是不降反升,增长趋势较为稳定(见图5.2)。其间,世界各国经历了数次全球经济危机(例如20世纪70年代的经济危机),各国的

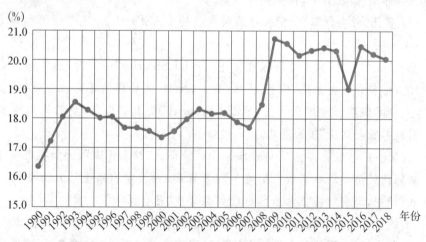

图5.2 历年OECD国家平均社会保障支出占GDP的比重

资料来源:OECD (2019). OECD Social Expenditure Database, www.oecd.org/social/expenditure.htm.

---

[1] Pierson, P. (1994). *Dismantling the Welfare State? Reagan, Thatcher and the Politics of Retrenchment*, Cambridge University Press.

社保支出比重在经济危机时期会略有上升①,在经济危机过去以后,社保支出比重就很难下降至危机前的水平了。即使在新自由主义盛行的1980—1990年,社保支出仍然显示出刚性增长的趋势。

2008年全球金融危机爆发以后,各国的社会保障支出有了较大增长,占GDP的比重也有所上升,OECD各国平均社保支出比重由2007年的17.7%升至2009年的20.7%,之后趋于稳定,略有下降(见图5.2)。一般而言,养老金支出比重随着老龄化程度加深而缓慢提高,但在经济危机时,虽然养老金支出额基本不变,但由于GDP下降而呈现支出比重上升态势;失业金支出、最低收入保障支出等在经济萧条时会大幅提高,但随着经济回升,支出额、支出比重都会有所下降。

事实表明,完善的社会保障制度能够有效应对金融危机的冲击。在2008—2009年全球金融危机中,在一些有着完善的就业保障和社会安全网的国家中,劳动者得到了较好的保护。例如,在2007—2009年间,欧盟国家的雇员工资仅下降了1.2%,而同期的资本回报则下降了8.5%;与欧盟类似,美国、日本的雇员工资分别下降0.6%和4.5%,而同期的资本回报则分别下降2.4%和11.4%。

2018年,OECD 36个成员国的平均社会保障支出占GDP比重为20.12%。其中,占比超过25%的国家有:法国(31.20%)、比利时(28.91%)、芬兰(28.71%)、丹麦(27.99%)、意大利(27.91%)、奥地利(26.60%)、瑞典(26.06%)和德国(25.14%)。而占比排在后几位的国家,基本上都不是欧洲国家:爱尔兰(14.38%)、土耳其(12.52%)、韩国(11.13%)、智利(10.95%)、墨西哥(7.52%)。

尽管OECD平均社保支出占比呈现上升趋势,但各国变化情况不一。自1990年以来,韩国和土耳其的社保支出占比增长了两倍多。在少数OECD国家(加拿大、以色列、新西兰、斯洛伐克、斯洛文尼亚和瑞典),社保支出占比则与1990年相同,甚至更低。荷兰是跌幅最大的国家,2006年的医疗改革导致了社保支出的转变,从那时起,强制性基本医疗保险由私人提供资金。

二、各国的财政支出比重与社会保障支出比重

从国际上看,财政支出比重高的国家,其社保支出比重也较高(见图5.3)。例如,2017年法国的财政支出占GDP的比重为56.47%,其社保支出占GDP的比重也高达32.37%,社保支出占财政支出的比重为57.32%。财政支出与社保支出的关系有两个方面:

第一,财政支出比重高的国家,追求"大政府"的理念,更强调政府的再分配功能,此时社保支出的比重自然也高。例如,北欧国家除了国防支出较低以外,公共服务、教育等支出的占比都很高。

---

① 社保支出比重上升的主要原因是经济危机时期失业、陷入贫困的人口数量激增。有时,社保支出的比重上升是因为经济危机导致GDP下降,即使社保支出总量不发生变化,其比重也会上升。

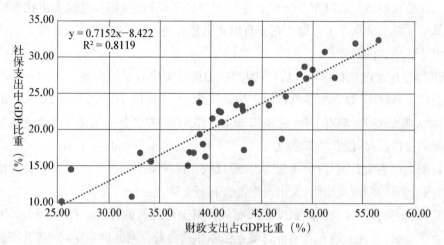

图5.3 2017年OECD各国的社保支出比重与财政支出比重

资料来源：OECD (2019). Government at a Glance 2019.

第二，由于一些国家的制度安排，社保支出刚性增长，此时财政支出也被迫提高支出比重。在财政支出总量有限的情况下，不断增长的社保支出实际上挤占了教科文卫等其他类别的财政支出[①]。财政支出要覆盖到全社会的各个阶层、各个年龄层人群。如果财政支出中的社保支出过高，财政支出结构将严重变形，形成新的社会不公。

当财政资金有限时，政府往往大力削减社保支出，这就是2010—2013年的南欧国家(希腊、西班牙、意大利等国)的真实写照。一方面，经济危机造成失业率居高不下，陷入贫困的人们期待政府实施救助；另一方面，政府自身陷入债务危机的深渊，不遗余力地削减包括社保支出在内的财政支出。在经济危机与政府削减福利支出双重压力之下，社会公众苦不堪言，社会骚乱接连爆发。

三、各国社会保障支出比重与基尼系数

图5.4显示，1982—2007年，大多数国家的社会保障支出比重有所增加，但同期基尼系数反而提高了，这说明社会保障支出的增加未能有效阻挡社会贫富差距的扩大。可能的原因是：一方面，社会保障支出存在"商品化"趋向——多缴纳者多领取，支出比重高也未必有缩小贫富差距的政策效果；另一方面，经济增长以及生产要素初次分配带来更大的贫富悬殊，社会保障政策只是部分抵消了贫富悬殊，但未能改变贫富悬殊持续扩大的趋势。

要特别说明的是，简单地、直线性地将各国社保支出比重进行排名，可能存在一定的误导。回忆我们在上一章对福利国家的分类方法中学到的内容，社会保障支出

---

① Starke, P., Obinger, H., Castles, F. G. (2008). "Convergence towards Where: In What Ways, if Any, Are Welfare States Becoming More Similar?" *Journal of European Public Policy*, 15(7): 975—1000.

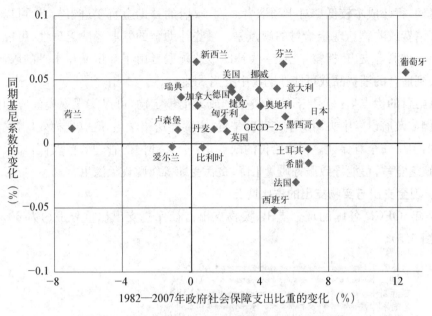

图 5.4 社会保障支出比重的变化与基尼系数的变化

资料来源：OECD (2010). Social Expenditure Database, www.oecd.org/els/social/expenditure.

比重大，只是说明该国用于社会保障支出的资金量较大，不一定反映该国的"慷慨"程度，也不意味着该国的收入再分配力度大。例如，有的国家社保支出向公共部门人员倾斜，无助于改善全社会的收入再分配状况，甚至拉大了社会地位差距；有的国家社保支出的主要手段是税收优惠政策，其实受益最大的是中高收入阶层，因为低收入阶层本身不缴纳个人所得税，很难从中获益；有时社会保障支出增长，是由于自动稳定器功能形成的——失业率增长，失业金支出自然增长，国家的社会保障政策并没有调整。

第三节 各国社会保障支出结构

社会保障支出的分类方法有很多。本节主要介绍两种：一是按照提供模式，分为现金支出与实物支出；二是根据图 5.1 中关于社会保障支出的分类方法，在现金支出与实物支出的基础上，再进行细分。

一、现金支出与实物支出的分类及占比情况

社会保障支出可以分为两大类：一是现金支出，包括养老金、失业金以及最低生活保障等；二是实物支出（即社会服务支出），包括医疗卫生支出、儿童照顾、老年护理等。

（一）现金给付与实物给付的主要区别

现金给付的优点是：手续简便，对于政府而言，不需要提供福利院、托儿所等社

会服务机构,行政成本较低。对于领取者而言,政府的补助金直接进银行卡,可以按自己偏好消费或购物。现金给付的缺点是:一些补助金的领取者缺乏理性,可能将补助金用于烟酒等支出,挥霍一空;一些补助金的领取者由于知识文化水平的限制,难以购买到适合的消费品或可能在购物中上当受骗。

实物给付的优点是:公共部门直接生产或大批量定购,可以实现规模效应而降低成本,例如政府设立中央厨房生产营养午餐,直接配送给学生,既有规模效应,又因环节较少,卫生安全有保证。实物给付的缺点是:公共部门的管理效率较低,如果存在垄断,缺乏竞争,可能导致服务质量下降、贪污受贿等腐败现象滋生。

(二)现金支出与实物支出的占比情况

2017年,OECD各国的现金支出、实物支出占社保总支出比重分别约为60%、40%(见图5.5)。

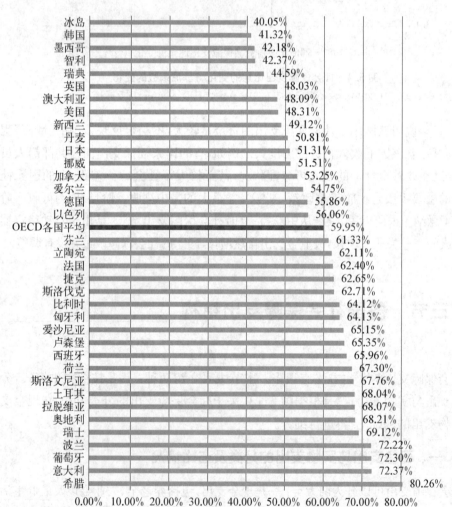

图5.5 2017年各国社会保障支出中的现金支出占比情况

资料来源:OECD(2019). OECD Social Expenditure Database, www.oecd.org/social/expenditure.htm.

一般而言,欧洲大陆国家更注重现金形式的收入再分配,而北欧国家更注重以服务为导向的社保项目。因此,北欧国家社会保障支出中的现金支出占比较低,例如冰岛的现金支出占比仅为40.05%,为各国中占比最低的国家。而南欧国家则把社会保障支出重心放在现金支出方面,例如,希腊、意大利、葡萄牙的现金支出分别达80.26%、72.37%和72.30%。墨西哥、韩国等国家因老龄化程度较轻,现金支出比重也较低,主要把社保支出的重心放在社会服务(医疗)方面。

北欧国家的这种社保支出结构被认为更能应对后工业时代的社会风险[1],例如,就业形式多样化、家庭结构变化、持续下降的出生率以及对长期护理服务的需求等都要求政府能够提供更丰富的社会基础设施来应对,而不是简单地发放现金。在1990—2007年期间,发达国家开始注重服务导向的社会保障项目,在许多西欧国家以及澳大利亚、新西兰等国,非现金性的社会服务支出比重均有明显提高的趋势[2]。

二、各类社会保障支出占比情况

表5.1给出了2017年OECD各国各类社保支出占GDP的比重,可以看出各国的社保支出结构差异较大。

表5.1 2017年各类社保支出占GDP的比重　　　(单位:%)

国家	现金支出占比		实物支出占比		社保总支出占比
	养老金	对工作年龄人口的收入支持	医疗卫生支出	其他社会服务支出	
法 国	13.91	5.42	8.81	2.84	31.98
芬 兰	11.42	6.60	5.74	5.63	30.39
比利时	10.71	7.55	7.92	2.29	29.19
丹 麦	8.13	5.56	6.67	6.58	28.99
意大利	16.18	4.06	6.70	1.03	28.48
奥地利	13.30	5.09	6.52	2.06	27.70
瑞 典	7.17	4.01	6.29	7.61	26.34
希 腊	16.86	3.34	4.78	0.19	25.43
德 国	10.08	3.45	8.05	2.64	24.86
挪 威	6.57	5.89	6.42	5.31	24.70
西班牙	11.02	4.86	6.50	1.69	24.66
葡萄牙	13.34	3.64	5.94	0.57	24.04
斯洛文尼亚	11.14	4.04	6.08	1.14	22.64
卢森堡	8.36	5.65	5.10	2.33	22.10

---

[1] Armingeon, K., Bonoli, G. (eds.). (2007). *The Politics of Post-Industrial Welfare States: Adapting Post-War Social Policies to New Social Risks*, Routledge.
[2] Morel, N., Palier, B., Palme, J. (eds.). (2012). *Towards a Social Investment Welfare State?: Ideas, Policies and Challenges*, Policy Press.

续表

国家	现金支出占比		实物支出占比		社保总支出占比
	养老金	对工作年龄人口的收入支持	医疗卫生支出	其他社会服务支出	
日本	9.37	1.78	7.71	2.87	21.88
英国	6.24	4.05	7.70	3.43	21.61
匈牙利	9.20	3.63	4.76	2.41	20.89
OECD各国平均	**8.04**	**3.97**	**5.68**	**2.34**	**20.50**
波兰	11.14	3.20	4.39	1.13	20.35
捷克	8.08	3.80	5.97	1.12	19.39
新西兰	4.93	4.22	7.25	2.23	18.92
美国	7.16	1.92	8.45	1.27	18.91
澳大利亚	4.18	4.27	6.32	2.80	17.81
斯洛伐克	7.34	3.70	5.47	1.09	17.80
荷兰	5.37	6.05	2.70	2.85	17.73
爱沙尼亚	7.00	4.39	4.84	1.26	17.70
加拿大	4.70	4.56	7.28	0.85	17.63
以色列	4.78	4.12	4.63	2.34	16.03
瑞士	6.49	4.09	2.99	1.74	15.89
立陶宛	6.68	2.95	4.35	1.53	15.82
拉脱维亚	7.02	3.57	3.26	1.71	15.70
爱尔兰	3.59	4.59	5.30	1.46	15.51
冰岛	2.07	4.11	5.01	4.24	15.48
土耳其	7.72	0.79	3.38	0.61	12.52
智利	2.82	1.76	4.18	2.05	10.95
韩国	3.01	1.23	4.29	1.73	10.63
墨西哥	2.31	0.86	2.86	1.48	7.52

资料来源：OECD (2019). OECD Social Expenditure Database, www.oecd.org/social/expenditure.htm.

(1) 在所有的社会保障支出中，养老金支出占比最高。在所有OECD国家中，养老金支出额占GDP的比重高达8.04%，占社保总支出的比重接近40%。不过，各国的具体情况差异较大。影响养老金支出的因素很多，包括一国的人口老龄化程度、养老保险制度的覆盖面以及养老保险制度类型等。例如，墨西哥的人口结构相对年轻，加上养老保险制度覆盖面较窄，只覆盖了一半的老年人口，养老金支出比重就较低，只有2.31%。又例如，荷兰和意大利的人口老龄化程度类似，但荷兰实施的是福利型公共养老金与私人养老金相结合的制度体系，而意大利更多地依靠公共养老金制度，这导致了两国的养老金支出比重分别是5.37%和16.18%，差异较大。

(2) 医疗卫生支出是支出占比第二高的项目。在所有OECD国家中，医疗卫生支出额占GDP的比重高达5.68%，占社保总支出的比重为28%。医疗卫生支出比重较高的国家有法国、美国和德国，分别为8.81%、8.45%和8.05%。美国、英国、新西兰、澳大利亚、加拿大、爱尔兰、冰岛、智利、韩国和墨西哥等国的医疗卫生支出占比超过了养老金支出占比。医疗卫生支出占比较高的国家,有可能是该国对医疗卫生政策较为重视,也可能是该国在医疗卫生政策方面存在缺陷,导致了医疗卫生支出规模的失控。

(3) 在所有 OECD 国家中,对工作年龄人口的收入支持项目支出占 GDP 的比重高达 3.97%,占社保总支出的比重接近 20%。这部分支出包括失业金支出(占 GDP 的比重为 0.7%)、残障福利支出(占 GDP 的比重为 1.7%)、对家庭的现金支出(占 GDP 的比重为 1.2%),以及其他支出(占 GDP 的比重为 0.4%)。

(4) 其他社会服务支出主要是对儿童和老人的服务,在所有 OECD 国家中,支出额占 GDP 的比重占 2.34%。瑞典、丹麦、芬兰、挪威、冰岛等北欧国家这项支出的比重较高。

第四节　新的社会福利核算方法及其内涵

用全部政府社会保障支出占 GDP 的比例来说明一个的国家福利水平,虽然是一种简单并普遍的方法,但并不是唯一的方法。实际上,近十年来,越来越多的研究证据显示,这种社会福利计算标准的确有重大缺点,严重扭曲了国家对社会福利贡献的真实情况。

一、影响社会保障支出统计准确性的一些因素

在研究国家的福利慷慨程度时,除了直接计算政府提供的社会保障支出数据外,也应该纳入其他提升个人和家庭福利的政府相关资源。例如,假设艾丽斯和比尔分别是美国和北欧国家的公民,在去年年底他们同样缴纳给政府 9 000 美元的个人所得税,比尔缴税后又从本国政府获得 1 000 美元的育儿补贴,美国政府给付艾丽斯 1 000 美元额度的儿童照顾抵扣(税收免征额),可在个人所得税税前扣除。那么,哪个国家的社会福利慷慨程度更高呢?从常规的直接支出来计算福利水平,北欧国家的福利水平远高于美国,但考虑了其他因素,差距可能不大。

第一,个人所得税的影响因素。在北欧,如果比尔得到的 1 000 美元的育儿津贴也属于他本年度个人所得,并被收取 30% 的个人所得税,而艾丽斯的税收抵扣则无需作为收入再次纳税。因此,很难从福利直接支出分清各国的福利慷慨程度。

第二,除个人所得税外,增值税、销售税等商品和服务税收也会影响福利支出的净水平。如果一个国家的商品税税率较高,社保受益人在购买商品和服务时要缴纳较高比例的税收,其社保津贴的购买力会极大降低。通过这样的方式,许多国家的政府将社会福利支出的一部分偷"回流"到政府手中。

第三,政府还会通过立法权创造和管理社会福利支出,即通过管制手段来实现社

会政策的目标。例如,如果艾丽斯没有接受现金津贴或儿童照顾税收抵免,但法律要求她所在的企业每年提供给她价值1 500美元的儿童照顾服务,那么,她所接受的儿童照顾津贴的市场价值是比尔的税后津贴的两倍还多。然而,从表面上来看,北欧国家看起来仍然有较高的福利慷慨程度,因为法定的私有化福利价值并不会出现在传统的政府支出账本上。许多福利国家,例如比利时、丹麦、荷兰、德国、瑞典、挪威、英国以及美国等已经开始将私有福利法制化。这些非国家直接社会福利支出的社会保障通常包括企业为员工提供的病假、产假以及养老金等费用,相对于政府的现金给付,社保规制手段的成本较低。例如,保障残疾人的就业机会比发放残疾人津贴更节约财政资金,而且两种方法具有近似的政策效果。当政府面临福利支出削减时,可能将社会性规制作为社保减支的替代或补偿措施。

第四,完整的社会保障支出核算应该包含来自私人部门对个人的社会转移支付。自愿的私人部门社会福利支出也是社会保障支出的一部分。倘若政府无强制规定,企业也很可能为雇员提供儿童照顾福利。对于雇员而言,无论是政府强制企业提供的福利,还是企业自愿提供的福利,都是完全一样的。而对于企业而言,政府的税收优惠政策往往使其提供福利的成本有所降低,因此更倾向于提供福利而不是发放工资现金。

二、OECD的新型"社会账户"统计

由于上述原因,OECD成员国在20世纪90年代中期提出统计更为全面的"社会账户"(social accounting)。这样,在传统的社会保障支出(主要是政府的社保支出)的基础上,"净社会支出"(net total social expenditure)还包含了税收优惠支出(即因实施税收优惠政策导致的税收流失,视同为财政对社会保障的补助支出)、私人部门的强制性福利支出、自愿性福利支出。

表5.2中展示了两种统计方法下的各国社保支出占比排名情况。正如武川正吾所指出的,从社保支出比重来衡量福利国家,则美国与欧洲各国相比,就是一个欠发达的福利国家。但是,从社会性的规则这一观点来看,又是另一番景象,美国也可以说是最发达的福利国家之一①。欧洲国家和美国在社会福利的资源分配方面比例是大致相同的,但提供的方式有所差异。

表5.2 两种统计方法下的2001年各国社保支出占GDP的比例

国家	传统社保支出占比(%)	排名	新型"社会账户"统计下的社保支出占比(%)	排名
瑞典	29.8	1	26.0	3
丹麦	29.2	2	22.5	7
法国	28.5	3	27.0	2

① 武川正吾:《福利国家的社会学:全球化、个体化与社会政策》,商务印书馆,2011年,第71—72页。

续表

国　家	传统社保支出占比(%)	排名	新型"社会账户"统计下的社保支出占比(%)	排名
德　国	27.4	4	27.6	1
奥地利	26.0	5	21.8	10
芬　兰	24.8	6	20.0	15
比利时	24.7	7	23.2	5
意大利	24.4	8	21.9	9
挪　威	23.9	9	20.9	12
英　国	21.8	10	23.3	4
荷　兰	21.4	11	22.1	8
捷　克	20.1	12	18.5	16
冰　岛	19.8	13	18.4	17
西班牙	19.6	14	17.0	18
新西兰	18.5	15	15.9	20
澳大利亚	18.0	16	21.1	11
斯洛伐克	17.9	17	16.7	19
加拿大	17.8	18	20.3	13
日　本	16.9	19	20.4	14
美　国	14.7	20	23.1	6
爱尔兰	13.8	21	12.5	21
韩　国	6.1	22	10.0	22
墨西哥	5.1	23	6.2	23

资料来源：Willem Adema, Maxime Ladaique (2005). Net Social Expenditure, 2005 edition, OECD Social, Employment and Migration Working Papers # 29 (OECD) annex 3.

三、比例法比较社保支出存在的一些偏差

按照社保支出占 GDP 的比重来对各国进行排名，分析各国对社保的重视程度，存在一定的偏差：忽略了人口规模与富裕程度。换句话讲，就是只关注了分蛋糕的方法，并没有关注蛋糕本身的大小。例如，A 国和 B 国的人口数量相同，但 A 国 GDP 是 B 国的 3 倍，A 国的社会保障支出额是 B 国的两倍。此时我们就会发现，A 国的人均社保支出金额是 B 国的两倍，但社保支出占 GDP 的比重却低于 B 国。从这个角度来看，我们无法简单判断哪个国家更重视社会保障政策。

于是，另一种统计口径可以作为国际比较的参考，就是按购买力平价计算的人均社会保障支出。图 5.6 显示，按照人均社保支出进行排名，总体上看，北欧各国仍稳居前列，而排名提升较多的国家主要有：美国（排名第 1）、挪威（排名第 2）、英国（排名第 6）、荷兰（排名第 9）、加拿大（排名第 11）、日本（排名第 14）。排名下降较多的国家有丹麦、奥地利、芬兰、意大利、捷克等国。

此外，社会保障支出是应对养老、医疗、失业、工伤、生育以及贫困等社会风险的

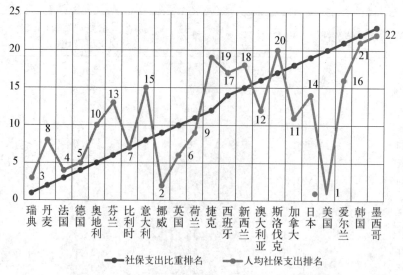

图 5.6 各国社保支出比重排名与人均社保支出排名

资料来源：Gilbert, N., Terrell, P. (2013). *Dimensions of Social Welfare Policy* (8th ed.), Pearson.

支出，其本身是辅助性的，并非越大越好。例如，一个国家的人口老龄化程度较低，其养老金支出占比较低，也具有合理性；一个国家的失业率较低，其失业保险金支出占比较低，也具有合理性。

四、从美国私营企业雇员的薪酬结构看社会保障支出

下面，我们来分析美国私营企业雇员的薪酬待遇结构。从总体上看，工资薪金收入占企业总薪酬支出的 70.1%，福利支出占企业总薪酬支出的 29.9%。

(1) 在福利支出中，由于税收优惠政策的影响，相对于发放工资，以寿险、健康险等方式发放福利，可以在税收前列支，免征个人所得税，因此商业保险支出的比重有扩大的趋势。此外，通过雇主统一购买团体保险，可以享受更大的优惠折扣。对于保险公司而言，也因为团队保险可以在一定程度上避免"逆向选择"行为，较为安全。

(2) 当医疗保险成本上升时，雇主将减少相应工资支出，以保证总支出不变。美国劳工部统计局（BLS）数据显示，2004 年 6 月至 2014 年 6 月，美国劳动者所得薪酬上升 28%，其中，医疗保险成本上升 51%，平均工资仅上升 24%。

(3) 政府的社会保障支出与企业的福利支出具有一定的互补性。从表 5.3 中可以看到，政府的强制社会保险中没有医疗保险支出，而企业的健康保险支出比重就较高，达到了薪酬的 7.5%。

(4) 薪酬管理理论认为，通过职业年金等延期支持的方式，可以使企业更有效地留住关键岗位的员工，抑制员工的跳槽。

(5) 表 5.3 虽然显示了企业的福利支出是一笔很大的开支，但我们要注意，此表

格显示的是平均值,由于大部分企业福利并非法律强制支出,这些企业福利的覆盖面有限,公平性也存在一些问题,有些福利未覆盖到所有雇员,有些福利在雇员之间的待遇差异较大。相对而言,社会福利的公平性、覆盖率等方面要做得好得多。

表5.3 美国私营企业的雇员福利支出构成及占比

科 目	占企业薪酬的比重(%)
工资、薪金支出	70.1
福利总支出	29.9
1. 有偿休假(paid leave)	7.2
带薪假期(vacation)	3.7
节假日(holiday)	2.2
病假(sick)	0.9
事假(personal)	0.4
2. 附加收入(supplemental pay)	3.2
加班(overtime and premium)	0.9
夜班(shift differentials)	0.2
与经营业绩无关的奖励(nonproduction bonuses)	2.1
3. 商业保险(insurance)	8.0
人寿保险(life)	0.1
健康保险(health)	7.5
短期伤残保险(short-term disability)	0.2
长期伤残保险(long-term disability)	0.1
4. 养老金福利(retirement and savings)	3.8
待遇确定型(defined benefit)	1.5
缴费确定型(defined contribution)	2.3
5. 法律强制的福利(legally required benefits)	7.7
养老的工薪税(social security)	4.7
医疗的工薪税(medicare)	1.2
联邦政府失业保险税(federal unemployment insurance)	0.1
州政府失业保险税(state unemployment insurance)	0.4
工伤保险(workers' compensation)	1.3

资料来源:Bureau of Labor Statistics, U. S. Department of Labor (2019). "Employer Costs for Employee Compensation-September 2019." News Release. December 18.

注:美国劳工部每季度发布一次数据。本表数据为2019年第三季度(9月)的统计数据。

拓展阅读:低利率让全球养老基金投资亮起"红灯"

自2008年全球金融危机以来,欧美主要经济体的中央银行采用超常货币政策(量化宽松政策)试图挽救滑入崩溃深渊的经济,却未料到持续低利率政策将养老金体系推向悬崖边缘,并对养老金体系造成日益严重的附带伤害,养老金危机反过来又加剧了金融体系的脆弱性,为中央银行维持金融稳定增加了新的挑战。

全球金融危机之后的低利率环境大大降低了完全积累型养老基金的投资收益率。令人意想不到的是,低利率环境会持续如此长时间,甚至出现了大面积负利率状况,这对于以国债、银行存款等低风险资产为目标的完全积累型养老基金造成了长期性的负面影响。

为了在低利率环境下获得能够维持养老金给付承诺的回报率,发达国家的养老基金不得不改变以往被视为保守的投资风格,向包括私募股权、房地产、风险投资、基础设施等在内的所谓另类投资配置更多资产。这些资产风险更高,流动性更低。例如,2020年8月26日,俄亥俄州警察与消防养老基金(OP＆F)批准将5%的资金配置到黄金资产中,以帮助其实现投资组合的多样化。根据国际货币基金组织的测算,过去10年全球养老金计划在非流动性资产上的配置已经翻倍。养老金的投资风格变得更为激进,可能会使金融体系更加脆弱。国际货币基金组织在其年度金融稳定报告中警告说,养老基金争相涌入非流动性资产将会动摇其在危机时期发挥稳定器作用的传统角色。比如,低利率会导致养老基金、保险公司、投资基金等投资者采取类似的投资策略,增加投资组合的同质性,一旦出现市场动荡,集中出售的行为会进一步加剧市场下行压力,从而产生放大风险的效果。养老基金原本承担着稳定市场的作用,在低利率环境下被迫成为风险的放大者,这是中央银行不愿意看到但却偏偏出现的结果。

复习思考题

1. 有6个社会部门具有一定程度社会保障职能:家庭、政府、雇主、市场、社会组织及宗教团体。这6个社会部门共同构成了福利混合经济(the mixed economy of welfare)。请以社会保障的一个项目(养老、医疗、失业、生育、工伤等)为例,谈谈这6大部门在社会福利的供给上扮演的不同角色。

2. 随着我国老龄人口日益增多,针对老年人的福利也是越来越多。一直以来,免费乘坐公共交通工具是上海70岁以上老人的"基本福利"。2016年4月,上海市政府发布《上海市关于建立老年综合津贴制度的通知》,从2016年4月25日起,上海将不再实行70周岁以上户籍老年人免费乘坐公共交通制度,原本用于公共交通的敬老服务卡停止使用。取而代之的是老龄津贴,年龄门槛也从70周岁降至65周岁。根据新的综合津贴制度,具有上海市户籍且年满65周岁的老年人,可以享受老年综合津贴,标准按照年龄段分为五档,从65周岁一直到100周岁以上,每人每月可享受75～600元不等的补贴。同时,其他老年优待政策,如公园和公共文化设施免费开放或优惠等,均保持不变。在本章,我们介绍了现金福利与实物福利的概念,请结合两种福利方式的区别,谈谈上海此项改革的必要性。

3. 在实物补贴与现金补贴之外,还有第三种方式,就是政府购买公共服务+服务券的形式。1955年,芝加哥货币经济学派代表人物弗里德曼发表了《政府在教育中的作用》一文。在文章中,弗里德曼首次提出了教育券(school voucher)理论,他认为应该改变目前对公立学校的直接补助的教育投入方式,由政府向学生家庭直接发放教育券。也就是说,政府把本该投入到教育中的资金经过折算发给每一位学生,学生凭券可以自行选择任何一所政府认可的学校,包括公立学校或私立学校就读,学校凭券到政府兑换相应的公用经费。政府可以通过发放教育券保持对教育的投入;学校之间也会因为学生掌握充分的选择权而增强竞争,竞争的结果,是各学校教育教学质量的整体提高。在实践中,一些国家和地区的政府也推出了服务券的项目。例如,我国香港地区推出长者小区照顾服务券试验计划、长者院舍住宿照顾服务券试验计划,我国台湾地区推出幼儿教育券,北京市政府曾发放过居家养老助残券。试分析服务券这种社会服务方式的利弊所在。

4. 整理中国财政支出中用于社会保障支出的相关数据,与OECD各国进行比较。

5. 了解中国机关事业单位职业年金、企业年金等的制度规定、参保率情况,试分析中国城镇职工基本养老保险制度与职业年金制度的互补性如何进一步优化。

第六章

各国社会保障制度面临的挑战

2008年全球金融危机爆发以来已经十多年了,各国经济有所复苏,但面临更加复杂的形势:政府债台高筑,财政资金捉襟见肘,社会保障支出面临削减;经济增长未能带来就业率提升,贫困人口激增,社会矛盾有激化的趋势;经济波动较为频繁,产业跨国流动加速,盈利模式日新月异,企业面临多变的宏观环境;非正式就业增加。这些新的变化给各国社保制度带来了诸多新的挑战。

在风险社会中,社会结构越来越复杂,专业分工越来越细,个人无法掌握的突发状况或风险越来越多,例如传染病暴发、食品安全、个人信息安全、环境安全等。当公民暴露在多重的系统性风险中,自然增加了突发事件发生的概率,且由于现代社会的复杂性,一个突发事件的发生常会连带引爆其他风险,灾害的规模与破坏程度比从前(相较于传统社会)更大,使得处于社会中的个人(或家庭)被迫承受(相对于以往)较高的经济不安全感。例如,由于全球经济、金融体系较以往更为紧密,以至于一场在从前可能是区域型规模的金融风暴,在不到一个月之内就可能迅速扩展成全球型的经济危机。经济不安全感不再是穷人家的事,而是与社会上大多数的中产阶级相关。

第一节 分裂的福利政策理念

经济危机和紧缩本身冲击了社会的凝聚力,而社会凝聚力在过去一向被视为达成社会政策共识的基础。英国学者泰勒-顾柏等人根据十个欧盟成员国的经验提出，在全球化、技术变革和人口老龄化的推动下，欧洲福利国家正在发生深刻的变化——经济衰退的后果和前所未有的移民水平带来了额外的压力。他们发现各国确实都或多或少地做出了基于新自由主义的紧缩反应，同时提出塑造福利国家发展的阶级凝聚力已经不再强大①。围绕老年人和年轻人、女性和男性、移民和居民之间的分歧，在一个新的、更具竞争性的世界中，赢家和那些感到被遗忘的人之间的分歧变得越来越显著。欧洲国家已进入政治不稳定时期。紧缩在几乎所有地方占据了主导地位，但各国的反应各不相同，有的走向社会投资，也有的走向保护主义，还有的采取新凯恩斯主义反击模式。

一、社保制度逆向转型与代际冲突日益加深

（一）一些国家的社会保障制度出现逆向转型——社会保障支出出现"短期化"趋向

深陷债务危机的国家在财政资金短缺下，已无暇顾及长远，只要能削减的预算就尽量削减。在这种情况下，家庭友好型的、以服务为导向的社会保障项目往往首当其冲，成为被削减的支出项目；而传统的医疗保险、养老金则由于具有较强的"法定权利"，而难以削减（遇到经济萧条时期，养老金只会停止增长，而不会被削减）。这种被动应付型的社会保障支出结构偏重事后保障，忽视事前预防。从长远来看，这种社保体制无助于提升劳动者的技能和素质，因此也无助于降低失业率。

（二）代际财富悬殊现象较为明显

经合组织的研究显示，婴儿潮一代（大多出生于20世纪50年代）积累的财富（房产、股票和其他积蓄）要比X一代（主要出生于20世纪70年代）和千禧一代（出生于20世纪80年代及以后）多出很多。

在英国，保守党国会议员戴维·威利茨于2010年出版了一本书，题为《挤压：婴儿潮一代如何夺走了他们儿女的未来》(*The Pinch: How the Baby Boomers Took their Children's Future*)，提出：英国社会的主要矛盾已经从阶级冲突演变为世代冲突，英国有半数人口在40岁以下，但他们却仅拥有英国全体国民金融资产及住房的15%。在1995年到2005年的10年间，24岁到34岁年龄层的英国人平均财富不断下降，但55岁到64岁年龄层的平均财富却增长3倍。根据戴维·威利茨的分析，英国婴儿潮世代在过去十年普遍利用他们拥有的房产来贷款消费、度假与置产，是英国金融泡沫化的主要原因，现在泡沫破灭，英国政府因拯救银行与增加社会安全与福利支出所大幅增加的政府赤字更加重了下一代的负担，恶化世代间的分配正义问题，让年轻世代未来更黯淡。

---

① Taylor-Gooby, P. (2004). *New Risks, New Welfare: The Transformation of the European Welfare State*, Oxford University Press.

(三) 代际冲突日益加深

在劳动市场上,中老年人往往签订了长期合同,而年轻人拿到的是临时合同。与此同时资产泡沫引起的代际财富差距较为明显,如今的年轻人可能会为不得不供养更多老人而感到不满,尤其是因为他们觉得上几代人过得比自己轻松。不公平的社保政策加剧了代际间的冲突。例如,年轻的意大利人对年长一代而不是他们的父母感到厌恶。他们敌视主流政党、工会和一个界定不清的"统治阶级",他们把收入、就业前景和养老金与长辈之间的巨大差距归咎于年长一代。

社会保障制度逆向转型是许多西方国家政治领导人"理性选择"的结果。在财政资金捉襟见肘之际,这些领导人选择削减那些不会惹怒多数投票者的社会保障项目。从投票者群体来看,随着老龄化进程的加快,中位投票者的平均年龄在提高,显然更重视养老金项目。这时,政府削减儿童和青年的社会保障项目,往往不会激起社会的强烈反对。**以英国为例,在 2010 年的大选中,收入最高的阶层的投票率为 76%,收入最低的阶层的投票率为 57%;65 岁以上老年人的投票率为 76%,而 18~24 岁年轻人的投票率仅为 44%**[①]。不难看出,低收入阶层、年轻人的社会保障权利往往因该群体的低投票率而得不到英国政府领导人的重视,很可能成为政府福利削减计划的牺牲品。而实际上,这部分群体恰恰是社会保障计划最应该加强保护的对象。

二、民粹主义抬头

民粹主义(populism)并非一种严格意义上的政治理论或制度,而是一种对经济状况的不满情绪、对精英的不信任态度,并时时伴随着有个人魅力的专制领导者和本土(优先)主义盛行共同出现。民粹主义往往拒斥多元性和自由化,崇尚简单政治,反对已有法律制度,聚焦于短期利益,不考虑长期成本,有损于政治自由的价值。

2008 年金融危机发生后,以反精英、反全球化(反对欧洲一体化)、反对移民与难民政策为特征的民粹主义像野火一样在全球范围蔓延,民粹主义在亚洲、拉丁美洲等地虽有发展,但并没有产生广泛的影响力,然而在欧美发展势头却很猛。

从 2011 年"占领华尔街"运动到 2016 年英国全民公投脱欧,毫无执政经验的商人特朗普击败传统政治精英的代表希拉里当选美国总统,再到 2018 年,欧洲"三驾马车"英、法、德三国的政坛均出现了民粹主义政党割据一方的情况,2018 年 3 月意大利民粹主义政党五星运动和极右翼联盟党(北方联盟党)在议会选举中取得多数席位,西欧第一个民粹主义政府随之宣告成立。民粹主义已席卷全球,占据了世界政治舞台的一席之地。

[①] Diamond, P., Lodge, G. (2013). "Welfare States after the Crisis: Changing Public Attitudes". Policy Network Paper, www.policy-network.net.

左翼民粹主义、右翼民粹主义在欧洲又有不同之处：左翼民粹主义自称其代表的是穷人，所以左翼民粹主义的话语里突出的是穷人和富人的对立；右翼民粹主义强调的是身份、文化上的差异，最主要的观点是排外主义和民族主义。

（一）民粹主义兴起的主要原因

第一，社会发展、科技进步、全球化进程加快、劳动份额占国民经济比重下降等造成的各国贫富分化加剧，是民粹主义兴起的主要原因。一部分中低阶层劳动者感到自己被忽略、被遗忘，工资水平低，失业风险加剧，而每当经济危机来临时，他们往往又是最"受伤"的一群人，于是这些饱受苦难的平民很容易相信一切都是"精英分子"的过错。

第二，受利比亚战争和叙利亚战争的影响，2014年大量中东难民开始涌入欧洲，最终酿成2015年难民危机——约150万难民涌入欧洲大陆。到2016年，仅有部分难民被遣送出欧洲。在难民危机下，欧洲出现严重社会问题：财政赤字增加，社会治安恶化，恐怖袭击严重。

第三，2008年全球金融危机爆发后，为应对政府债务危机，各国的社保支出受到一定程度削减或停止上涨，民众的归属感也开始缺失，下层社会民众开始作出更激进的政治选择，形成新政治力量。

民粹主义还善于蛊惑人心，并利用民众的仇外情绪让他们相信自己的"厄运"还受到了国家外部力量，比如国际资本、外来移民及全球主义者的支配。

（二）民粹主义对社保政策的影响

（1）福利沙文主义的抬头。在民粹主义盛行的国家，对自由贸易、移民的反对变得日趋明显。欧盟国家的极度紧缩政策带来了更为深远的政治影响。它使得居于社会底层的"本地人"感到自己是被政府抛弃了，就业机会或者输出到发展中国家，或者被外国人抢走了。这些异议导致了福利沙文主义的抬头①。福利沙文主义是一个政治上的概念，即福利应该限于某些群体，特别是一个国家的本地人，而不是移民。英国2016年举行"脱欧"公投时，脱欧派提出的口号就是："英国人的工作机会和福利都应留给英国人！"

有时民粹主义所主张的解决方案往往只能适得其反：比如增收贸易关税看似有利于本国的制造业增长，然而真正得益的是那些使用自动化机器人进行生产制造的公司，而非低技术工人。

（2）政府承诺或提出不切实际的高福利政策。例如，意大利民粹主义政党五星运动在2018年竞选中提出了"无条件基本收入"的竞选纲领，该党派执政以后，于2019年开始尝试实施这项政策。一些拉美国家在处理增长和分配的问题上，走上了民粹主义道路，对穷人承诺不切实际的高水平福利、教育，但政府实际上没有足够财力支持。政策重点没有放在扩大就业、改善教育、改善公共服务等最基

---

① 李秉勤：《风险社会视角的福利以及经济危机的影响》，《社会建设》，2018年第4期。

本的方面,而是以民粹的态度来呼应短期的社会舆论,致使两极分化愈演愈烈,最终导致恶性的政治周期。个别拉美国家爬不出福利民粹主义陷阱的原因在于,每当选出新领导人后,民众就会立刻要求其兑现选举时的承诺,而一旦这届政府缩减福利或没达到他们的期望,民众就会改投新的领导人。所以,对于执政者来说必须先赢得选举,然后向人民输送利益,向民众"发钱",等政府没钱了再去世界银行等机构借钱,这就构成了一个恶性循环。从军政府到民选政府的不断动荡,不停地印钞票,引起超级通货膨胀(super inflation),导致资本外逃,经济长期大起大落。

三、劳动力在跨境流动中无法享受完整的社保权利

从福利制度的角度来看,顺境流动的其他国家公民并不具备同等的社会公民权。以欧洲为例,具有"主流"话语权和选举权的国家公民可以通过对本国政治的影响来排斥欧盟内其他国家的公民,这给劳动力自由流动带来严重的社会风险。没有所在国福利公民权的人在面对失业和经济困扰的时候就只能回到母国才能够享受到相应的福利待遇,否则就会陷入困境。因为他们不是所在国的公民,无法对所在国的社会政策享有发言权,于是只能依靠所在国公民的"同情"获得权益。

专栏6.1　社会分裂的表现:法国"黄马甲"运动

2018年11月中旬,马克龙政府准备在2019年进一步提高汽油和柴油税,鼓励人们使用更清洁的能源,使用污染较少的汽车。这是法国政府为了履行《巴黎气候协定》的政策举措,同时也有利于增加财政收入。

但这一计划激怒了法国人,为了抗议油价上涨和燃油税,"黄马甲"运动爆发。2018年11月17日,在法国多地超过30万人参与了游行示威。随后大规模示威引发骚乱,并持续不散,成为法国50年多来最大规模的骚乱。运动的目标也由抗议燃油税转向对马克龙政府的抗议以及对法国现状不满情绪的发泄。这次运动是法国长期以来积累的经济停滞不前、失业率高升、税负上升、民众购买力持续下降、生活水准日益滑坡等诸多问题的一次总爆发。尽管政府最终决定取消这笔燃油税,但群众运动并没有就此熄火。

"黄马甲"运动没有明确的政治立场、没有统一的领导者、没有严密的组织体系,但是抗议者分布广泛且组织效率高、传播和呼应速度很快。法国《费加罗报》前总编尼古拉·贝图表示:"由于每个人都有各自的想法、愤怒和抗争,难以形成共识,游行自发起伊始就一直处于徘徊和迷茫状态,并未提出建设性建议。"

社会各阶级之间的矛盾以及对政府的不信任,加剧了社会的分裂。

(1) 不同产业之间的劳动力收入差距矛盾。对比制造业和服务业收入水平来看,制造业的收入水平在工会的保护和较高的生产率增长速度影响下,得以提高。而

服务业一方面因是中小企业为主,工会力量较弱,另一方面又受到生产效率增长缓慢的制约,因而工资水平较低。再细化服务业来看,一般金融、信息等行业收入较高,而餐饮、住宿等行业收入则相对较低。

(2) 不同地区之间的收入差距矛盾。大型制造业以及金融、信息等高端服务业大多集中于巴黎。而在巴黎之外的广大地区,主要是摇摇欲坠的中小企业和餐饮住宿等中低端服务业。

(3) 不同族群之间的矛盾。新移民被寄希望于作为廉价劳动力改善法国劳动力短缺导致的成本高企困境。但新移民却往往抱着享受发达国家高等福利和充分发展机会的目的而来,他们想竭尽全力地提高自己的社会地位和收入水平。在移民进入劳动力市场之后,法国本土劳动者又感受到深深的压力,从而扩大了族群之间的矛盾。

(4) 民众与政府之间的不信任。面对法国经济的困境,历届法国政府忙于息事宁人,通过扩大福利开支来平息社会冲突,却只是饮鸩止渴,在没能解决问题的同时,又使得法国背上了沉重的债务负担。

第二节 面临削减的社会保障支出

一直以来,社会保障计划被称为经济的"自动稳定器":当经济萧条时,社会保障支出自动增加,为失业者、贫困者等提供收入保障。但是这一自动稳定器的良好运行,离不开稳健的财政政策。也就是说,自动稳定器自身要稳定,需要"以丰补歉",当经济繁荣时,社会保障项目应积累足够的资金作为储备,这样的话,当经济萧条时,就有足够的资金实力,用于各种保障。然而,这种自动稳定器的存在基础早已破坏了——多数国家已是连年的财政赤字,在经济繁荣时期也不例外。

一、持续走高的政府债务比重,造成社保政策实施余地不断缩小

长期以来,全球化竞争加剧,发达国家面临资本外流、产业空心化的不利形势,税收课征日趋困难,无论是经济繁荣,还是经济萧条,财政无一例外是赤字,政府债务像滚雪球一样越来越大(见图6.1)。全球金融危机爆发以来,各国面临主权债务危机、对金融部门的救助以及金融危机导致的税收下滑等三重财政压力,政府在社保支出方面只能被动应付,无力实施大的政策调整。因此不难预计,未来数年,各国将把财政紧缩列为宏观政策的主基调之一,社保资金的政府投入也面临缩水的危险,缺少资金,再好的社保政策也是一句空话。

图 6.1　OECD 成员国政府债务占 GDP 的比例

资料来源：OECD（2019），OECD Economic Outlook No. 105（Edition 2019/1）.

二、受经济形势和社保减支政策影响，不少国家的卫生和健康状况有所恶化

欧洲多国政府为了解决其严重债务问题而大幅削减开支（austerity），这不仅使欧洲陷入了经济衰退，还导致了不常见疾病的暴发及自杀率的激增。我们略举数例。

（一）希腊的医疗经费削减及其影响

2008 年金融危机后，希腊政府在所谓的欧洲"三驾马车"——国际货币基金组织、欧盟委员会和欧洲央行等共同设立的减赤要求下，必须达到 3 年内减债 230 亿欧元的目标。而且，这些国际组织还要求希腊公共卫生支出必须控制在 GDP 的 6% 以下，而为了达到目标，希腊大砍公共卫生预算。第一阶段，2009 年公共卫生支出从 240 亿欧元降到 160 亿欧元，第二阶段还要删减更多①。

1. 一些绝迹的传染病卷土重来

像疟疾这种被认为已经在欧洲绝迹的传染病又重新席卷希腊。希腊南部的防蚊药喷洒计划被大幅压缩后，自 20 世纪 70 年代初以来首次报告了大量的疟疾病例。2011 年，希腊发现了区域性疟疾传染病，这是自 20 世纪 50 年代以来在希腊首次暴发疟疾。这与希腊削减卫生领域开支也有关联——由于削减经费，一些农田没有喷洒杀虫剂，以至于蚊虫肆虐，传播病菌。

2. 医务人员的待遇受到削减，影响医疗质量

自从希腊全面陷入债务危机，政府在卫生领域减少了 40% 的开支。此次的经济危机对于医护人员和医疗服务的质量来说更是雪上加霜。政府在医疗领域的投入急剧减少，约 3.5 万名医生和护士等医疗工作者失业，还有大量医护工作者已经数月没有正常拿到工资。希腊是世界上医师人口比最高的国家之一，即使到 2010 年，每千

---

① Stuckler, D., Basu, S.（2013）. *The Body Economic: Why Austerity Kills*, Basic Books.

人口都还有6.2位医师。只有少数的其他国家有这样高的比率。但是令人沮丧的劳动条件和稀缺的机会刺激了医师"逃离"希腊。许多希腊医师前往德国、瑞典和沙特阿拉伯工作。此外,一些公立医院的供应商停止向医院供货,因为希腊政府决定用政府债券而不是现金来偿还2008年以来的医院欠款。

由于无法得到及时治疗,越来越多的希腊人民向NGO搭建的临时医疗单位寻求协助。这些医疗单位专门照顾移民与难民,像是无国界医生组织以及世界医师联盟组织等。过去西方国家积极鼓励各界捐助这些非政府组织,以便帮助非洲、亚洲等第三世界国家。有讽刺意义的是,原先受欧洲与西方国家资助甚多的非政府医疗组织,如今却成为希腊民众的主要依靠。

3. 经济危机下,各种疾病和自杀的发生率上升

经济低迷、长期失业与政府削减支出的多重影响,导致了许多疾病的发生率大幅提高。由于等待时间漫长,以及药品价格上升,希腊人不再进行常规治疗和预防性治疗,导致入院人数急剧增加。

一项研究通过对希腊大型公立医院卡拉迈总医院22 093名病人进行长期跟踪检查,发现在2008年至2012年期间,记录在案的心脏病发患者有1 084人,而在该国债务危机爆发前的4年间,心脏病发人数只有841人[①]。此外,卫生支出削减政策,还间接导致雅典2011年的艾滋病感染率同比增加1 500%。

近年来,希腊的自杀率也急剧上升,其中包括青年人。希腊是一个有东正教传统的国度,自杀率在欧洲一直处于最低水平,但债务危机造成的经济灾难改变了一切,希腊自杀率也大幅上涨(见图6.2)。仅2012年6月,首都雅典就发生350起自杀案

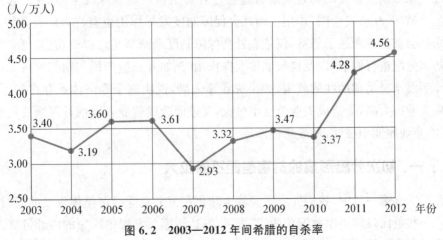

图6.2 2003—2012年间希腊的自杀率

资料来源:闫桂花,《七张图表告诉你危机下的希腊人有多绝望》,界面新闻,2015年7月20日,https://www.jiemian.com/article/329919.html。

---

① Beth Casteel (2013). "Heart Attack Rates Rise with Plunging GDP in Greece's Financial Crisis," March 7, 2013, http://www.cardiosource.org/News-Media/Media-Center/News-Releases/2013/03/Greece-Crisis.aspx.

件,其中50人死亡。这些人大都选择在公众场所自杀,大有向社会示威的意思。希腊人平均寿命从1990年的77.2岁上升到2016年的81.5岁,但在欧盟国家长寿榜的排名从1990年时的第3位下跌9位,排在了第12位。

(二)意大利的医疗经费削减及其影响

2010—2019年,意大利政府一直在调整卫生资源配置,造成公私立医院的严重后遗症。这10年中政府砍了大约370亿的医疗经费,累计共裁员4.3万人,但削减开支应该伴随着更好的资源管理,事实却非如此:在短短两年内,医院床位就减少了大约7000张。意大利2007年平均每10万人有390张病床,到2017年则只有318张病床,只有德国的四成,仅为韩国的四分之一。

在未出现疫情的正常时期,意大利大型公共医疗机构的等候时间也可能长达数月,例如在伦巴第大区公立医院做静脉造影检查,需等待98天之久。根据意大利医疗仲裁法院的数据,该国2018年大约有1100万人因公立医院排期时间过长,正在延期治疗或选择私立医院,而意大利总人口为刚过6000万,这说明在平常时期,意大利已有约六分之一的人无法及时享受公共医疗系统服务。

新冠肺炎疫情的紧急情况,更给意大利脆弱的公共卫生体系带来了致命一击。

第三节 不断恶化的贫富差距与就业形势

社会保障制度建立的初衷就是希望通过对贫困和贫富悬殊现象的调控,起到缓解社会矛盾的"社会安全网"作用。而社会保障制度发挥作用也有许多前提条件:一是如果社会贫富差距过于悬殊,仅依靠社会保障制度来调节是难以成功的,更多的是要对初次分配进行调节,以及税收制度发挥作用(例如开征遗产税与赠与税);二是社会保障制度本身是辅助性的政策,如果失业率太高,说明整个经济体系存在问题,而且如果失业率太高,既造成失业金支出过大,又进而造成就业人群的社保缴费负担太重,影响企业雇佣积极性,形成恶性循环。

一、初次分配形成的贫富差距不断拉大

在第二章第一节中,我们介绍了经济全球化在带来全球经济整体发展的同时,也带来了一些负面效应:"库兹涅茨曲线"失灵,发达国家与发展中国家的内部贫富差距都呈现扩大化趋势;资本回报率远高于劳动回报率,劳动者享有的国民收入占GDP的比重持续下降;科技进步带来了高技能工人与低技能工人的收入鸿沟;中老年产业工人难以适应经济转型的挑战;各国经济联系日趋紧密,各国宏观调控手段受到制约,经济波动性加大。

持续扩大的社会贫富差距对社会保障政策形成了很大的挑战:一方面,政府面

对日趋扩大的贫富差距不能不管;另一方面,政府面对高流动性的生产要素(资本和劳动力)又不敢课征高税,也无法大量发债。因此如何用好非常有限的财政预算与社保基金以缩小贫富差距,将考验各国政府的智慧。

二、非典型就业与"工作贫穷"现象越来越常见

在战后的工业时代中,各国社会保障政策所关注的贫困对象主要是少数没有就业能力的老弱残疾等弱势人口,也就是所谓的"旧贫"。至于因为失业而导致的贫穷者,则只是小规模短暂性的循环性失业人口,可以通过失业保险或社会救助体制来加以保障。

进入20世纪80年代后,受到后工业化与全球化的影响,发达国家发现,充分就业不再普遍,劳动市场出现结构性变化,失业者以及非典型就业者大量出现,同时冲击个人与家庭的安全,"新贫"风险的议题因而成为关注讨论的焦点。非典型就业包括自雇人员、短期聘期人员、季节性雇员、劳务派遣人员以及订单式外包工作承接者等。

"新贫"与"旧贫"的主要差异,根源在于劳动市场工作形态出现变迁,已经从过去稳定、全时为主的工作转变为高度不稳定且非典型的工作,再加上全球化下产业外移,导致低技术者被淘汰而成为长期失业的结构性失业者,与"旧贫"强调因为失业而导致的贫穷者只是小规模短暂性的循环性失业人口明显有所不同。到2013年,美国穷忙族(the working poor)人数增加到4 700万,也就是说每7个美国人就有1人属于穷忙族;1/4的美国工人即使全年从事全职工作,他们的收入也不足让一个四口之家的生活水平高于联邦政府所定义的贫困线[①]。

非典型就业最大的问题有两个。一是就业不稳定。工作贫穷者在从事非典型工作时,何时工作会中断,并非自己能够决定,而是由雇主决定,当工作中断后过渡到下一份工作的期间究竟有多久,也不是工作贫穷者能够确知的,如此一来,工作贫穷者的工作中断无收入,又无法获得补助。二是社会保障制度覆盖不完整,有些人员未参加社会保险计划,大部分人员未被纳入企业补充福利计划。

以日本为例,从20世纪90年代起,日本企业就很难继续维持终身雇佣制度和年功序列薪酬制度(在一家企业里工作年限越长,工资和地位就越高)了。这是因为要顺利推进上述两项制度,以下两个条件缺一不可:一是企业具有稳定的成长性;二是社会整体的人口结构呈现标准的金字塔型,这样可能从源源不断的新入职员工身上腾挪部分工资用于中高龄员工,实现世代间的所得转移。

三、部分国家失业率居高不下

失业的负面影响是多重的,除了给家庭和公共财政带来压力之外,失业还会给个

---

① 罗伯特·赖克:《拯救资本主义:重建服务于多数人而非少数人的新经济》,中信出版社,2019年。

人带来不良的影响,并削弱他们的职业竞争力。

2008年全球金融危机爆发以后,欧洲多国的政府债务水平持续走高。为减轻债务,欧洲多国纷纷采取增税等一系列财政紧缩措施,但与之相伴的是经济萎缩、需求不振的风险,就业形势一直非常低迷。欧元区成员国由于没有货币发行权,宏观调控的工具相对较为匮乏,成为本轮金融危机以后的失业重灾区。

北欧国家与南欧国家差异悬殊,深陷主权债务危机的南欧国家的就业形势非常黯淡。2008年全球金融危机爆发不久,2009年欧洲债务危机率先在希腊爆发,西班牙、意大利、葡萄牙等国的政府债务危机重重,经济低迷与政府削减赤字交织在一起,进一步引发了失业潮。以2013年4月的数据为例,失业率最低的国家奥地利、德国和卢森堡,失业率只有4.9%、5.4%和5.6%;而失业率最高的国家希腊、西班牙和葡萄牙,分别为27%、26.8%和17.8%。

2018年,OECD中多数国家的失业率已降低至危机前的水平,但总体上看失业率仍维持在5.3%,依然不容忽视。各国失业率情况迥异,苦乐不均。捷克、冰岛和日本的失业率低至3%以下,而包括美国、英国和德国在内的多数国家失业率约为4%,形势较好。另一方面,受危机打击最严重的南欧国家的失业率仍然高得惊人,如希腊(21.5%)、西班牙(15.3%)、土耳其(10.9%)、意大利(10.6%)和法国(9.1%)。

表6.1 2007年、2013年和2018年OECD各国的失业率　　　单位:%

国　家	2007	2013	2018	国　家	2007	2013	2018
希　腊	8.4	27.5	21.5	澳大利亚	4.4	5.7	5.3
西班牙	8.2	26.1	15.3	丹　麦	3.8	7	5
土耳其	8.8	8.7	10.9	奥地利	4.9	5.4	4.9
意大利	6.1	12.1	10.6	瑞　士	—	4.7	4.7
法　国	8	10.3	9.1	英　国	5.3	7.6	4.4
芬　兰	6.9	8.2	7.4	新西兰	3.6	5.8	4.3
拉脱维亚	6.1	11.9	7.4	匈牙利	7.4	10.1	4.2
葡萄牙	9.1	16.5	7.1	挪　威	2.6	3.8	4.2
智　利	7.1	5.9	7	以色列	7.3	6.2	4
斯洛伐克	11.2	14.2	6.6	美　国	4.6	7.4	3.9
立陶宛	4.3	11.8	6.4	波　兰	9.6	10.3	3.8
瑞　典	6.1	8	6.3	韩　国	3.3	3.1	3.8
比利时	7.5	8.5	5.9	荷　兰	4.2	7.2	3.8
爱沙尼亚	4.6	8.6	5.8	德　国	8.5	5.2	3.4
加拿大	6.1	7.1	5.8	墨西哥	3.7	4.9	3.3
爱尔兰	5	13.8	5.7	冰　岛	2.3	5.4	2.7
斯洛文尼亚	4.9	10.1	5.4	日　本	3.8	4	2.4
卢森堡	4.2	5.9	5.3	捷　克	5.3	7	2.3

资料来源:OECD Short-Term Indicators Database.

与失业率高峰期的2013年相比,绝大多数国家的失业率都出现了明显的下降,只有土耳其、智利等少数国家的失业率有所上升。

与全球金融危机爆发前的 2007 年相比，2018 年有 15 个国家的失业率是下降的，其中降幅较大的国家有波兰、德国、斯洛伐克、以色列、匈牙利和捷克，降幅基本上达到了 50%。同时，2018 年有 20 个国家的失业率是上升的，其中升幅较大的国家有希腊、西班牙和意大利。

四、长期失业现象难以消除

长期失业是指失业时间已经达到或超过一年，在过去 4 周仍然在积极寻找工作，并且可以在 2 周内上班。

2018 年，OECD 各国的平均长期失业率为 2.07%。长期失业率比较高的国家有：希腊（13.57%）、西班牙（6.37%）、意大利（6.26%）。对照表 6.1 的失业率数据，我们可以发现，希腊、西班牙、意大利这三个国家长期失业人数占失业人数的比例分别达到 63.12%、41.63% 和 59.06%。这三个国家的长期失业人数占失业人数的比例在 OECD 国家中是最高的。相对于欧洲各国，美国劳动者的地区流动性较高，有助于以更快的速度获得就业，从而减少长期失业。

与 2010 年相比，OECD 各国的平均长期失业率下降了约 1 个百分点。波罗的海国家和爱尔兰的下降幅度最大（约在 5~6 个百分点之间），而希腊和意大利则出现了恶化趋势，分别上升了 7 个百分点和 2 个百分点。

表 6.2　2010 年、2018 年 OECD 各国的长期失业率　　　　　单位：%

国　　家	2010 年	2018 年	国　　家	2010 年	2018 年
希　腊	5.67	13.57	卢森堡	1.28	1.38
西班牙	7.27	6.37	爱沙尼亚	7.54	1.33
意大利	4.05	6.26	英　国	2.53	1.09
斯洛伐克	8.52	3.79	波　兰	2.46	1.03
法　国	3.55	3.53	澳大利亚	1.00	1.03
葡萄牙	6.13	3.39	哥伦比亚	1.41	0.98
拉脱维亚	8.77	3.09	瑞　典	1.48	0.98
比利时	4.04	2.90	丹　麦	1.51	0.93
爱尔兰	7.17	2.46	日　本	1.89	0.78
土耳其	3.40	2.45	捷　克	3.16	0.71
斯洛文尼亚	3.13	2.19	加拿大	0.97	0.59
立陶宛	7.42	1.98	新西兰	0.72	0.57
瑞　士	1.70	1.86	挪　威	0.34	0.56
芬　兰	1.98	1.66	美　国	2.79	0.52
匈牙利	5.62	1.46	冰　岛	1.61	0.30
荷　兰	1.38	1.45	以色列	0.91	0.28
奥地利	1.23	1.40	韩　国	0.01	0.05
德　国	2.79	1.40	墨西哥	0.10	0.05
OECD 各国平均	3.21	2.07			

资料来源：OECD (2020). *How's Life? 2020: Measuring Well-being*, OECD Publishing.

(一) 长期失业现象长期存在的主要原因

(1) 失业保险机制设计存在问题,例如失业金待遇过高、领取期限过长等,造成失业者的求职意愿不强。

(2) 就业保护法规过严,抑制了雇主招聘的意愿。一些西欧国家出台的就业保护法规限制了雇主随意裁员的权利,或要求雇主在裁员时支付大额遣散费。由于雇主担心"请神容易送神难",除非经济长期向好,雇主们在扩大招聘时十分谨慎,这也导致了长期失业现象难以根治。

(3) 社会保险缴费负担过重,导致企业薪酬成本增加,影响了雇主扩大雇佣的积极性。通常用"税楔"(tax wedge)来衡量工薪所得者的税收负担。税楔就是雇主支付的劳动成本和雇员获得的可支配收入之间的差,也就是雇员支付的个人所得税和社会保险税、雇主支付的社会保险税。一般来说,税楔往往被表示为总劳动成本的一定比例。用公式来表示:

$$税楔=(个人所得税+雇员支付的社会保险税+雇主支付的社会保险税)/总劳动成本$$

其中,总劳动成本=工资总额+雇主支付的社会保险税。

对于劳动力市场来说,个人所得税与社会保险税等税收的存在一方面会减少雇员实际得到的工资收入,另一方面也增加了雇主的雇佣成本。从表6.3中可以看到,欧洲国家的税楔排名前列,这是导致长期失业存在的原因之一。

表6.3 2018年各国个人所得税与社会保险税占总劳动成本的比重 单位:%

国家	税楔	个人所得税	雇员缴纳的社保税	雇主缴纳的社保税
比利时	52.7	20.3	11.0	21.3
德国	49.5	16.0	17.3	16.2
意大利	47.9	16.7	7.2	24.0
法国	47.6	12.3	8.8	26.5
奥地利	47.6	11.6	14.0	22.1
匈牙利	45.0	12.4	15.3	17.4
捷克	43.7	10.2	8.2	25.4
斯洛文尼亚	43.3	10.3	19.0	13.9
瑞典	43.1	13.8	5.5	23.9
拉脱维亚	42.3	14.0	8.9	19.4
芬兰	42.3	16.6	8.1	17.6
斯洛伐克	41.7	8.0	10.3	23.5
希腊	40.9	8.1	12.8	20.0
葡萄牙	40.7	12.6	8.9	19.2
立陶宛	40.6	10.0	6.9	23.8
西班牙	39.4	11.5	4.9	23.0

续表

国家	税楔	个人所得税	雇员缴纳的社保税	雇主缴纳的社保税
土耳其	38.9	11.2	12.8	14.9
卢森堡	38.2	15.1	10.8	12.3
荷兰	37.7	15.6	11.6	10.4
爱沙尼亚	36.5	10.0	1.2	25.3
挪威	35.8	17.1	7.3	11.5
波兰	35.8	6.3	15.3	14.1
丹麦	35.7	35.8	0.0	0.0
冰岛	33.2	26.6	0.3	6.3
爱尔兰	32.7	19.3	3.6	9.8
日本	32.6	6.8	12.5	13.3
英国	30.9	12.6	8.5	9.8
加拿大	30.7	14.1	6.6	10.0
美国	29.6	14.9	7.1	7.6
澳大利亚	28.9	23.3	0.0	5.6
韩国	23.0	5.8	7.7	9.5
以色列	22.4	9.5	7.6	5.3
瑞士	22.2	10.5	5.9	5.9
墨西哥	19.7	7.9	1.2	10.5
新西兰	18.4	18.4	0.0	0.0
智利	7.0	0.0	7.0	0.0
OECD国家平均值	36.1	13.5	8.2	14.4

资料来源：OECD (2019). Taxing Wages 2017—2018.

(4) 一些欧洲国家的劳动力市场存在结构性矛盾。欧洲国家的高工会化率形成了分割的劳动力市场：工会会员在工会就业保护下获得巨大的利益，获得了高于市场水平的工作收入，而"外人"——那些不幸失去了工作的人，则无法就业[1]。

(二) 长期失业的不良影响

长期失业现象要提前预防，一旦发生，治理的难度很大，原因有两点。

第一，长期失业可能导致劳动技能丧失，影响再就业。有一种失业现象叫作"结构性失业"，是指因工作空缺的地区分布或工作类型与失业工人的类型不一致而产生的失业。虽然有工作机会存在，但失业工人却可能不具备这些工作机会所要求的技能而依然失业。长期处于失业状态的工人，失业时间一长所掌握的技能就会退步，因而找到工作的可能性就会相对缩小。

第二，雇主可能会将失业经历作为识别"信号"，以此决定受聘者是否能够胜任工作，这对长期失业者非常不利。

---

[1] 乔治·J.鲍尔斯：《劳动经济学》(第七版)，中国人民大学出版社，2018年，第452页。

专栏 6.2　我国国家统计局首次公布调查失业率数据

2018年4月,我国国家统计局在发布的中国第一季度宏观经济数据中,首次正式公布调查失业率数据(如图6.3所示)。在公布调查失业率之前,中国一直采用登记失业率这个指标。自2018年4月起,国家统计局将调查失业率纳入主要统计信息发布计划中,按月定期发布全国城镇调查失业率和31个大城市城镇调查失业率。

调查失业率,是指通过劳动力调查或相关抽样调查推算得到的失业人口占全部劳动力(就业人口和失业人口之和)的百分比。

城镇调查失业率统计范围是城镇常住人口,既包括城镇本地人口,也包括外来的常住人口,如从农村转移至城镇的人口,它不要求失业登记,也不限定户籍、工作经历等条件。从调查方法来看,与通过行政记录获取登记失业率的方法不同,调查失业率是通过对住户抽样调查的方法获得失业率数据。

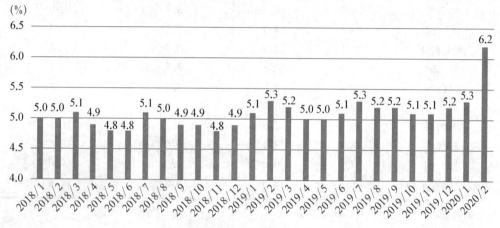

图 6.3　我国各月城镇调查失业率

资料来源:国家统计局网站。

五、一些国家存在较高的青年失业率

因青年人缺乏工作经验,在经济不景气时期,往往成为最可能失业的人群。甚至连已经就业的青年,亦处于不安全、不稳定的就业位置中。当然,他们辞职的成本也更低,因为年轻人一般不需要负责抚养/赡养其他家庭成员,而选择继续深造也比中年人更加可行。

此外,在高失业率的背景下,高等教育已不再是保证通往就业的成功之路。英国国家统计局2013年3月公布的一项调查显示,大学毕业生从事低门槛、低技术工作的比例,已从10年前的低于27%上升到36%。

青年期正是个人为自己寻找竞争舞台和社会位置、形成自我人格的时期,将青年排斥在职业市场之外,不仅剥夺了他们的发展机会,也有碍于青年的心理与社会认同,进而对社会的安定产生威胁。

有部分青年长期未就业,可能沦为"尼特族"(not currently engaged in employment, education or training, NEET)。这个概念最早由英国人提出,之后渐渐地流传到其他国家,指一些不升学、不就业、不进修或不参加就业辅导,而终日无所事事的族群。在美国,这类人群被称为"归巢族"(boomerang kids),意指孩子毕业又回到家庭,继续依靠父母的照顾及经济支持。在中国又称"啃老族"。这些人在大部分国家不受失业保险的保障。

(一)欧洲一些国家的青年失业问题非常严重

欧洲的青年失业率长期以来就一直高于其他发达国家和地区,而2008年全球金融风暴和2010年欧债危机导致外部环境恶化,终于使长期遭受忽视的青年就业问题大爆发。图6.4显示,在过去的10多年,欧元区19个国家的青年失业率平均值一直超过15%。

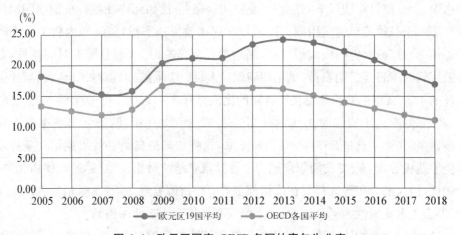

图6.4 欧元区国家、OECD各国的青年失业率

资料来源:OECD Online Employment Database 2019.

劳动力市场存在二元性:有工作的人受工会保护成为"自己人",几乎不会被解雇,而那些"外人"是指首次进入职场的年轻人,他们找不到工作或只能找到临时性工作。

与此同时,青年人的教育与培训机会也被削减了。欧洲多国开始削减高等教育的财政投入。各类高校在提高学费的同时,大幅降低了学生补助金的发放额度。惨淡的就业形势还推升了欧洲高校的辍学率。由于担心未来经济可能更糟,不少高校学子提前步入社会。

(二)青年失业率居高不下的主要原因

在不同的地区和不同的劳动制度下,导致年轻人失业的原因往往不同。比如,过分的劳动保护让年轻人愈发难以找到好工作。由于解雇全职劳动者是非常复杂而且代价高昂的事情,因此企业在雇用新员工时态度谨慎。

不过,全球各地的年轻人失业问题也有一个共同的根源:加入就业大军的年轻人往往是最容易受经济低迷影响的人群;新员工经常是最先遭到解雇的,而且大学毕业生发现没有多少雇主愿意雇用他们。

(1) 最低工资法剥夺的是低薪工作者的工作机会,最大的受害往往者是青年群体。青年劳动者刚步入职场,劳动技能较低,工资也较低,同时他们因跳槽、婚假、产假而带给雇主的各种负担较多。所以当雇主因最低工资法而放弃部分雇佣时,年轻人会首当其冲。

(2) 在大部分西欧地区,劳动法过分强调就业保护,极大地限制了雇主解雇员工的能力,并提高了解雇的成本,这样当企业需要裁员时,首选途径便是退休等自然减员方式,同时在雇佣新人上变得极其谨慎,因为一旦与某人签订长期雇佣协议,就很难再摆脱他,于是排在年龄队伍后面的青年自然就被挡在了就业市场外面。以西班牙为例,僵化的福利和劳动市场政策的结果让该国失业率在20世纪80年代达到20%,政府也意识到严厉的劳动法规让企业不敢轻易雇佣员工,但他们不是纠正之前的错误,而是制订新法规来"鼓励"企业雇佣年轻人,比如允许在签订长期雇佣协议之前经历一个长达三年的试用期。该法规在起初效果似乎很好,几年内将失业率降低了4~5个百分点,但很快人们发现,新增雇员都是临时工,而且随着时间推移,企业普遍用临时工替换长期雇员,试用期满就换人;到21世纪初,临时工已占西班牙劳动市场的1/3,试用期满后获得长期合同的比例只有6%,20岁以下劳动者80%是临时工,甚至30岁员工的临时工比例也高达1/3。到2010年,西班牙失业率再次逼近25%,青年失业率已过50%;一番折腾下来,这些法规最显著的效果就是让就业市场发生了两极分化:获得长期职位成为一道极难逾越的门槛,一旦越过就体面光鲜、终身无忧,但大部分年轻人都要在门槛外苦苦等待拼搏煎熬多年,禀赋稍差者便陷于绝望,许多人因此索性绝了上进念头,干脆安心打临工或吃低保福利①。

(3) 雇主为青年员工投入的工作培训和其他支持较少,同时,解雇员工的遣散费用与其工作年限息息相关,因而解雇年轻人的成本较低。青年人一般也更为倾向于提交辞呈,因为他们更愿意在安定下来之前尝试不同的工作。

(4) 在经济衰退中,企业在裁员之前一般先停止招聘员工,青年人在寻找工作人群中的比例很高,因此青年人更容易受到影响。

(5) 在像菲律宾这种出生率较高的发展中国家,经济增长幅度不足以吸收每年加入就业大军的大批年轻人。

(三) 青年失业的影响效应

(1) 青年失业危机拖得愈久,对经济发展愈不利。毕竟青年需要从职场增进技能,将来才有能力承担大任,带动经济增长。此外,在趋向老年化的社会,如果没有年轻人工作和纳税,根本无法解决社会保障的资金来源,负债累累的国家也将因此负担更重,形成经济运行的恶性循环。同时,无所事事的青年愈来愈多,还可能引发诸多社会问题,影响社会稳定。

---

① 周飘:《欧洲青年失业率高企乃政策恶果》,《21世纪经济报道》,2012年5月31日。

（2）多项研究表明，青年失业的影响不是暂时，而是终身的——在许多情况下，年轻时在就业市场上落在后面的人永远都无法彻底恢复过来。由于在刚刚就业的年纪没有获得相关的技术和经验，他们在以后的工作中很难去竞争好的工作岗位。研究结果表明，一名男性如果在22岁时经历过6个月的失业，那么他23岁时的收入将比不失业者少8%，他26岁时的收入将比不失业者少6%，随着年龄的增大，22岁时的失业经历对该男性的影响越来越小，但始终存在[1]。英国的数据发现，青年在22岁有一年的失业期，将导致其在20年后的收入减少13%～21%[2]。另有研究发现，一名美国男性，如果在经济萧条时期大学毕业，这时的失业率每增加1个百分点，将导致他的当期收入降低6%～7%，未来15年工资降低2.5%[3]。

专栏6.3　德国的"迷你工作"

"迷你工作"就是工作时间少而灵活，收入不超过每月450欧元的工作。从2013年1月1日起，德国迷你工作每月最高工资额度从400欧元提高到了450欧元。2003年，德国出台该项政策，最初是为了将打黑工合法化，以便管理；之后成为促进就业的手段。

德国几乎所有行业都设有"迷你工作"，最多的要数餐饮、零售、家政等行业。德国联邦劳工局的报告称，从事"迷你工作"的人员数量为760万，约占全国就业人员总数的1/5，覆盖的人群非常广泛，包括学生、退休人员等，大多数是女性和老人。一些需要照顾孩子、空闲时间有限的母亲们也从事迷你工作，还有挣外快、兼职迷你工作的就业者等。280万在职人员把"迷你工作"当作"第二职业"。此外，还约有三分之一是外籍员工。

迷你工作者受到《部分工时与定期劳动契约法》的保护，他们享有与全职员工一样的权利，比如病假、带薪休假等等。

德国政府对"迷你工作"给予大力支持，因为这可以帮助就业。这也被看作德国就业率欧洲领先的"秘诀"。联邦劳工局的报告指出，"迷你工作"多半是过渡阶段，约为四成的"迷你工作者"打工一阵子后获得雇主信任，成功地找到全职工作。

这种非正式的工作使得德国的就业人数不断上涨，但是也带来了相应的问题，那就是从事这类工作的人的收入根本无法支付生活所需费用，特别是不断上涨的房租。从2015年1月1日起，迷你工作每小时工资不应低于8.50欧元。不过，并非所有的雇主都会遵守这项规定。

由于缴费基数较低，如果几十年从事"迷你工作"，退休后将生活贫困。《柏林日

---

[1] Mroz, T. A., Savage, T. H. (2006). "The Long-Term Effects of Youth Unemployment," *Journal of Human Resources*, 41(2): 259—293.

[2] Gregg, P., Tominey, E. (2005). "The Wage Scar from Male Youth Unemployment," *Labor Economics*, 12(4): 487—509.

[3] Kahn, L. B. (2010). "The Long-Term Labor Market Consequences of Graduating from College in a Bad Economy," *Labor Economics*, 17(2): 303—316.

报》的报道说,调查显示,一名"迷你工作者"从事"迷你工作"45年,到时领取的退休金每月只有140欧元。

第四节 锐减的就业人群工作时间

羊毛出在羊身上。一个国家的福利制度依赖于工作年龄人口的辛勤工作。然而,目前一些国家工作年龄人口的工作小时数量在减少,退休年龄却没有提高,难以应对福利支出增长的压力。

一、大部分欧洲国家每年工作小时数量锐减

1960年,法国人和美国人每年的工作时间分别是2 188小时和1 952小时,法国人比美国人每年多工作一个多月。现在的情况正好相反:2018年,两个国家的劳动者年工作时间分别是1 520小时和1 786小时(见图6.5)。现在美国人每年比法国人多工作一个月。

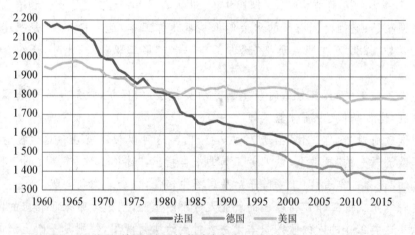

图6.5 美国、德国、法国的劳动者每年工作小时数(单位:小时)

资料来源:OECD Online Employment Database 2019.

导致欧洲国家工作小时数量减少的原因有:

第一,高福利导致劳动者更加安逸,减少劳动。2004—2009年,36个欧洲国家在社保上的支出超过了世界其他国家的总和——达到全球社会保障总支出的58%[①]。

[①] Gill, I., Raiser, M. (2012). *Restoring the Lustre of the European Economic Model*, The World Bank.

第二,欧洲国家对劳动收入的课税税率过高①。例如,德国、比利时的劳动收入边际税率高达 60%~70%,即使在法国、意大利,这个边际税率也高于 50%,而美国的边际税率约为 35%,要低得多。高边际税率导致工作与休闲替代效应发生,工作动机减弱。

第三,欧洲劳动力市场的各种法规,特别是工会所倡导的在欧洲夕阳产业进行"工作分享"政策,是导致欧美间劳动力供给差异的主要原因。虽然名义上是让大量的、更多的工人都能分享现有的工作,但这些工作分享政策并没有增加就业②。相反地,这些政策提高了休闲的回报,以至于更多人开始享受更多的假期。

第四,工会推动标准工时立法改革,强制性减少工时。例如,在德国,通过集体协议,标准工作周在 1984—1994 年从 40 小时减少至 36 小时③。

二、退休年龄没有根据预期寿命的提高而提高

和 1965 年相比,现在法国男性的退休年龄早了 9 年,寿命则增加了 6 年——这意味着与将近 60 年前比,法国男性平均可以多拿 15 年的退休金④。如此慷慨的社会福利制度代价很明显:福利制度造成了"生之者寡,食之者众"的局面,虽然各国通过提高税收和增加赤字的方式暂时实现了对社保待遇的承诺,但如果不对劳动法和社会福利体系进行改革,将来整个财政体系必然崩溃。

第五节 部分国家的社会保障改革相对滞后

目前各国的老龄化进程不一,需要根据自身具体情况,对养老保障制度进行超前调整,未雨绸缪,避免未来给经济和财政带来过多的负担。养老保障体系的改革,涉及几代人的利益调整,如"行进中的大象"——制度臃肿,腾挪不便。制度研究表明,养老金紧缩、对养老金承诺的改变不受民众欢迎,改革者肯定会在下一轮选举时受到惩罚,于是他们回避养老金改革这一话题,导致改革贻误时机⑤。

---

① 乔治·J. 鲍尔斯:《劳动经济学》(第 7 版),中国人民大学出版社,2018 年。
② 原因有很多:(1) 劳动者的工时被削减以后,工资往往难以有效削减;(2) 劳动者的工时虽然削减了,但许多工作福利是按人头支付的,不是按工作小时支付的,因此雇主不愿意增加用工。
③ 提托·博埃里、扬·范·乌尔斯:《劳动经济学:不完全竞争市场的视角》(第二版),格致出版社,2017 年,第 109 页。
④ Gill, I., Raiser, M. (2012). *Restoring the Lustre of the European Economic Model*, The World Bank.
⑤ Pierson, P. (1994). *Dismantling the Welfare State? Reagan, Thatcher and the Politics of Retrenchment*, Cambridge University Press.

一、OECD国家的情况

(一) 到2050年,公共养老金支出占比的变化

到2050年,所有OECD国家的养老金支出占GDP的比重预计将从2015年的8.8%增长到9.4%。大多数国家均已经预见到老龄化的趋势,并提高退休年龄、修改了养老金计发办法,在一定程度上遏制了未来的养老金支出的过快增长。例如,爱沙尼亚已经引入了强制性的缴费确定型的养老金计划来取代政府出资的、与收入挂钩的养老金计划。

图6.6显示,到2050年,预计24个经合组织国家的公共养老金支出比重将增加

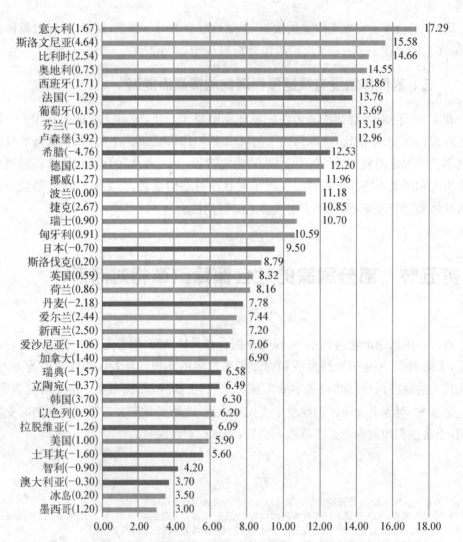

图6.6 2050年OECD国家公共养老金支出占GDP的比重(单位:%)

资料来源:Pensions at a Glance 2019.

注:国家名称后面括号内的数字表示2015—2050年公共养老金支出占GDP比重的变化情况。例如,美国2015年公共养老金支出比重为4.9%,到2050年支出比重升为5.9%,括号内的数字就为1.00。

或持平。公共养老金支出比重增长幅度较大的国家有斯洛文尼亚、卢森堡、韩国、捷克、比利时、新西兰、爱尔兰、德国。就增长速度而言,韩国是最高的。到2050年,韩国养老金支出将增加一倍以上,尽管增长是由于基数较低。这一快速增长既反映了老龄化进程,也反映了养老金体系逐渐成熟之后支出水平的快速增长。斯洛文尼亚的增速排第2位,公共养老金支出预计从2015年的10.94%上升到2050年的15.58%的水平。

芬兰、丹麦、瑞典、挪威、冰岛等国虽然是传统的高福利国家,但养老金支出占比预计将得到有效控制,基本上没有上涨。

到2050年,预计12个经合组织国家的公共养老金支出比重出现下降。按下降幅度排列,依次是:希腊(-4.76)、丹麦(-2.18)、土耳其(-1.60)、瑞典(-1.57)、法国(-1.29)、拉脱维亚(-1.26)、爱沙尼亚(-1.06)、智利(-0.90)、日本(-0.70)、立陶宛(-0.37)、澳大利亚(-0.30)、芬兰(-0.16)。其中希腊由于主权债务危机,受到欧盟、国际货币基金组织等的外部压力,改革力度较大。

(二)一些公共养老金支出占比较高的国家尚未启动改革

2015年,公共养老金支出比重排名前5位的国家分别是:希腊、意大利、法国、奥地利和葡萄牙。这些国家的社保支出结构不合理,把太多的资金投入到养老金。展望2050年,公共养老金支出比重排名前7位的国家分别是:意大利、斯洛文尼亚、比利时、奥地利、西班牙、法国、葡萄牙。对比2015年和2050年的排名,意大利、法国、奥地利、葡萄牙等四国始终排名前列,养老金支出比重居高不下,只有希腊实现了大刀阔斧的改革。而且,2050年的榜单上还新增了两个南欧国家:斯洛文尼亚和西班牙。

目前几个南欧国家养老金体制存在不少问题,但改革步履维艰,迟迟没有动静。在法国,养老金支出占比长期以来居高不下,而法国的养老金最低领取年龄为62岁,是发达国家中最低的国家之一。同时,法国有42种不同的养老金计划,因职业等差异而不同,为相关群体从业人员提供了待遇高、退休早、缴税少等优惠措施,使部分行业的退休人员长期享受着远高于平均水平的薪资待遇。法国每一次推行新制度改革都会引发大规模罢工。改革养老金制度是法国历届政府一直希望着手进行的,但屡屡受挫。

二、一些发展中国家的情况

图6.7显示,除了印度以外,其他几个发展中国家的2050年公共养老金支出比重都将增加。支出比重增长最快的是巴西,养老金支出将从目前的9.10%增长到2050年占GDP的16.80%;其次是沙特阿拉伯和中国。

到2050年,巴西、俄罗斯、阿根廷、中国、沙特阿拉伯等5国的养老金支出比重都将达到或超过9.40%,而届时OECD各国的平均值也仅为9.40%。这意味着,这几个国家在经济发展水平相对落后的情况下,却要拿出同等的"蛋糕"比例用于养老金

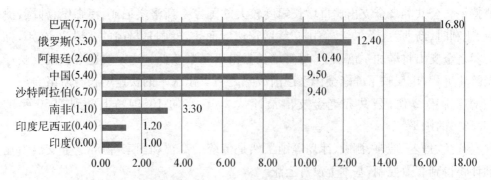

图 6.7　2050 年部分发展中国家公共养老金支出占 GDP 的比重（单位：%）

资料来源：Pensions at a Glance 2019.

注：国家名称后面括号内的数字表示 2015—2050 年公共养老金支出占 GDP 比重的变化情况。例如，巴西 2015 年公共养老金支出比重为 9.10%，到 2050 年支出比重升为 16.80%，括号内的数字就为 7.70。

支出，这将是一个较大的挑战。解决的办法是提前实现养老金改革，抑制养老金支出比重过快增长。

印度的公共养老金支出比重一直保持在 1.00% 不变，这反映了覆盖率较低。

总之，每一次经济危机都考验了各国的社会保障体系及财政负担能力，每一次经济危机又都是社会保障政策的转折点。首先，经济危机促使各国政府主动反思以往的社会保障政策，调整和改革社会保障政策。例如，1929—1933 年的全球经济危机促成了美国社会保障政策的出台；1975—1976 年的石油上涨冲击，对英美两国在 20 世纪 80 年代的福利削减计划有着重要的影响。其次，经济危机树立了新的理论、学派。在经济危机期间，一些国家利用稳健的社保政策，成功地顶住了经济萧条的冲击，成为社保新模式的标杆国家，其政策理念容易得到其他国家和社会公众的认可，并可能被迅速推广。

拓展阅读：让网络募捐活动更透明、更规范

党的十八大以来，特别是 2016 年《慈善法》颁布以来，我国慈善事业借助"互联网＋"迅速发展，互联网慈善在营造共建共治共享的社会治理格局中发挥了重要作用。2018 年度，我国全国社会捐赠总额超过 900 亿元。目前，全国登记认定慈善组织超过 7 500 个，净资产合计约 1 600 亿元；目前设立慈善信托 204 笔，信托合同规模约 22.48 亿元。

在民政部指定的 20 家互联网募捐信息平台上，2018 年全年累计有 84.6 亿人次点击、关注和参与慈善，一些基金会的网络募捐已经占到捐赠总收入的 80% 以上。其中，2018 年腾讯公益慈善基金会组织开展的"99 公益日"活动，超过 2 800 万人捐款

8.3亿元,加上腾讯等企业的配捐,总共募款14.14亿元,支持了5 498个公益慈善项目。可以说我国已经成为全球网络慈善的引领者。

但是,互联网慈善作为新生事物,在发展过程中也面临着诸多问题和挑战。如何进一步规范互联网慈善,让网络募捐活动更透明、更规范?为此,民政部出台了相关政策法规文件,逐步建立健全规范和引导互联网慈善特别是网络募捐的制度和机制,为互联网慈善的健康发展创造了良好的政策环境。

一是加强慈善组织公开募捐备案管理服务。按照《慈善组织公开募捐管理办法》的规定,民政部指导慈善组织将开展的所有公开募捐活动都通过"慈善中国"进行网上备案;二是加强对互联网募捐信息平台的监管。按照慈善法规定,民政部先后公开遴选了两批共20家慈善组织互联网公开募捐信息平台,为所有慈善组织发布募捐信息提供服务。

同时,为慈善组织信息公开创造有利条件。民政部慈善事业促进和社会工作司成立后,对"慈善中国"全国慈善信息平台进行了迭代升级,开发了移动端页面,优化办事服务流程,推动实现慈善信息全国"一网可查"。此外,通过慈善领域数据信息的归集、交换、共享,实施大数据治理。依据《社会组织信用信息管理办法》,对违法违规慈善组织实行"黑名单"管理。同时开展了慈善捐助失信问题专项治理。

复习思考题

1. 企业生产的自动化程度正在以很快的速度提升,一方面影响了就业岗位,另一方面也影响了企业的投资选址。《2019年世界银行发展报告》指出:以中国为基地的富士康集团是全球最大的电子产品装配企业,在富士康集团将机器人引入生产线后,富士康集团雇用的劳动力数量降低了30%。如果机器人的成本比现有的制造业流程更低,那么,企业更倾向于将生产迁往更接近消费者市场的地方。2017年,德国的阿迪达斯公司使用3D打印技术在德国的安斯巴赫和美国的亚特兰大建立了两家专门制鞋的"速度工厂",这一举措在越南减少了1 000多个工作岗位。2012年,荷兰的跨国科技公司飞利浦电子公司将生产活动从中国转移回荷兰国内。对此现象,美国微软公司联合创始人比尔·盖茨认为,应该对机器人课征社会保障税。你认为这一建议有无合理性?

2. 本章以专栏的形式介绍了德国的"迷你工作"。迷你工作实现了"灵活而有弹性"的劳动力市场原则。但据报道,迷你工作的存在在一定程度上导致了正式的、长期工作岗位数量的减少。德国工会联合会(DGB)表示,"迷你工作"非但没有为雇员转到永久岗位上铺平道路,反而成为了他们走不出去的"死胡同"。对于雇主而言,迷你工作意味着更低的雇佣成本;对于雇员而言,有工作总比失业好,但临时性工作的稳定性差,收入低。相对而言,这类工作的雇员属于非正式雇员,对工资的议价能力较弱,也可能在工作中受到正式雇员的歧视。此外,对于部分女性而言,拥有更灵活的上班时间、更灵活的工作组织,有利于照顾家庭。

请思考:怎样让灵活用工更好地平衡和保护雇员们的利益,同时又能限制临时用工的滥用?

3. 根据本章介绍的"税楔"的定义,试计算 2019 年一位上海市平均工资所得者的"税楔"。

第七章

北欧国家福利模式

　　长期以来,瑞典、丹麦、挪威和芬兰等四个北欧国家在社会保障制度构建上特立独行,被称为"北欧模式"①。在艾斯平-安德森的福利国家分类中,瑞典、丹麦、挪威和芬兰四国被归入"社会民主主义"福利体制。该模式以普遍主义和社会平等观念为价值核心,具有高税收和高再分配效应等制度特征。

　　在2008年金融危机中,北欧国家的良好表现令世界各国羡慕不已,北欧国家再次被视为社会保障制度的"新标杆"。根据联合国发布的《2019人类发展指数报告》,挪威、瑞典、丹麦和芬兰的人类发展指数在189个有得分的国家和地区中分别居第1、第8、第11和第12名。

第一节　北欧国家的经济与财政

　　2013年2月,英国《经济学家》杂志发表题为《北欧国家可能是世界上管理最好的国家》的文章,指出北欧国家不仅基本上逃过了震撼地中海世界的经济麻烦,还基本上逃过了困扰美国的社会疾病。从任何方面测量社会健康度,包括从生产力到创新

---

　　①　北欧模式除了上述四国以外,有时还包括冰岛。由于冰岛的人口总数只有33万人,一般不纳入讨论范围。

等经济指标,到不平等和犯罪等社会指标,北欧国家都接近排名顶端。为什么这些偏远、人口稀少的地区被证明如此成功?

一、强大的经济实力是实施高福利政策的基础

如表7.1所示,北欧四国无论在人口还是在领土上都具有小国特征。四国经济发达,2018年人均GDP均超过了OECD国家的平均值(人均GDP为43 589.4美元),与西方七个主要发达国家(G7)相比,只有芬兰低于七国平均值(人均GDP为50 451.2美元)。

表7.1 四个北欧国家的基本情况

国家	人均GDP(美元)	人口数量(万人)	领土面积(万平方千米)	备注
瑞典	50 569.0	1 003.6	45.03	已加入欧盟
芬兰	45 433.2	553.2	33.84	已加入欧盟 欧元区国家
挪威	61 762.8	537.9	32.38	
丹麦	51 908.8	577.2	4.36	已加入欧盟

资料来源:OECD (2019). Government at a Glance.
注:表中数据为2018年数据。其中人均GDP是按照2015年美国不变价格购买力平价计算的。

(一)自然资源较为丰富

虽然北欧纬度较高,气候寒冷,但是北欧拥有大量的森林、铁矿、水力、石油、地热和渔业资源。挪威是世界第五大石油出口国和第三大天然气出口国,其通过石油收益建立了挪威全球养老基金,目前该基金资产规模已超过1万亿美元,成为世界上最大的主权财富基金(详见本节专栏7.1)。

铁矿、森林和水力是瑞典的三大资源,在工业革命的最早期,这三样意味着同时拥有原材料和动力的优势,极大降低了机械加工行业的综合成本,瑞典也因此长期以来在全球机械制造领域占有一席之地。

(二)经济具有较强竞争力

除挪威具有相对较多的国有企业外,其他三国的私有化程度都很高。瑞典、挪威以大企业为主,丹麦以中小企业为主。除了挪威,其他三国都是以工业制成品出口为主导的经济体。挪威的支柱产业是石油和天然气,海洋工程和渔业也相当发达。

北欧五国基本上都拥有一个长期稳定的发展时期,从而产生了嘉士伯(1847年)、诺基亚(1865年)、爱立信(1876年)、ABB(1883年)、马士基(1904年)、阿斯利康(1913年)、伊莱克斯(1919年)、沃尔沃(1921年)、利乐(1929年)、乐高(1934年)、萨博(1937年)、宜家(1943年)、H&M(1947年)等著名企业。这些"长寿"而且在各自领域拥有强大优势的企业和品牌,在全球产业链中处于上游,从而产生和积累了巨大

的价值和财富。

（三）政府公正廉洁，管理高效

据全球反腐监督组织透明国际发布的"2019年全球清廉指数"，北欧国家廉洁程度在全球180个国家和地区中均名列前茅。其中，丹麦位居第1名，芬兰、瑞典、挪威等国分别排第3、第4、第7名。廉洁透明的营商环境和高度自由开放的经济为北欧国家发展提供了有利的条件，资本可以自由进行流动，私有财产、知识产权也得到严格的保护，这几个国家少有贪污、腐败的新闻。

（四）实施对外开放，但保持经济政策的独立性

北欧国家国土面积不大，人口密度小，国内的经济需求有限，大多数企业都偏向跨国发展，这也是促成北欧提高竞争力的动力。

四个北欧国家中，挪威没有加入欧盟，在1972年和1994年，挪威公投过两次，都否决加入欧盟。而瑞典与丹麦虽然加入了欧盟，但并未成为欧元区国家。丹麦和瑞典分别在2000年与2003年举行全民公投，多数民众反对加入欧元区。北欧国家对欧盟和欧元区的排斥，主要是担心在经济、社会、外交、社会福利等方面会丧失一些主权。

（五）政府注重教育投入

第一，北欧国家对教育都非常重视，政府投入力度大、教育质量高。2017年，瑞典、丹麦、芬兰和挪威的公共教育经费占GDP的比重分别为6.8%、6.5%、5.7%和5.6%，均高于OECD成员国平均值（5.1%）。丹麦、芬兰和挪威对大学教育实施了免费政策。在QS 2020年世界大学排行榜上，人口仅有2 500万的北欧四国有12所大学位于世界200强之列。

第二，全民教育体系是北欧福利模式顺利推行的重要保证。通过全民教育体系，形成高素质的劳动力，能够到高附加值领域去创造价值、贡献税收。

二、高福利形成的高财政负担在经济承受范围之内

（一）福利模式不断调整，适应经济增长

作为高福利国家的典型代表，北欧国家也在不断改革，其制度模式也已偏离了人们传统观念中的"高福利"。北欧模式在历史上曾遭遇两次危机。

第一次危机是在20世纪70年代初，伴随石油危机的爆发，北欧五国与其他发达国家同时陷入危机。这次危机通过80年代的新自由主义的市场自由化改革得以解决。

第二次危机是20世纪90年代初爆发的危机。在20世纪七八十年代，北欧各国的确是高税收高支出的，是世界上最慷慨的福利国家，但一连串的危机结束了它们对福利的美好幻想。20世纪90年代初，北欧五国普遍失业率高企，政府陷入财政危机，其中：（1）芬兰的危机较为严重，因苏联解体对芬兰的出口市场造成了严重影响。（2）瑞典在90年代遭遇了一系列经济问题的大爆发：市场准入门槛高，国内市场小，

工资水平过高,拖累经济发展,造成汇率贬值,通货膨胀率较高等。1993年,瑞典的财政支出占GDP的比重高达67%。但是,高税收高支出并没有发挥作用:瑞典从1970年位列全球第四富有国家的位置上跌落,成为1993年的第14位。(3)挪威也面临着严重的金融危机,所幸有庞大的石油收入,政府的预算压力小一些。从此以后,北欧国家调整了政策方向,削减了过高的社会福利,放松对市场的管制,很快又重新崛起。以瑞典为例,在1995年时人均GDP与欧元区19国平均数几乎相同,此后增长率远高于欧元区国家,到了2018年,瑞典的人均GDP为50 569.0美元,而欧元区19国平均值仅为43 435.4美元(见图7.1)。

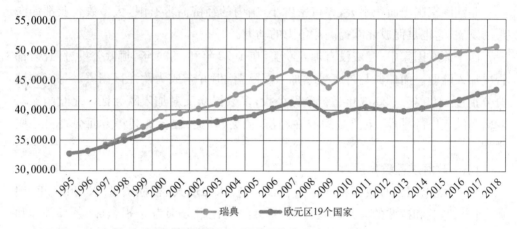

图7.1 瑞典与欧元区19国的历年人均GDP(单位:美元)

资料来源:OECD (2019). OECD Economic Outlook No. 105 (Edition 2019/1).

注:人均GDP是按照2015年美国不变价格购买力平价计算的。

不过,即使将以上两次危机考虑在内,在20世纪80年代到21世纪初,北欧五国的经济表现仍然好于绝大部分欧洲国家。

(二)财政支出占比、社保支出占比情况

为应对20世纪90年代的危机,北欧国家采取的首要措施是减少财政支出(包括社保支出),取得了明显的效果(见图7.2)。瑞典的财政支出占GDP的比重从1995年的64.9%降至2007年的51%,已低于法国。在2008年全球金融危机爆发前,丹麦、芬兰和瑞典的财政支出比重仅略高于欧元区国家的平均数,挪威的财政支出比重则远低于欧元区国家的平均数。

在北欧国家的财政支出削减计划中,社保支出也是主要的削减对象之一。例如,1998年,瑞典进行有史以来最全面的养老金改革,建立了养老保险名义账户制度(NDC)以及基金制个人账户(FDC),用缴费确定制取代了待遇确定制,使养老金与个人终生收入更加协调一致。

第五章表5.1给出了2017年各国社保支出占GDP的比重情况,按比重高低排序(前10名)是:法国(31.98%)、芬兰(30.39%)、比利时(29.19%)、丹麦(28.99%)、意大利(28.48%)、奥地利(27.70%)、瑞典(26.34%)、希腊(25.43%)、德国

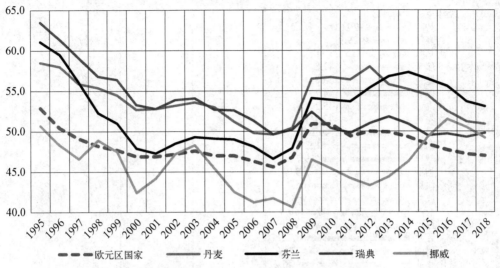

图7.2 北欧四国财政支出比重的变化情况(单位：%)

资料来源：Eurostat，Database.

(24.86%)、挪威(24.70%)。从中我们可以看出，北欧四国在资源配置上也是有"节制"的，并没有将很大的资源用于社会保障；北欧国家在社会保障制度建设上并非完全依赖于"多"，也有"巧"的一面。

本书在第五章第四节"新的社会福利核算方法及其内涵"中曾经分析过，如果考虑到税收优惠支出、私人部门的强制性福利支出、自愿性福利支出等因素，北欧国家的社会保障支出远比想象的低(如表5.2所示)，北欧福利模式并非是一种非常"昂贵"的福利模式。

(三) 政府债务余额占比情况

北欧国家还专注于平衡财政预算，强调量力而行。与南欧国家完全不同，其高福利政策并非建立在庞大的债务之上。在图7.3中，我们看到2017年芬兰、瑞典、丹麦和挪威的政府债务余额占GDP的比重分别为72.7%、59.7%、49.1%和44.7%，远低于欧盟大多数国家，也低于美国这种在社保政策上实行自由主义体制的国家。从财政稳健角度来看，北欧国家的高福利政策更具有可持续性。

专栏7.1　公共养老储备基金的两大类型以及挪威全球养老基金

目前全球的公共养老储备基金主要有社会保障储备基金(social security reserve funds, SSRF)和主权养老储备基金(sovereign pension reserve funds, SPRF)两种形式。

前者的资金来源于税款以及保费收入的一部分，是社会保障制度一体化的类型，加拿大养老金(CPPIB)、日本社会保障基金(GPIF)和丹麦劳动力市场补充养老金(ATP)均属于此类。

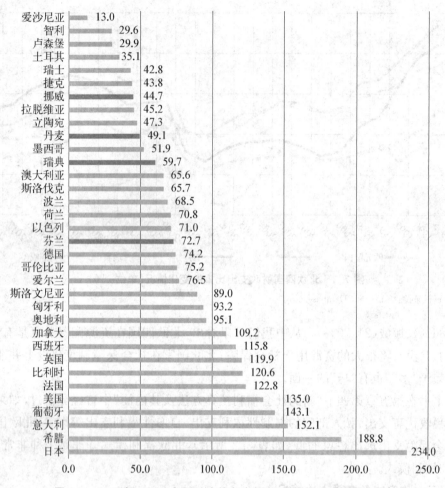

图 7.3　2017 年 OECD 各国政府债务余额占 GDP 的比重（单位：%）

资料来源：OECD Database, http://stats.oecd.org/Index.aspx? DataSetCode=GOV_DEBT.

后者作为独立于社会保障体系之外建立的储备基金，其资金来源主要通过出售国有资产获得，爱尔兰国家养老储备基金（NPRF）、法国退休储备基金（FRR）和挪威政府全球养老基金（GPFG）均属于此类。

从管理模式看，SSRF 偏保守，通常更多或全部投资于境内；SPRF 偏灵活，通常更多或全部投资于境外，且股票资产配置比例相对较高。根据主权财富基金研究所（SWFI）最新的数据排名，挪威全球养老基金规模超万亿美元。

挪威全球养老基金（GPFG）前身为石油基金。为了缓冲油价波动对经济造成的影响，应对石油资源的不可再生性和人口老龄化带来的挑战，挪威政府于1990 年以石油收入为来源建立了石油基金。2006 年，根据《挪威养老基金法》，挪威石油基金改组为挪威全球养老基金。该基金是挪威为应对未来养老金缺口而建立的养老金储备，尚未对其使用时间和方式做出具体规定。目前根据议会规定，每年可提取不超过基金总额的 4% 用于财政开支。目前挪威拥有全球最大规模的主权财富基金。2019年年底该基金的资产规模约1.1万亿美元,为挪威当年GDP的2.5倍。

第二节 北欧国家的税收特点

北欧国家的高福利需要有庞大的税收收入作为支撑。而税收可能对工作形成负面激励。本节将通过北欧国家与美国的税收累进性比较,分析北欧国家的税收特点。

一、北欧国家的税基广,税负没有聚焦在富人身上

由于认识到高税率对创新发展、企业竞争力以及工作激励等方面会造成损害,北欧国家对个人和企业的所得税税率已从20世纪70年代和80年代的高峰期下降了20%～30%[①]。有一种比较流行的看法认为,北欧国家的税率虽比美国高,但也"更公平"。而分析结果表明,北欧的税制体系更多依靠扩大税基、对中产甚至低收入家庭征税,对中产家庭课征的税率比美国高出不少。

北欧和美国税收的一个重要区别是北欧的征税范围(税基)更广泛,而美国的税率则更高,更强调累进税。例如,北欧的所得税税率门槛较低,所得税的最高边际税率适用于收入略高于平均水平的纳税人,意味着低收入和中等收入的纳税申报者在北欧国家的平均税率大大高于美国。如表7.2所示,2016财年美国个人所得税的纳税主体是"富人",有1 409万纳税人缴纳个人所得税,其中收入最高的140.9万人占纳税人的总收入为46.56%,贡献了69.47%的税收;而收入最低的50%纳税人,收入占纳税人总收入的11.59%,贡献的税收仅占3.04%。

表7.2 2016财年美国联邦政府个人所得税的收入分布

类 别	最高的1%	最高的10%	最高的25%	最低的50%	所有纳税人
纳税者人数	1 408 888	14 088 879	35 222 196	70 444 393	140 888 785
本部分纳税者收入占纳税者总收入的比例	19.72%	46.56%	68.43%	11.59%	100.00%
本部分纳税者个税占纳税者总个税的比例	37.32%	69.47%	85.97%	3.04%	100.00%
平均税率	26.87%	21.19%	17.84%	3.73%	14.20%

资料来源:Robert,B. (2018). "Summary of the Latest Federal Income Tax Data," 2018 Update, *Fiscal Fact*, No. 622, Nov. 2018 Tax Foundation.

---

① Stenkula, M., D. Johansson, G. Du Rietz. (2014). "Marginal Taxation on Labor Income in Sweden from 1862 to 2010". *Scandinavian Economic History Review*, 62(2):163—187.

此外,北欧国家更多依赖的是增值税或消费税,而不是累进税。通常增值税或消费税的税收负担由全体消费者(国民)来承担,且具有一定的累退性(相对于富人的收入水平,富人缴费的增值税与消费税占比较低)。对应的结果其实是北欧经济体中较高的税收主要来自更广泛的税基,而不是外界理解的"对富人征税"。换句话说,北欧的税收模式并不严重依赖高收入家庭的惩罚性税率,而更多的是依靠对中等收入家庭征收高税率。

(一)对资本所得的课税

(1)企业所得税。如表7.3所示,北欧国家的税率在20%～23%。2018年税收改革前,美国联邦政府企业所得税税率是35%,位列经合组织各成员国之首,如果再将州和地方政府的企业所得税包含在内,这一比率将上升至近39%。2018年税改以后,美国联邦政府企业所得税税率降低至21%,加上州和地方政府的企业所得税,总税率为26%,仍高于北欧国家。

表7.3 2015—2018年美国与北欧国家税收政策对比(对资本所得课征)

单位:%

税率	丹麦	芬兰	冰岛	挪威	瑞典	美国	北欧国家平均税率减去美国税率
企业所得税税率	22	20	20	23	22	26	−4
股息的个人所得税最高税率	42	29	22	31	30	29	1
资本利得的个人所得税最高税率	42	33	20	27	30	29	1
遗产税的最高税率	15	19	10	0	0	43	−35

资料来源:Executive Office of the President of United States (2019). *Economic Report of the President Together with the Annual Report of the Council of Economic Advisors*.

(2)股息的个人所得税。美国的最高税率是29%,比北欧五国的平均税率低1个百分点。

(3)瑞典和挪威没有遗产税,而其他三个北欧国家的最高遗产税率在10%～19%之间,而美国为43%,远高于北欧各国。

(二)对劳动所得的课税

从对劳动所得的课税方面(包括工薪税、个人所得税)来看,北欧国家的平均税率略高于美国。但北欧国家存在较大规模的"工作福利",高税率对工作的负面激励可能比美国更小,原因在于许多福利待遇与缴纳的工薪税挂钩,缴税时间越长,将来的病假工资、育儿津贴和养老金等福利待遇就越高。

美国是实行自由主义的福利模式国家,社会保障中的一些食品券、廉租房等项目都是社会救助项目,工作收入高了,福利待遇反而减少或没有了。

(三) 对商品的课税

如表7.4所示,北欧国家更依赖于来自商品的税收。商品税具有一定的累退性,通常由消费者承担,因此,北欧国家比美国更倾向于向中低收入者课税。

表 7.4 2015—2018 年美国与北欧国家税收政策对比(对劳动所得和消费课征)

单位:%

税　率	丹麦	芬兰	冰岛	挪威	瑞典	美国	北欧国家平均税率减去美国税率
雇主和雇员缴纳的工薪税(占雇主成本的比重)	0	26	6	19	29	14	2
个人所得税最高税率	56	49	44	39	60	46	3
销售税/增值税	25	24	24	25	25	6	19
特定货物和服务的消费税	4	4	3	3	2	1	2

资料来源:Executive Office of the President of United States (2019). *Economic Report of the President Together with the Annual Report of the Council of Economic Advisors*.

北欧国家普遍开征全国性的增值税,税率在24%～25%。而美国联邦政府没有开征增值税或消费税,一些州开征的销售税都在10%以下,全国平均销售税率约为6%。

在碳税、一些特定产品(汽油、烟草制品、酒精饮料和汽车)的消费税方面,北欧国家的税率高于美国。

总结一下:(1) 在资本课税方面,美国的企业所得税、遗产税等高于北欧国家,股息的个人所得税基本相同。(2) 在劳动课税方面,北欧国家的个人所得税累进税率略高于美国,总体税率并不高。(3) 北欧国家更依赖于来自商品的税收。

二、北欧国家与美国关于缴税门槛、中等收入家庭税率的比较

(一) 最高边际税率的缴税门槛的比较

个人所得税累进性的一个分析指标是最高边际税率的缴税门槛(threshold)——适用于最高边际税率的收入是平均工资的倍数。如图7.4所示,在美国,最高边际税率仅适用于平均工资8倍以上的收入。而在北欧国家,平均而言,最高边际所得税率适用于平均工资1.5倍以上的收入。而在丹麦,仅是平均工资1.3倍的收入已经按最高边际税率缴税了。换个角度看,如果美国的税率与丹麦的税率持平,那么年收入仅为7万美元的申报人(大约在家庭收入分配的中间)将面临最高的边际个人所得税税率46.3%,而美国法典则允许申报者在支付最高税率之前的收入是423 904美元。

(二) 中等收入家庭的个人所得税税率比较

表7.5显示,对于平均收入家庭而言,个人所得税的税率在北欧国家更高。即使

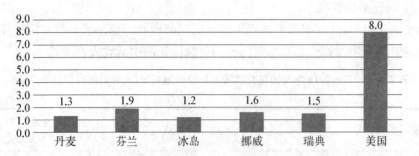

图 7.4　2017 年各国个人所得税最高边际税率的收入门槛是平均工资的倍数

资料来源：Executive Office of the President of United States (2019). *Economic Report of the President Together with the Annual Report of the Council of Economic Advisors*.

算上转移支付，一对拥有两个孩子的平均收入家庭的夫妇在北欧国家的平均个人所得税税率为 18.6%～25.3% 之间（将政府转移支付视为负所得税），而在美国则为 14.2%。各种家庭类型的比较结果表明，如果美国实施现行的北欧政策，那么平均工资收入的美国家庭每年应多缴纳 2 000～5 000 美元的税费（扣除转移支付）。

表 7.5　北欧以及美国的个人所得税税率对比　　　　　　　单位：%

国家	平均收入家庭个人所得税税率	
	单身，抚养 2 个孩子	夫妻，1 人工作，抚养 2 个孩子
丹麦	16.5	25.3
芬兰	21.8	24.7
冰岛	24.8	18.6
挪威	19.4	22.5
瑞典	18.8	18.8
美国	17.1	14.2

资料来源：Executive Office of the President of United States (2019). *Economic Report of the President Together with the Annual Report of the Council of Economic Advisors*.

上述的比较与分析显示，在北欧国家，收入的较低水平就达到了个人所得税的边际最高税率。这些特征意味着北欧税收模式的核心特征是对达到平均收入和接近平均收入的劳动者及其家庭课征较高税率。就是说，北欧的税收模式并不是在很大程度上依靠对高收入家庭的惩罚性税率，而是对中等收入家庭施加高税率。

第三节　北欧福利模式的主要做法

北欧福利模式的核心理念在本书第四章第四节"福利体制的'三个世界'"中已有介绍，在此不再重复。本节主要介绍北欧福利模式的一些具体做法。

一、雇员加入工会的比例较高,集体协商效果好

(一)北欧国家的工会密度较高

在过去30年中,OECD国家的平均工会密度(工会会员数量占社会总雇员的比例)几乎减少了一半,从1985年的30%降至2016年的16%。截至2016年,在爱沙尼亚、法国和土耳其等国家,只有不到10%的雇员入工会,而冰岛、丹麦、瑞典、芬兰和挪威等北欧国家的工会密度分别是:90.41%、67.20%、66.73%、64.58%和52.49%(见图7.5)。相比之下,美国、日本、韩国以及德国的工会密度都不足20%。

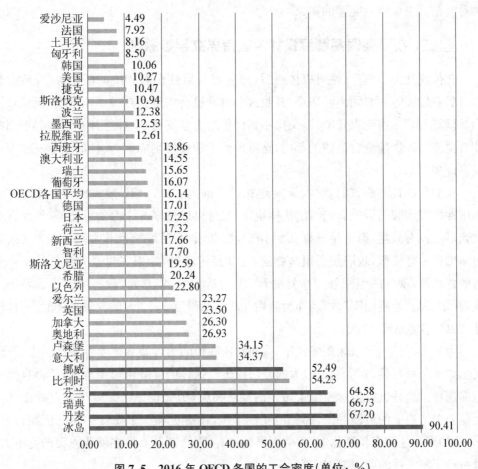

图7.5 2016年OECD各国的工会密度(单位:%)

资料来源:OECD (2018). *Good Jobs for all in a Changing World of Work*.

(二)政府、工会和雇主的三方协商合作机制顺畅

北欧劳动关系的处理是基于政府、工会和雇主三方合作的架构之下运作的。长期以来,北欧的劳资关系和谐,很少发生劳资之间大规模的冲突,这得益于工会多层次的协商制度发挥了重要作用。在工会的积极参与下,北欧国家普遍就劳动环境、就业保障、休假、劳动争议、职工参与管理等问题颁布了有利于劳工的

法律。国家通过税收促进社会公平,充分保障劳动力就业,在经济发生结构性变化的时候,失业者有保险给予收入补偿,并在失业期间能够得到帮助找到工作。所有这些措施都使得个人愿意从事风险性较高的工作,企业敢于创新、敢于扩大雇佣规模。

以瑞典为例,瑞典的劳动市场主要通过"协议"来规范,因为工会和雇主双方都能够相互尊重和理解。瑞典劳动市场的特点,在于协议各方总是寻求共识和共同点。瑞典曾是罢工最多的国家,但在集体谈判权确立后,工会和雇主都赞成通过谈判找到共同解决方案。因此,即使瑞典多年来都没有就最低工资等劳工权益立法,该国仍可称得上是劳工保障最完善的国家。

二、在育婴假期制度设计中坚持男女平等原则

在传统社会,只有女性可以休产假(育婴假),男性没有相应的假期,这导致女性生育后有较长时间必须离开职场,其收入和晋升机会均受到严重影响,这种现象被称为"母职惩罚"。由于育儿辛苦,又得不到伴侣的太多支持,女性往往被迫去寻求那些相对更愿意提供慷慨育婴假的部门,这就导致了职业性别隔离,女性的事业发展因此受到许多限制。

在男性的育婴假方面,北欧无疑走在世界前列。1974年,瑞典成为全球首个实施中性带薪产假的国家。当时的法律规定,父母可以分享6个月的育婴假,然而许多父亲对此没有兴趣,第一年只有0.5%的男性申请,其后增长也非常缓慢。为了鼓励更多男性休育婴假,政府想了很多办法,比如经济激励,如果父母双方分别休了一个月的育婴假,就会得到额外一个月的薪金①。从1995年开始,政府加大了激励的力度,开始实施"爸爸配额"政策,即给新生儿的父亲设定了30天的专属育婴假,不可转让(2016年增加到90天)。

为什么要强制父亲休假呢?第一,通常家庭中的男性收入比女性要高很多,导致父亲如果选择育婴,将会造成较大的经济损失。这样的家庭由母亲育婴,是再自然不过的选择。这种选择虽然避免了短期的经济损失,但无论是对职业生涯发展或是往后养老金待遇上的负面冲击,都将由女性承担,最终更加深了女性的经济依赖程度。第二,如果女性拥有长期休假权利,而男性没有,则会削弱女性在就业方面的竞争力,进一步压制女性的职业发展空间。

三、大力推行照顾服务的社会化与去家庭化

(一)北欧国家普惠性的照顾服务由政府出资提供

在照顾服务的提供上,北欧和南欧国家采取了截然不同的方式,实施效果也完全不同(见表7.6)。

---

① 陈亚亚:《各国如何鼓励男性休育儿假》,《中国妇女报》,2017年8月9日。

表 7.6　北欧和南欧国家在照顾服务提供上的差异

比较项目	北欧国家	南欧国家
模式	社会服务"去家庭化"	社会服务"家庭化"
家庭的角色	边缘化	核心
国家的角色	核心	辅助性
市场的角色	边缘化	边缘化
适用对象	夫妇均外出工作	丈夫外出工作,妻子在家照顾老人和小孩
女性的劳动参与率	高	低

资料来源:改编自 Esping - Andersen, G. (1999). *Social Foundations of Postindustrial Economies*, Oxford University Press。

(1) 北欧的社会保障体系将原存在于个别家庭中的家务劳动与照护工作"有薪化",家庭劳动变成社会劳动,由政府来组织和提供统一的、无差异化的公共服务,创造更平等的社会。

北欧国家普遍强调普惠性(universalism)和去家庭化(defamilialization)的社会服务,将一般财政预算资金用于为儿童、身心障碍人士及老年人提供服务。政府在社会服务的规划与供给中处于核心地位。政府通过社区护理院、日托所、咨询中心等,为老人、儿童、青少年、身心残障者、受虐待者、药物滥用者、贫困者及其他普通人群提供服务,帮助人们处理和应付日常生活[①],以减轻个人对于亲属网络的依赖,以及让女性从家庭责任中释放出来。

(2) 南欧普遍采取家庭主义(familialism),由家庭(主要是妇女)承担原本在北欧由福利国家提供的服务。因此,政府不鼓励妇女外出就业,重视她们提供照顾小孩、老人等的服务,而且也主张社会福利与服务的削减可由妇女来替代承担。

(二) 照顾服务由政府提供的诸多优点

1. 有利于充分开发女性的人力资源

在南欧福利体制下,女性因照顾家庭而丧失了工作的机会,是人力资源的巨大浪费。当今妇女比起以前具有更高教育水平,而且更多妇女要求经济独立和完全整合于工作生活中,因此当家庭主妇的社会成本则是失去其人力资本、生产潜力和工作[②]。而在北欧的福利体制下,公共部门提供了幼儿抚育、老人照料等服务,可以将女性从家务中解脱出来,从而释放了劳动生产力。

2. 有利于提高女性的收入水平,降低整个家庭的贫困风险

在南欧福利体制下,女性陷入贫困的风险增大。在许多国家,劳动者的社会保障资格往往与工作年限挂钩,而没有就业的女性的社会保障则依赖婚姻与眷属地位,一

---

① Anttonen, A., Sipilä, J. (1996). "European Social Care Services: Is It Possible to Identify Models?" *Journal of European Social Policy*, 6(2): 87—100.

② Esping - Andersen, G. (1999). *Social Foundations of Postindustrial Economies*, Oxford University Press.

且婚姻中断,则其享有的社会保障资格都将丧失。由于女性未就业,家庭面临更高的风险。"男主外,女主内"的模式实际上把家庭的就业风险集中在丈夫身上。当今社会,就业更加不稳定,一旦作为家庭唯一生活来源的男性失业或患病,则整个家庭就容易陷入贫困。

在北欧福利体制下,公共服务部门大量招聘照料机构的服务人员,增加了女性的工作岗位。对于一些女性而言,原来在家中看护小孩,现在去公共部门就业,虽然同样是照看小孩,但工作效率提高了,而且无薪的家庭劳动变成了有薪劳动,自身的经济独立性提高了。

因此,为家庭提供社会服务是消除贫困和福利依赖症的最有效的政策,同时它也是一种对人力资本的投资。总之,为家庭提供服务不应被单纯视为"被动消费",而是应视为将在长期过程中带来回报的投资。

3. 有利于形成照料服务的规模效应

幼儿抚育、老人照料等服务性工作集中在机构中,由更专业熟练的人员来进行,有利于形成规模效应和专业化分工,提高工作效率,促进整体社会生产率的提升。

4. 政府提供无差异的公共服务,有利于促进社会公平

通过政府来重分配社会福利相关的工作和资源,所有的女性和家庭能得到较同等的资源和高质量的服务,缓解市场化的福利服务(例如私立幼儿园)可能产生的贫富差距问题。它让中下层家庭小孩与中上层家庭小孩共享高质量托育,为小孩奠定往后教育和职业生涯成功的基础,避免了贫困的代际传递。例如,对于单身母亲而言,既需要花时间照顾小孩,又要赚钱养家,往往难以兼顾,容易陷入贫困。在北欧模式下,优越的儿童照顾体系大大减轻了单身母亲的照顾负担,使其能够专心工作。而儿童照顾体系是一项社会服务,并非是现金补助,也避免了"福利陷阱"(靠生小孩来赚取福利金,或担心失去儿童福利金而不愿意去工作)。

5. 有利于提高生育率

北欧国家在金钱(儿童津贴制度)、时间(育婴假)以及服务(托育体系)等三方面构成了完整的儿童照顾政策,成功地化解了家庭与工作对劳动者产生的冲突,使女性可以更好地兼顾工作与家庭生活,北欧国家的生育率和就业率都高居世界前列,打破了生育会影响就业的传统观念,相对减少了老龄化压力。

(三) 公共部门雇员数量庞大

北欧国家具有发达的公共福利服务机制,幼儿抚育、病残帮扶、洗衣清洁等"家务活动"中的相当一部分已经转移到了医院、社区、学校等社会机构中,这些机构为很多无业人员特别是家庭妇女提供了就业岗位。除了中央政府,各地方政府也为这些机构提供了大量的资金与政策支持,逐渐形成了国家主导的社会服务体系,形成了十分壮大的公共服务部门,其雇员占就业人数的三分之一。而OECD成员国的平均数仅为18%(见图7.6)。

公共部门的工资体系更加强调收入的公平性,通常蓝领公务员的收入高于私人

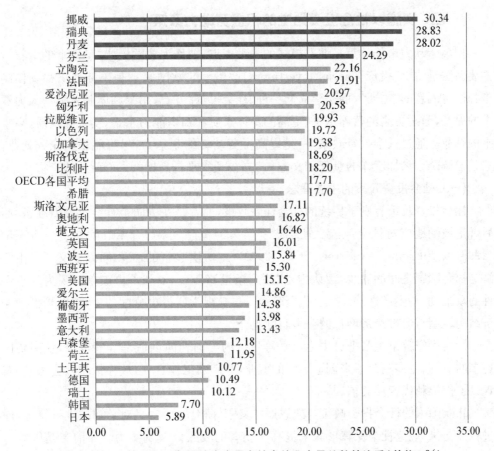

图 7.6　2017 年 OECD 各国政府雇员占社会就业人员总数的比重（单位：%）

资料来源：Government at a Glance 2019.

部门同类工作的收入，而白领公务员，尤其是行政领导的工资较低。公务员的个人收入分配比私人部门更公平，从而减少了整个社会的收入分配不平等程度。

（四）公共服务的运营与监管相分离

北欧政府再分配基本理念是为公民提供基本、平等的公共服务，但并不意味着政府会大包大揽。北欧国家坚持通过代理机构为公民提供公共服务，而政府的职责是监督代理机构。代理机构是斯堪的纳维亚模式的特点，在北欧有160多年的历史。所谓代理机构，指的是在法律的管制下承担公共服务职能的公营单位。通过代理机构制提供公共服务，效率高，负效应小。因此，新的趋势是政府把公共服务职能交给自治的代理机构执行。政府只负责建立秩序，监管市场。实践证明，通过这种模式提供公共服务，并没有削弱政府的权力，只是政府权力的形式发生了变化。

目前，社会服务的公私合营和私有化运营也较为多见。例如，丹麦和挪威允许私营企业经营公立医院；瑞典拥有一个教育补助金券的通用体系，私立营利性教育机构与公立学校相互竞争。

四、实施以社会投资为主的积极劳动力政策

积极劳动力市场政策是北欧模式的一大亮点,被称为北欧模式"皇冠上的宝石",主要做法是"社会投资"(social investment)政策。北欧国家不是单纯地用福利体制来补偿贫困者的"需要",而是建立起一种"社会投资"方式,用福利体制来推动人力资本的提高,鼓励更高的营养水平、更高的身体素质和知识能力水平,实现高素质、高水平的就业。通过社会投资政策,一是提高了劳动者的竞争力,尽可能做到充分就业;二是强调个人参加工作的责任和义务①。高福利水平是高比例人群就业的产物。

(一) 社会投资政策的主要理念

社会投资政策有别于传统的社会保障政策,前者是在为防范社会风险做准备,而后者是被动地应对社会风险。社会投资政策的概念发展于 OECD(1996)、Giddens(1998)以及 Esping-Andersen et al. (2002)②。社会投资的理念,重新定义了自由经济与福利国家之间的界线,被认为是"第三条道路"——福利不再被单纯视为反生产性的政策,而是生产性的。社会投资政策不再被视为所得再分配的工具,而是推动经济结构转型与促进经济增长的一个制度媒介。

社会投资政策主张把过去追求平等目标的导向转向创造平等的机会,强调要以更多的协调、更多的改革来创造更多的就业,并鼓励工作自立,放弃依赖社会福利,实现以工作福利代替社会福利。

北欧国家的社会投资政策与凯恩斯主义刚好相反,后者是对总需求进行管理,通过转移支付、规范社会保障形式来提高劳动者的收入以及购买力。而前者是供给管理,力图创造就业和促进经济增长,例如通过提供社会服务,解决劳动者照顾家庭的后顾之忧;增加培训,提高劳动者的竞争力;鼓励劳动者流动,让雇主方便雇佣和解雇员工③。一般认为北欧国家是实施社会投资政策的主要代表,与新自由主义、凯恩斯主义有许多不同之处,我们以对失业的判断及政策进行对比(见表 7.7)。

表 7.7 不同理念下的社会保障政策

比较的项目	凯恩斯主义做法	新自由主义做法	社会投资做法
对失业的判断	失业和经济低增长是由于需求不足造成的	失业和通货膨胀是由于供给约束造成的(过高的劳动力成本、太多的就业市场管制、社会保障对工作形成负激励)	失业是由于劳动者没有掌握劳动所需要掌握的技能

---

① 斯坦恩·库恩勒、陈寅章、克劳斯·彼得森等:《北欧福利国家》,复旦大学出版社,2010 年。
② (1) OECD (1996). *Beyond 2000: The New Social Policy Agenda*, OECD. (2) Giddens, A. (1998). *The Third Way: The Renewal of Social Democracy*, Polity Press. (3) Esping-Andersen, G., Gallie, D., Heerijck, A. and et al. (2002). *Why We Need a New Welfare State*, Oxford University Press.
③ Kristensen, P. H., Lilja, K. (2012). *Nordic Capitalisms and Globalization: New forms of Economic Organization and Welfare Institutions*, Oxford University Press.

续表

比较的项目	凯恩斯主义做法	新自由主义做法	社会投资做法
社会保障政策与经济	强化社会保障政策；提供社会保险计划，确保未来，促使社会公众大胆消费	削弱社会保障政策：社会福利增加税收成本，打击就业	形成新型的社会保障政策；对人力资本进行投资，提高其就业能力。社会保障政策是经济增长和创造就业的前提条件
核心价值	社会平等 人人有工作 去商品化	强调个人责任 只要工作即可 强调工作激励	社会包容 有质量的工作 以"能力方法"作为分析框架
核心原则	大政府 中央集权计划经济 发展福利国家体制	精简政府职能 解除管制 拆散社会保障政策	赋权国家 投资 重塑社会保障体制
核心政策工具	有效拉动需求 发展社会保险计划 扩大公共部门 完善失业保险	采用货币主义政策来抑制通货膨胀 解除劳动力市场的管制 将社会和医疗服务私有化，发展完全积累型的私有化养老金计划 实施工作激励和工作福利制度	通过人力资本投资政策来提高劳动力的竞争力和创造就业 发展社会服务来扶持就业市场：婴幼儿的看护和教育、高等教育、终身教育，以及促进妇女就业的各种措施 形成灵活且又有保障的体制

资料来源：Morel, N., Palier, B., Palme, J. (2012). *Towards A Social Investment Welfare State? Ideas, Policies and Challenges*, Policy Press.

(二) 社会投资政策的实施效果

1. 有利于最大限度地扩大就业率

北欧的福利与就业政策属于"生产主义"(productivism)，即要实现劳动者的最大生产潜能。这表面上看起来好像是在呼应英美所说的"工作福利"(workfare)，但其实这两者是有差异的。工作福利表示接受工作才能得到社会福利，但是北欧的"生产主义"却表示福利国家必须保证所有人具有要去工作的必要资源和动机(当然也要有工作机会)。因此，开放的教育体系和职业训练计划，以及终身学习的机会都是确保人人就业所必不可少的。

2. 能够较好地应对产业转型

近年来，中国、印度等一些发展中国家的崛起，导致劳动密集型的制造业逐渐从发达国家转移到发展中国家，造成发达国家低技能劳动力出现大量失业现象。北欧国家也遭遇了同样的就业冲击，但这些国家把劳动力失业看作是一次对其进行再培训的机会，以此提升低端劳动力的技能，使之胜任新产业的用工需求。与之相反，实施自由主义类型社会保障体制的国家(英国、美国、加拿大、澳大利亚和新西兰等)，采取经济自由化措施,以劳动市场与工资的弹性化来处理经济衰退和失业问题,像英国解除最低工资水平的设定,因而出现很多低工资的就业机会,而且很多是非全时的工作,在解决就业的同时一方面造成了收入差距的快速恶化,另一方面也没有提高劳动者的技能。然而,这些低技能劳动者及相关产业无法应对中国等发展中国家的挑战,由此,失业就成为这些国家在产业转型中挥之不去的痼疾了。

3. 有利于低收入阶层向上流动

在美国,当一位妇女进入一个低技术、低工资的服务业就业后,可能一辈子就从事这项工作,这是因为美国政府很少对就业者进行再培训,虽然雇主可能对就业者进行培训,但这种培训是基于企业的盈利最大化,而不是员工的职业生涯发展;而如果该妇女在北欧,就可能获得更好的发展,使个人脱离低技术、低工资的服务业就业,这是因为:第一,北欧福利国家给低收入者提供的工资是一种社会工资(social wage),是有国家补贴的工资,其工资水平高于美国由市场决定的工资,这是因为一些职业的工资收入非常低,根本不足以维持生计。于是出现了政府用"社会工资"来"弥补"偏低的市场工资现象,也包括提供一些住房等实物补贴,避免"穷忙族"的出现。第二,北欧开放的、终身学习的教育体系以及职业训练更有助于个人在低层次服务业的就业时间缩短。在北欧,这种低层次服务业的就业经常只不过是个人的第一个职业,而非终身的职业,即个人有较多向上流动的机会。而在英美的例子中,政府过于强调充分就业,这与平等发展的目标不再兼容[①]。

4. 良好的社会投资政策为劳动者免去了后顾之忧,也使企业裁员变得简单容易

在就业上,丹麦可谓弹性工作制度的先驱。丹麦有一个"灵活安全"系统(flexicurity,即 flexibility+security),使得雇主更容易裁员,但是同时也为失业人口提供支持和培训。企业几乎可以像美国雇主那样轻易地辞退雇员,但政府会对失业者提供资金支持,并帮助他们找到新工作。大多数雇主都很喜欢这种制度,因为他们得以避开困扰欧洲大陆最严重的问题之一:受高度保护的就业人员和境况惨淡的失业人员所导致的劳动力市场的二元结构。

第四节 北欧福利模式的实施环境及效果

一、北欧福利模式的顺利实施有其独特环境

(一)北欧国家拥有较高的社会信任

在北欧,较多的公民信赖政府和政治体制,且公民与公民之间的信任度高,这是

[①] Esping-Andersen, G. (1993). *Changing Classes Stratification and Mobility in Post-Industrial Societies*, Sage Publications.

北欧社会保障体制成功的重要基础。OECD 的一份调查显示,北欧人在社会信任方面处于领先位置(见图 7.7)[①]。信任水平高有许多优点:可以降低社会交易费用,有利于促进经济增长;公民纳税的遵从度高,偷漏税现象少;政府决策能够被广泛认可,能够得到较好的执行[②]。高社会信任度与高社会福利制度在一定程度上可以形成良好循环:社会信任度高,税收筹集相对阻力小,社会福利金冒领现象少,社会保障制度得到良好运行;社会保障制度运行良好,政府信守承诺,社会公众的社会信任度进一步提高。

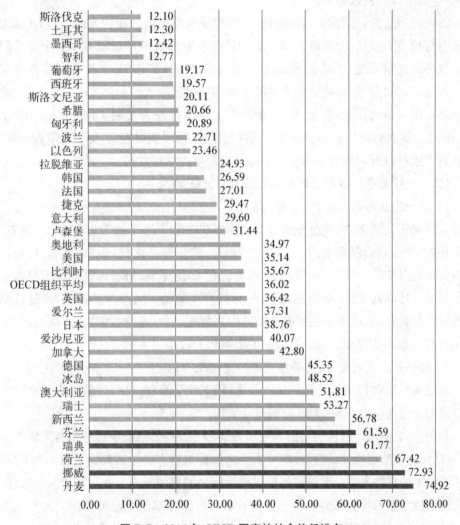

图 7.7 2014 年 OECD 国家的社会信任排名

资料来源:OECD (2016). Society at a Glance 2016:OECD Social Indicators,OECD Publishing.
注:社会信任的得分——表示高度信任他人的人口数量占被调查人口总数的比例乘以 100。

---

① OECD (2011). Society at a Glance:OECD Social Indicators-2011 Edition,OECD Publishing.
② Morrone, A., N. Tontoranelli and G. Ranuzzi (2009). "How Good is Trust? Measuring Trust and its Role for the Progress of Societies," OECD Statistics Working Paper, OECD Publishing.

以丹麦为例,在较高的社会信任感下,社会管理系统并不依靠各种证明材料,更依赖于人们的信任。当丹麦人生病了需要请病假,他们只需给雇主打个电话就行。而在德国,雇员和学生请病假必须有医生的病假条才行。丹麦和德国在社会管理政策和架构方面都很严谨,但德国一切都需要有记录、有证明,而丹麦人在几乎所有情况下都更像视对方为朋友。

高税率能够在北欧国家长期存在,主要原因是社会公众信任政府,而且看到政府运用税收收入用于教育、社会福利、人力资源投资等,这些都将在未来造福全社会和民众,这就形成了良性循环。

需要说明的是,一般而言,税负越高,逃税动机越强烈。在这方面,一是北欧国家的政府管理能力较高,例如联合国经济和社会事务部每两年对所有193个成员国的电子政务发展情况进行调查评估,根据最新发布的《2018联合国电子政务调查报告》,丹麦、瑞典、芬兰、挪威分别排名第1名、第5名、第6名和第14名。二是北欧政府掌握非常完备的信息,在收入、就业等方面的检查较为便利。例如,从2014年开始,16周岁以上的挪威居民登录税务局网站以后,可以实名查询,每个月限查500个,被查的人也可以看到究竟是谁查看了他最近一年的纳税数据。

(二) 全社会在价值观上对高福利政策充分认同

1. 单一民族的构成结构,易形成共识

无数的民调表明,北欧公众普遍支持高福利政策[①],这得益于北欧国家民族单一、语言相近,社会融合度高的特点。就民族而言,除了芬兰之外,瑞典、挪威、丹麦皆主要由日耳曼分支——"维京人"构成。就语言看来,除了芬兰以外,其他国家都属于日耳曼语族。冰岛在1944年独立之前,一直被丹麦统治。而芬兰和挪威,则是长期被瑞典统治。此外,北欧诸国的宗教信仰皆以基督教新教(路德教派)为主流教派,天主教的特权思想和等级观念对北欧国家的影响相对较小。

2. 对平等主义的追求,有着悠久的历史传统

北欧人民支持国家拿走约四成的收入,用于社会福利支出,这是因为北欧社会长期以来对平等主义的追求、对政府的高度信任。

在以前,北欧寒冷地区容易出现极端天气,无法耕种,只能通过狩猎与采集等方式生活,从而导致阶段性食物短缺,单个人无法保证永远有稳定的食物来源。为了生存,个体不稳定的食物来源会促使群体形成更为明显的抱团效应。在每次收获的时候,人们通过让渡大量的收成来换取别人狩猎收获时可以分享给自己的权限。大家互通有无,食物共同分享可以实现更好的保障。这样的食物分享行为到了现代,就演变成高福利模式。

长期以来,北欧人民将缴税支持政府救济弱势群体视为一种民族互助的表现,这

---

① Andersen, J. G., Pettersen, P. A., Svallfors, S., et al. (1999). "The Legitimacy of the Nordic Welfare States," in *Nordic Social Policy: Changing Welfare States*, eds.

是一种发自内心的精神。在制度执行中,高税收并未导致政府的贪污,也没有造成人民滥用社会福利政策的现象。北欧国家的贪污腐败指数几乎是世界最低的,这也是因为透明严格的监管制度。因此,政府花在老百姓身上的钱效率都是比较高的。

二、北欧福利政策的实施效果

(一) 社会贫富差距小

北欧福利模式下,收入再分配力度较大,取得较好的调控效果。2016年,芬兰、挪威、丹麦和瑞典四个国家的家庭可支配收入的基尼系数分别是0.259、0.262、0.263和0.282,远低于OECD各国平均数(0.315),北欧四国均在世界上最公平、贫富差距最小的国家之列。

北欧四国的经济开放性强,只能被动接受全球化的冲击。全球化过程中既有成功者也有失败者,一般而言有利于资本方,不利于劳动者。在此背景下,强有力的社会再分配机制以及社会保障政策,使全球化的冲击在成功者与失败者之间进行合理分担,减少社会贫富分化。较好的工资协商制度、积极的劳动力政策和相对优厚的失业救济金等都是有效进行风险分担的手段。

(二) 高福利没有"养懒汉"

传统上,我们认为北欧国家实施高福利体制,工作和不工作一个样,结果导致"养懒汉"的现象。实际上,北欧国家的就业率(就业人口占总人口的比重)是非常高的。我们以临近退休年龄(55~64岁)的人员为例,表7.8显示,与2000年相比,2017年北欧四国男性和女性在临近退休时,就业率都有所提高。除芬兰稍差一些①,其他三个北欧国家的男性在临近退休时的就业率均高于OECD国家的平均值。

表7.8 OECD部分国家的就业率   单位:%

国家	55~64岁男性			55~64岁女性		
	2000	2007	2017	2000	2007	2017
冰 岛	94.24	89.64	88.39	74.38	80.03	78.40
瑞 典	67.72	73.07	78.55	62.38	67.16	74.55
新西兰	67.93	80.66	84.36	46.07	63.23	72.45
爱沙尼亚	50.99	58.08	66.31	36.49	60.46	69.23
挪 威	73.06	73.87	74.97	61.19	64.02	68.74
瑞 士	76.97	76.37	78.59	50.10	58.06	65.75
德 国	46.40	59.42	75.03	28.96	43.41	65.38
丹 麦	64.15	64.94	72.75	46.56	52.94	65.18
芬 兰	43.66	55.07	61.65	40.93	54.84	63.39
日 本	78.40	81.49	84.99	47.92	51.25	61.87

---

① 芬兰的退休年龄相对较低。在2017年之前,芬兰领取养老金的年龄是63岁。从2017年开始,领取养老金的年龄每年推迟3个月,直至提高到65岁。

续 表

国家	55~64岁男性			55~64岁女性		
	2000	2007	2017	2000	2007	2017
英 国	60.04	65.99	69.59	41.85	48.82	58.69
美 国	65.67	67.41	68.37	50.57	56.60	57.10
法 国	38.54	40.50	52.80	30.29	36.04	50.10
西班牙	55.23	59.63	57.78	20.08	30.19	43.55
意大利	40.88	45.02	62.81	15.31	22.95	42.29
希 腊	55.22	59.09	49.58	24.30	27.00	28.01
OECD各国平均	59.46	63.80	69.05	36.86	43.68	52.23

资料来源：OECD Employment Outlook 2018.

从长期情况来看,在性别方面,女性的就业率是检验"福利"和"懒惰"关系的最佳指数,因为在福利国家中,妇女的福利往往比男人多,妇女生养小孩可以领取许多相应的福利。如果妇女是懒惰的,她们完全不必去工作。数据显示,2017年,北欧四国的临近退休年龄(55~64岁)的女性就业率均超过了60%,远高于OECD成员国平均数。可以说,女性就业率的上升是整个北欧国家在20世纪社会福利变革的主要成就之一。这表明北欧人并不比其他国家的人"懒惰"。

北欧国家高就业率的一个重要原因是,政府实施积极的劳动市场政策(active labor market policies,ALMPs),把社会保障政策与劳动力市场政策有效地结合起来,政府针对失业人员、残疾人士进行大量的投资,为这些群体创造工作岗位,提供教育和培训,提高弱势群体的就业竞争力。

北欧国家的失业保险金待遇丰厚,但并没有引致失业率的上升。2009年,挪威、瑞典、丹麦和芬兰的失业金替代率分别是67%、60%、55%和54%,均高于OECD成员国的平均替代率(53%),但这四个国家的2010年失业率分别为3.575%、8.367%、7.450%和8.383%,在OECD成员国中属于中低水平(见图7.8)。反之,西班牙、希腊、爱尔兰等一些国家的失业金替代率较低,但失业率反而居于各国前列。可见,失业保险金待遇高,不一定会引致高失业。

(三)社会保障政策的有序运行,可以促进社会公众的消费,从而促进经济长期增长

有些人担心,社会保障政策是消费性的,过分提高社会保障支出,偏重公平,不利于效率,更不利于拉动投资和经济增长。事实表明,社会保障政策与经济增长是兼容的。Barnett & Brooks(2010)[①]、Baldacci et al.(2010)[②]认为增加养老和医疗卫生公共支出对提高居民消费的作用非常突出：第一,用于医疗卫生事业的公共支出每增加

[①] Barnett, S., Brooks, R. (2010). "China: Does Government Health and Education Spending Boost Consumption?", IMF Working Paper 10/16.

[②] Baldacci, E., Giovanni, C., David C., et al (2010). "Public Expenditures on Social Programs and Household Consumption in China", IMF Working Paper 10/69.

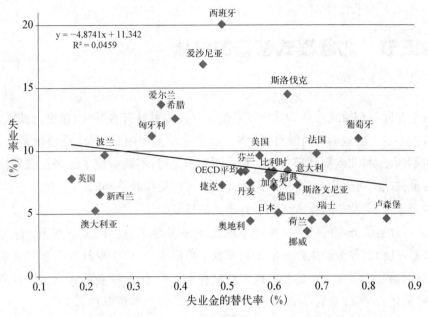

图 7.8 失业金替代率与失业率的相关性

资料来源：OECD（2012）. OECD Employment Outlook 2012，OECD Publishing.

1元，城镇居民消费就增加 2 元；第二，医疗卫生、教育和养老等领域的平均社会支出占 GDP 比例每提高一个百分点，居民消费占 GDP 的比例就会上升 1.25 个百分点。

专栏 7.2　瑞典半数老年人感到孤独焦虑

2016 年 10 月，瑞典国家社会事务委员会发布了瑞典老年人年度社会调查报告。共有 135 085 名正在接受家庭护理或住在养老院的老人参与此项调查。大多数老年人对调查问卷的问题提供了正面的回答。然而孤独和焦虑仍然是困扰老年人的主要问题。

瑞典国家社会事务委员会是隶属于瑞典社会事务部的国家行政机构。每年瑞典社会事务部都会就瑞典老年人护理展开民意调查并发布调查报告。本年度的调查结果与往年相似，大多数老人对老年护理工作表示满意。调查数据显示，在接受家庭护理的老人中 78% 表示很容易能够得到护理人员的帮助，82% 的老人认为家庭护理人员始终能够完成护理工作，73% 的老人认为家庭护理人员在多数情况下都能完成护理工作。86% 的老年人表示有安全感，仅有 4% 的老年人表示生活缺乏安全感。然而，52% 的老年人表示有不同程度的焦虑，其中 43% 的老年人表示有轻度焦虑，9% 的老年人表示有严重焦虑。58% 的老年人表示感到孤独，其中 15% 的老年人时常感到孤独。瑞典国家社会事务委员会表示调查结果将用来分析全国老年护理工作现状，以进一步改善老年护理工作。

第五节 北欧模式面临的挑战

由于北欧福利模式被认为比欧洲其他福利模式更具有普遍性,也更为慷慨,因此许多人担心这一模式的可持续性差,将比欧洲其他福利国家更早、更快地走向消亡。而事实不断证明,北欧福利模式也在努力调整与完善,不断适应了经济发展和社会转型中各种挑战。可以说,每个历史期的北欧模式的运作并不相同。

展望未来,北欧福利模式仍面临许多新的挑战。

第一,社会服务部门的劳动生产率较低,将占据越来越多的经济资源。从经济学的角度看,社会服务劳动生产率的增长率低于物质生产,由于对社会服务的需求总是趋于增长,而社会服务生产的相对成本总量趋于上升,因此社会服务支出增长率将高于GDP的增长率,即政府的财政负担将越来越重(详见本章专栏7.3)[①]。

第二,劳动者在各国间流动,进行福利"套利"。在北欧高福利国家得到免费高等教育的人士在年轻时前往其他国家工作并在当地缴纳税收,退休以后可以返回北欧国家,在领取养老金的同时,凭借其公民身份享受免费(或廉价)医疗保健和老年看护福利。

第三,大量移民进入以后,对福利体制形成新挑战。北欧社会互信度很高,单一民族的特征也凝聚了很高的向心力,有利于各种社会保障制度的推行。20世纪初开始,以难民和劳工为主的移民大量进入北欧国家,这些移民主要来自叙利亚、索马里、阿富汗、土耳其等国家。例如,2012—2018年,人口约1 000万的瑞典接收了约40万名难民,仅2015年就接纳了16.3万名难民,成为欧洲按人均计算接收难民最多的国家。以难民为主的移民群体具有较强的民族性,他们强调自身的特殊性,通过民族聚集的方式保留着自己的民族习惯和生活方式,很难融入当地社会。北欧国家的多数移民生活在社会底层,他们由于教育、文化和习俗的差异,较难找到合适的工作,面临着失业和贫困的困扰,依赖政府的福利维系生活。较多的福利津贴用于移民,这不仅给国家的经济造成不小的负担,而且也引来一些极右翼分子的不满。

第四,北欧国家的就业率提升空间非常有限。北欧国家在过去50年中,虽然面临老龄化的冲击,但通过在公共部门拓展社会服务的方式,大幅度提高了女性的劳动参与率,巧妙地解决了劳动力短缺问题,使经济增长与高福利的双重目标实现成为可能。但展望未来,人口的劳动参与率已经很高了,提升的空间极其有限,很难继续抵

---

① 托本·M.安德森、本特·霍尔姆斯特朗、塞波·洪卡波希亚:《北欧模式:迎接全球化与共担风险》,社会科学文献出版社,2014年。

挡老龄化的挑战。

总的来看,虽然2008年全球经济危机中北欧的表现堪称典范,但目前效仿北欧社保政策的欧洲国家并不多。虽然社会投资型的社会保障政策具有许多优点,但是金融危机以来,各国的财政资金紧张,只能疲于应付各种被动的、消极型的养老金支出(例如失业救济金、医疗保险等),很难有足够的资金用于社会投资型的社保支出[①]。另外,导致社会投资型社保政策难以推广的另一个障碍是选民大多是短视的,社会投资型政策资金投入量大、见效慢,政治领导人可能担心影响竞选而不敢推行。

专栏7.3 人工智能能够根治鲍莫尔病吗?

1967年,美国经济学家鲍莫尔构建了一个两部门非平衡增长模型,该模型成功解释了主要经济体在20世纪大部分时间里的产业结构变迁以及经济增长趋势。鲍莫尔把宏观经济分为具有正劳动生产率增长率的进步部门和不存在劳动生产率增长率的停滞部门,并在几个关键假设条件下得出:随着时间的推移,进步部门的单位产品成本(这里指劳动力成本)将维持不变,而停滞部门的单位产品成本将不断上升,因此,消费者对停滞部门产品的需求如果不是完全无价格弹性的,那么停滞部门不断上升的单位产品成本将会促使消费者减少对该部门产品的需求,结果会导致停滞部门不断萎缩并最终消失。而假设停滞部门的产品需求完全无价格弹性,那么虽然停滞部门的单位产品成本不断上升,但仍然会有劳动力不断向该部门流入,从而该部门不但不会萎缩还会逐步吸纳大量的劳动力进来,正由于劳动力不断从进步部门向停滞部门转移,因此整个国家经济增长速度将逐渐变为零。这就是著名的鲍莫尔成本病与增长病,简称鲍莫尔病。

鲍莫尔同时指出,进步部门主要是指制造业,而停滞部门是指服务业,包括教育、市政服务、表演艺术、餐饮、娱乐休闲等。鲍莫尔举例指出,在表演艺术市场上,300年前演奏莫扎特的四重奏需要四个人,而300年后演奏同样一首曲子仍然需要四个人,劳动生产率始终没有发生变化。

人工智能的出现和发展也许会彻底改变鲍莫尔病存在的基础。由于人工智能可以自我学习,甚至可以像人类一样分析、思考和判断,因此那些传统的只有劳动力才能完成的工作,如今或将来可以通过人工智能轻松高效地完成。目前已经出现了人工智能记者、人工智能翻译、人工智能金融合同解析师、人工智能基金经理、无人驾驶汽车等。鲍莫尔当年所指的劳动生产率增长缓慢或停滞的行业,如教育、医疗、餐饮、表演艺术等,可能也将会由机器人来完成工作。

---

① Diamond, P., Guy, L (2013). "European Welfare States after the Crisis: Changing Public Attitudes", Policy Network Paper, Foundation for European progressive Studies.

拓展阅读：英国布莱尔政府的第三条道路

1997年，工党在阔别英国执政舞台18年以后，终于在布莱尔的带领下，再次成为执政党。作为英国自1812年以来最年轻的首相，43岁的布莱尔成功塑造了新工党的清新形象，并雄心勃勃地提出一系列新政。对于布莱尔来讲，挑战来自两个方面：一方面是在竞选中，工党已经承诺进行福利和公共服务改革，在一定程度上迎合了当时社会公众对十几年来保守党不断削减福利支出的痛恨心理。同时，由于英国工党就是在职工大会的基础上成立的，其政策主张是一贯偏左的，一直强调社会保障政策的重要性，因此，布莱尔有必要大幅度提高社会保障政策的力度。但是另一方面，提高社会保障支出，必然使已经债台高筑的英国政府雪上加霜，不堪重负，从长远来讲，还可能伤害英国的国际竞争力。因此，布莱尔需要在社会保障政策的扩张与收缩之间找到一个很好的平衡点。

然而，现实的财政压力实际上让布莱尔不得不基本接受了保守党的福利紧缩政策。不过在这时，布莱尔的"国师"、伦敦政治经济学院院长安东尼·吉登斯已经为布莱尔的改革政策找到了"理论依据"。这也使得布莱尔在继续紧缩福利政策的同时，按照"第三条道路"的理念和思路，有效地提高了社会保障政策的实施效果，获得了民众的认可。

吉登斯认为"第三条道路"是"既非福利国家，也非自由放任"，主张在保持既有社会保障制度的前提下，注重市场与私营企业的作用，并积极主动预防和控制风险，提高公共政策的效率和实施效果。吉登斯倡导一种积极的福利（positive welfare），公民个人和政府以外的其他机构也应当为这种福利做出贡献。"第三条道路"理论在社会保障方面的"亮点"主要有：首先，在管理的对象上，区别于传统的福利制度。传统的福利制度主要是对外部风险的管理，而积极的福利制度主要管理人为的风险和不确定性。其次，在管理方法上有较大差异。传统的福利制度是一种事后补偿，而积极的福利制度应该是以预防为主，主要致力于消除各种可能带来人为风险和不确定性因素的可能性。例如，在对待失业问题上，传统的福利制度是"授之以鱼"，通过对失业者发放失业救济金，来为他们提供生活保障，而积极的福利制度则是"授之以渔"，通过教育和就业培训等途径，使失业者尽快重新走上就业岗位。

吉登斯认为，面对充满危机的传统福利国家，它们所应该做的，"不是拆除，而是改造福利国家"。由贝弗里奇所创立的英国模式的社会福利制度，旨在消除的"五大魔鬼"（贫困、疾病、愚昧、肮脏和懒惰），实际上都是政府被动消极的反应。为了同贝弗里奇的"第一代福利"相区别，他把新工党的积极福利政策称为"第二代福利"。他说："第二代福利是要给人以扶持，而不仅仅是施舍。它意味着多种服务，而不仅仅是现金，包括子女抚养和子女补贴、培训和失业救济金、老年人赡养和养老金。福利应成为成功的跳板(起点公平),而不是缓解措施失败后的安全网(结果公平)。它应当创造稳定,使家庭和社会团体能应付这个变化的世界。"积极的福利制度通过对人们责任意识的培养,能有效消除和减少福利依赖现象。在应对养老金危机方面,吉登斯则建议逐步废除固定的退休年龄限制,将老年人由社会的负担转化为社会的资源。当然,我们在一定程度上也可以把这些政策理解为政府推脱责任、压缩福利支出的一种借口,而第三条道路实际上是"折中主义"。

在"第三条道路"的改革理念下,布莱尔政府在养老、就业政策上实施了一系列的改革,尤其值得一提的是在2002年,布莱尔与当时的财政大臣布朗在挽救英国国民医疗服务体系(NHS)方面发挥了重要作用,使得英国的医疗支出占GDP的比重达到了欧洲的平均水平。那个时代,"第三条道路"是欧美政坛的主流思潮之一。布莱尔与美国前总统克林顿、德国前总理施罗德一道,引领了欧美中左翼政党的复兴。总的来看,在布莱尔执政的10年里(1997—2007年),英国的经济增长较为平稳,财政状况尚可,失业率较低,在很大程度上掩盖了许多社会矛盾,一些社会保障改革的执行阻力较小。然而,他的继任者布朗首相的运气就差多了,布莱尔执政期间遗留下来的一些问题,例如公共领域的改革进展缓慢、公共部门冗员泛滥、民众税收负担日益沉重、社区治安日益恶化等,在金融危机中突然变得尖锐起来,造成工党在2010年大选中失去了执政党的地位。

复习思考题

1. 你认为北欧高福利模式是经济高速发展的产物,还是经济高速发展的原因?

2. 本书前面的章节曾提到过,全球化导致资本与劳动力加速流动,一国如果对资本或劳动力课以高税,可能导致资本与劳动力逃逸,影响财政收入,最后高福利也难以为继。例如,宜家(IKEA)创始人英格瓦·坎普拉为了避税甚至一度从瑞典迁居丹麦,再迁居至瑞士,在瑞典以外的国家定居长达40年。2006年,曾经的挪威首富弗雷德里克森放弃挪威国籍,以投资购房的方式入籍塞浦路斯,以此避免巨额所得税和遗产税。请问,北欧国家是如何克服这个难题的?

3. 本章的分析结论是,北欧国家的税收负担并不倚重于富人,而是来自社会各阶层人士的高税负。联合国在每年3月20日——国际幸福日前会发表《全球幸福报告》,除根据人民主观幸福感(subjective well-being)外,也运用6大关键变量:国民收入(income)、自由(freedom)、信任(trust)、预期寿命(healthy life expectancy)、社会支持(social support)与慷慨程度(generosity)所得分数进行幸福排名。2018年的前5名中,北欧国家就占了前4名,分别为芬兰、挪威、丹麦及冰岛,瑞典则为第9名;而近3年的排名中,北欧国家均名列前茅。2016年最幸福国家之首为丹麦,2017年则为挪威。照理说高税负国家应该感觉到痛苦才对,为什么会感到幸福呢?

第八章 南欧国家福利模式

纵观2008年以来的欧洲主权债务危机的演化,有一个有趣的地理特征:爆发债务危机的欧洲国家中,除爱尔兰外,希腊、葡萄牙、西班牙和意大利均位于南欧,就连2013年爆发银行挤兑危机的岛国塞浦路斯,也属于南欧。不难想象,南欧国家在经济模式、社会保障模式上存在许多共同的缺陷,而这些缺陷导致这些国家在2008年的金融危机爆发以后陷入空前的经济危机和社会危机之中。

在本书第四章第四节"福利体制的'三个世界'"中,我们曾经介绍过,从广义来看,南欧国家的福利体制属于欧洲大陆模式,即法团主义模式。但相对于德国、荷兰等欧洲大陆国家,西班牙、葡萄牙、希腊等南欧国家的经济发展水平相对落后,税收水平也低,难以支撑社会保障体系,因此,在本书第四章第四节中又提出可以从狭义上专门将南欧国家的福利模式归成一类,名为"地中海模式"。

本章着眼于探讨南欧四国(西班牙、葡萄牙、意大利、希腊)的经济、社会与政治环境对社会保障政策的影响,以及社会保障政策本身存在的一些问题。

第一节 南欧国家的经济与财政

南欧四国都有着辉煌的历史。希腊是欧洲文明的发源地之一;意大利是古罗马帝国的发祥地、文艺复兴的发源地和世界艺术之都;葡萄牙和西班牙则是大航海时代的海上强国。南欧有温和的气候、绝佳的农业禀赋和优良的港口,曾经是世界经济、航运和贸易中心。在中世纪末期(1500年),欧洲的制造业中心为南欧国家,西欧则是人口稀少的农业地区。此后,世界贸易中心逐渐从地中海转移到大西洋地区。

到了1800年,随着第一次工业革命的进展,西欧的荷兰和英国先后发展成为具有大城市的商业和制造中心,南部的意大利和西班牙则逐渐落后。

一、南欧四国的基本情况

二战以后,南欧国家经历了一段经济稳定增长的黄金时期,其中以意大利增长速度最为耀眼。1946—1962年,意大利经济年均增长率为7.7%,这样辉煌的表现几乎一直持续到了20世纪60年代末(这10年间的平均增长率为5%)。从70年代起,南欧各国经济增长较慢。

目前,除意大利的制造业较强外,其他3个国家则以旅游业、农业、航运业为主,产业竞争力总体上弱于北欧和西欧国家。

与北欧四国相比,南欧四国的人口数量较多,四国人口合计超过1亿人。意大利和西班牙分别是欧元区的第三大和第四大经济体,整体经济实力比葡萄牙、希腊更强。如果将东欧排除在外,四个国家的人均GDP在欧洲各国中处于较低水平(见图8.1)。

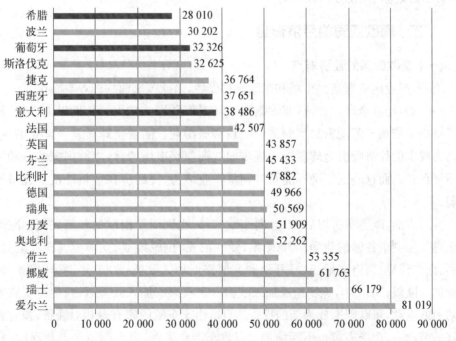

图8.1　2018年主要欧洲国家的人均GDP(单位:美元)

资料来源:OECD Economic Outlook 2019。

在四国中,希腊的军事开支较大,由于军工行业不发达,需要大量进口武器,耗资较大,对其经济有一定影响。2017年,希腊的国防支出占GDP的比重为2.49%,在

OECD国家排名第3,仅次于以色列(5.51%)和美国(3.16%)。

表8.1 南欧四国的基本情况

国　　家	人口(万人)	领土面积(万平方公里)
意大利	5 933.79	30.13
西班牙	4 666.20	50.59
葡萄牙	1 070.79	9.30
希　腊	1 114.70	13.20

资料来源:OECD Economic Outlook 2019.

意大利、葡萄牙与西班牙均在1999年1月1日成为首批加入欧元区的国家,希腊则稍晚一些,在2001年1月1日加入欧元区。长期以来,南欧的经济发展水平相对落后一些,政府债务占GDP的比重也较高。不少学者(例如"欧元之父"罗伯特·蒙代尔)认为,西班牙、希腊等国本来没有资格加入欧元区,但由于政治原因,它们一定要赶在某个时点加入,结果导致政府债务、经济发展以及养老金改革等诸多问题被隐藏起来,而不是得到彻底解决。当然,这些南欧国家为了加入欧元区,也努力实施了政府债务削减计划,争取达到加入欧元区的标准(例如,政府债务余额不超过GDP的60%,财政赤字不超过GDP的3%)①。

二、南欧四国的经济形势

(一)南欧四国的经济弱点

第一,产业向亚洲新兴市场和东欧转移以后,南欧国家面临产业空心化。

一方面,经济全球化加速,亚洲新兴市场对南欧影响较大。长期以来,南欧四国的经济更多依赖于劳动密集型制造业出口和旅游业。随着全球贸易一体化的深入,劳动力成本的优势吸引全球制造业逐步向亚洲新兴市场转移,南欧国家的劳动力优势不复存在。而这些国家又不能及时调整产业结构,使经济在危机冲击下显得异常脆弱。

另一方面,欧盟东扩以后,产业向东欧转移,也削弱了南欧的经济发展。欧洲一体化进程加剧了各国的竞争。2004年,爱沙尼亚、拉脱维亚、立陶宛、波兰、捷克、匈牙利、斯洛伐克、斯洛文尼亚、马耳他和塞浦路斯加入欧盟;2007年,罗马尼亚、保加利亚加入欧盟;2013年,克罗地亚加入欧盟。东欧国家加入欧盟以后,促进了资本和劳动力的流动,东欧国家成为新的投资热点。由于东欧国家有着相对廉价、教育程度良好的劳动力,市场需求也不断增加。以汽车产业为例,汽车制造产业从南欧(葡萄牙、西班牙和意大利)向东欧(波兰、捷克、斯洛伐克、匈牙利和罗马尼亚)持续转移。

---

① 据报载,在高盛证券公司的帮助下,希腊掩盖了一笔高达10亿欧元的公共债务,以符合欧元区成员国的标准,最终希腊在2001年"混入"欧元区。详见:Beat, B. (2010). Greek Debt Crisis: How Goldman Sachs Helped Greece to Mask its True Debt, Spiegel Online.

1991年,南欧的汽车产量是东欧的9.5倍,但在2011年,东欧终于以340万辆的优势超越南欧[①]。

第二,德国和北欧各国强大的制造业对南欧各国产生了冲击。欧元区的建立意味着欧洲拥有了统一的货币和货币政策,各个国家放弃了货币主权,也就是说放弃了汇率武器,而且国家之间没有了关税的阻碍,设立了统一的自由市场,这个时候,强势的德国以及北欧各国就开始持续冲击整个欧盟的制造业。欧盟体系只有共同的市场和共同的货币,却没有一个统一的财政政策,富国不会向穷国进行财政转移支付。因此,欧盟各国在大市场的框架下进行竞争,产生了贫富分化。希腊实际上是欧盟发展不均衡的缩影,统一市场、统一货币,法德的产品和资本大量涌入希腊,打败了希腊的本土制造业,造成了希腊失业率增高,所以希腊人认为法德在逃避责任。德国贝塔斯曼基金会2014年公布的一项研究结果显示,自欧盟1993年成立以来,实现商品、人员、资本和服务自由流动的欧洲内部市场对成员国经济增长起到了积极促进作用,但却存在较大差异[②]:大国中德国经济受益最多,每年因内部市场而受益370亿欧元,相当于每人每年450欧元;南欧国家的年人均受益明显较低,意大利每人每年受益80欧元,西班牙70欧元,葡萄牙20欧元。而且十几年来,各国之间的差距还在扩大。

第三,自从欧元诞生以来,南欧国家为了保障货币购买力不受物价上涨的侵蚀,持续按照通货膨胀率增长幅度来调整工资,很少参考当地的劳动生产率增长速度,最终导致国家竞争力大幅下降。

(二) 2000年以来南欧四国的经济形势

图8.2显示,西班牙和希腊在2001—2007年保持较高的经济增长率,6年的算术年平均增长率分别为3.38%和4.17%;同期的意大利和葡萄牙则要差得多,6年的算术年平均增长率仅为1.17%和1.02%。

分析经济增长速度的差异,主要在于西班牙和希腊的消费、房地产部门对经济增长贡献度较高,在1998—2008年间西班牙的房地产部门贡献了超过75%的就业机会[③],同样希腊的房地产部门也非常有效地拉动经济增长[④]。与此相反,意大利和葡萄牙两国的私人消费、房地产部门增长就相对较低,对经济拉动作用有限。

希腊于2009年12月最先陷入政府债务危机,此后在外界压力下,采取了财政紧缩政策,使经济雪上加霜。虽然近年来经济有所恢复,但2018年人均GDP仅为危机

[①] 亨利·霍本:《金融危机在欧元区是如何深化的》,《海派经济学》,2014年第4期。
[②] 中国驻德国经商参赞:《浅析德国从欧洲一体化获益情况》,2017年11月15日,商务部网站,http://www.mofcom.gov.cn/article/i/dxfw/jlyd/201711/20171102671005.shtml。
[③] Royo, S. (2009). "After the Fiesta: The Spanish Economy Meets the Global Financial Crisis," *South European Society and Politics*, 14(1): 19—34.
[④] Pagoulatos, G., Triantopulos, G. (2009). "The Return of the Greek Patient: Greece and the 2008 Global Financial Crisis," *South European Society and Politics*, 14(1): 1—6.

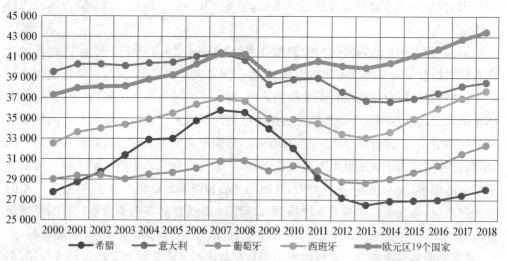

图 8.2 近年来南欧四国的历年人均 GDP（单位：美元）

资料来源：欧盟统计局数据库（Eurostat Database）。

前（2007 年）的 78%。

西班牙危机的根源与希腊不同，并不是中央政府无节制的财政支出，而是与爱尔兰和美国相似，本质上是因为房地产业过度膨胀，导致其经济严重泡沫化。在繁荣的 2004—2008 年，建筑业和房地产业是西班牙经济增长的主要动力，企业贷款的一半以上流向这两个行业。房地产泡沫破裂首先直接冲击两个部门——银行业和建筑业。建筑业崩溃带来西班牙经济萎缩和大量失业，家庭无法偿还房产按揭贷款，这进一步推高了银行业房地产资产的坏账，大量人员失业，政府债务大幅上升。

2010 年政府债务危机爆发以后，西班牙遭受的打击比意大利要严重得多。但是西班牙实施了更大力度的经济改革，因而经济复苏程度也强劲得多，GDP 已超过危机前峰值水平。

相比之下，意大利的经济问题在欧元危机之前就已经存在，但是意大利政府没有好好修复这些问题，这导致其人均 GDP 较之前的峰值（2007 年）萎缩 7%。

三、南欧四国的财政状况

南欧国家一旦加入了欧元区，其在国际市场上的贷款利率就大大下降了，但这些国家并没有利用这一有利条件来消灭赤字，反而大量发行低利率国债，以此来拉动经济增长。

从政府债务余额来看（见图 8.3），2000 年以来，希腊和意大利的政府债务余额占 GDP 的比重始终超过欧元区所容忍的标准（60%），这也反映出欧元区和欧盟在管制成员国债务水平方面缺乏强有力的措施，致使一些成员国的债务水平失去控制。希腊高增长、高福利的神话在 2009 年 10 月终于破灭了，2009 年的赤字率由原来的3.7%调整到12.5%,旋即调整至15.54%;政府债务余额占GDP的比重由原来的99.6%调整到115.1%,后来又调整到126.8%。2009年12月,全球三大评级公司下调希腊主权评级,2010年4月27日,标普公司将希腊主权评级降至"垃圾级"。

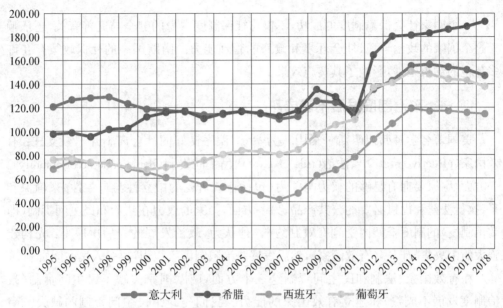

图8.3 近年来南欧四国的政府债务余额占GDP的比重(单位:%)
资料来源:OECD (2020). General Government Debt (indicator). doi: 10.1787/a0528cc2-en.

相对而言,西班牙和葡萄牙的财政纪律较为严格,特别是西班牙在加入欧元区以后,债务比重还出现了下降趋势,在2007年金融危机爆发前夕降至42.35%。

需要指出的是,各国的政府债务持有者结构差异较大,希腊、意大利、西班牙和葡萄牙的非本国居民债务持有者的比重分别是79%、75%、55%和45%[①]。因此,各国爆发主权债务危机的概率差异很大。

此外,把图8.2和图8.3联系起来,我们发现,在2008年金融危机前,虽然希腊和葡萄牙的经济增长率速度较快,但并没有很好地削减政府债务。

虽然2008年全球金融危机已经过去多年,但从图8.3可知,2017年希腊、意大利、葡萄牙和西班牙的政府债务余额占GDP的比重分别为188.8%、152.1%、143.1%和115.8%,分别在OECD成员国中排名第2、3、4和9位,均属债务水平较高的国家。

---

① Carrera, Leandro N., Marina A., Carolo, Daniel Fernando da Soledade (2010). "South-European Pension Systems: Challenges and Reform Prospects," in *Institutions and Social Change in Southern European Societies*.

第二节 南欧福利模式的环境条件

一个国家社会保障制度的成功,不仅与社保制度本身的健全与完善有关,还依赖于这个国家的政治环境、社会环境和政府的管理能力。南欧国家的社保政策存在许多环境的约束条件,影响了其实施效果。

一、政治制度发展不够成熟

美国著名学者弗朗西斯·福山认为,一个秩序良好的社会离不开三根支柱:有效国家(effective state)[1]、法治(rule of law)和民主问责制(democratic accountability)。一方面,国家要拥有足够的权力与能力(包括行政机构的中立性与自主性)来确保和平、执行法律和提供必要的公共产品;另一方面,国家的权力在法治和民主问责制(即政治制度)的制度框架内受到有效制约[2]。他认为,政治发展的先后次序是:先构建强大的中央集权国家(有效国家),然后发展法治限制国家权力,再引入民主问责制。

在有效国家、法制和民主问责制这三个方面,南欧国家欠缺了民主问责制(政治制度发展不成熟)和建立有效国家的能力。我们先介绍民主问责制的缺失。南欧国家在以流血革命的方式告别君主制后,并没有直接进入民主社会,而是普遍经历了一段极权统治的时期。1922年墨索里尼在意大利,1926年萨拉查在葡萄牙,1936年麦塔克萨斯在希腊,1939年佛朗哥在西班牙,先后建立了独裁政权,直到1975年佛朗哥去世,南欧才真正翻过极权统治的一页,民主进程和公民社会建设得以加速推进。由于君主制和极权统治残留的威权型政治文化影响较深,导致公民型政治文化并不成熟,南欧民众在参政、议政过程中往往也欠缺足够的经验和理性。

长期以来,南欧国家是多党制联合政府,议会中的党派比较分散,其中包括激进的右翼政党,故很难组成多数派的联合政府,总理换届频繁,国家决策能力低。例如,自从二战结束以来至2019年的70多年时间,意大利已经先后出现63届内阁和43位总理。意大利拥有数十个大大小小的政党,这致使在议会中很难有一个党派能获得超过半数以上的席位,所以为了能顺利组阁,大的党派往往需要与其他小的党派联合起来组成执政联盟,但随着国内外政治、经济形势的不断变化和发展,小的党派的立场随时都有改变的可能,一旦对某项政策不满,他们可能会处处掣肘,也可能会转投其他党派,从而导致政府的垮台。

---

[1] 即国家具有清晰透明的计划和执行政策和法律的能力,又称为国家能力。
[2] 弗朗西斯·福山:《政治秩序与政治衰败:从工业革命到民主全球化》,广西师范大学出版社,2015年。

二、缺乏一套高效廉洁的国家行政系统

南欧国家在有效国家建构方面也存在很大欠缺。按照福山的观点,在南欧国家,民主建设先于国家建构,则往往陷入依附主义(clientelism)。所谓的依附主义,就是政治精英以个人或利益集团的好处而非纲领性政策,来换取选票和政治支持。

在南欧,依附主义、腐败以及传统习俗等并未随经济的现代化逐渐式微。首先,多个南欧国家在建设选举民主政治之前,并没有发展出现代官僚体系。由于缺乏强大自主的官僚机构与利益集团对抗,投票与选举成了摆设,各种资源可能被利益集团及其代理人(政治精英)哄抢一空。其次,多个南欧国家所经历的是没有工业化的城市化,即所谓"没有发展的现代化"。通常而言,工业化可以创造出新的职业群体和社会关系,进而促进国家能力的建设。而希腊的城市化不是由工业驱动的,而是整个村庄搬到城市,将礼俗社会保存下来。礼俗社会没有成功转向为法理社会。

国家行政系统效率低下造成的不良影响有三点。

第一,南欧各国的腐败问题相对严重。据全球反腐监督组织"透明国际"发布的"2019年全球清廉指数"(corruption perceptions index),葡萄牙、西班牙、意大利和希腊分别排在第29名、第30名、第51名和第60名。在南欧国家,政党融资、利益冲突、财产申报以及公共采购领域的腐败问题普遍比较严重。同时,不同的国家还有各自比较突出的腐败问题,如意大利的高层腐败与有组织犯罪问题,希腊的医疗系统腐败问题,西班牙的公共建设腐败问题,等等[①]。

第二,由于政府管理能力不强,逃税现象泛滥。例如,2010年有40%的希腊人并不纳税,而已经申报的个人所得税中,95%申报者的收入低于3万欧元。如此普遍的逃税行为给国家预算带来了每年200亿~300亿欧元的缺口,而这个数字至少占到2009年财政赤字的三分之二[②]。在希腊,游泳池是财富的象征,因此希腊的税务部门将私人游泳池用于调查潜在的逃税行为。2009年,仅有364户希腊人声称自己家里有游泳池。然而卫星影像显示,仅雅典的私人游泳池数量就高达16 974个。也就是说,仅有2.1%的游泳池所有者在诚实地报税。

第三,政治精英们一直使用公共就业来讨好选民,从而导致了公共部门人员日益膨胀[③]。与广泛的纲领性议程相比,南欧领导发现对个人好处的承诺往往更能促成支持者的踊跃投票。希腊自1974年民主化以来,两党激烈纷争,屡屡交换位置,每次上台,执政党就在文官系统中塞满自己的支持者,这导致希腊每万人口中公务员的比例

---

① 张军妮:《南欧国家的腐败与反腐败》,《当代世界与社会主义》,2015年第6期。
② 阿瑞斯蒂德·哈齐兹:《希腊福利国家:前车之鉴》,载于《福利国家之后》,汤姆·戈·帕尔默(主编),海南出版社,2017年。
③ 郑春荣:《淮南为橘淮北为枳:高福利模式在南北欧国家的实施效果差异及对中国的启示》,《南方经济》,2014年第1期。

达到英国的七倍。

> **专栏 8.1** 一位美籍意大利人对意大利的批评
>
> 路易吉·津加莱斯现任美国芝加哥大学布斯商学院教授,他是地道的意大利人,1963年生于意大利,1987年获意大利博科尼大学经济学硕士学位,1992年获麻省理工学院经济学博士学位。他在一本书的自序中对他的祖国意大利进行了非常严厉的批评:
>
> 我在1988年从意大利搬迁至美国,是因为我想逃离那根深蒂固的不平等制度。意大利人发明了"裙带主义"(nepotism)这个术语,并完善了"任人唯亲"(cronyism)的概念,至今仍深陷其中。能否获得晋升,取决于你认识哪些人,而不是你会做哪些事。美国人最近知道了西尔维奥·贝卢斯科尼政权的腐败,这位由商业大亨转型而来的政客掌控意大利近20年。虽然即使用意大利的标准来看,贝卢斯科尼也算是极端案例,但他的出现绝非偶然,而是堕落体制的必然产物。
>
> 资料来源:路易吉·津加莱斯,《繁荣的真谛》,中信出版社,2015年。

三、社会保障制度改革缺乏相应的环境和体制

与南欧国家形成强烈对比的是,德国经济和社会保障制度经受住了2008年全球金融危机的考验,成为世界各国的"楷模",这在很大程度上可以归功于德国早在金融危机爆发前就雷厉风行地实施了社保改革。明知当前的社会保障体系存在许多缺陷,不利于年轻一代,但这些南欧国家为何缺乏变革动力?

第一,如前所述,南欧国家受威权政治文化影响较深,公民型政治文化尚不成熟,社会信任感低下,民众与政府、社会与国家、劳方与资方似为"天敌",他们很少能坐下来通过谈判达成共识,社会保障改革方案难以得到社会公众的认可。20世纪90年代起的各届希腊政府都将养老改革列入议程。1990年,当时的新民主党(希腊中右翼主要政党)政府也曾在巨大的财政赤字压力下提出了一个全面的改革方案,但此后发生了公交部门、银行和公共能源企业为时两周的大罢工,政府不得不收回改革方案中的很大一部分。1993年社会党(希腊中左翼主要政党)上台后,也先后组织了专家委员会,开展养老改革的研究。到2001年改革计划终于公布,再次遭到了工会、议会反对党的强烈反对,称该计划是要终结福利国家。2002年,政府在邀请工会专家参与的情况下再次提出改革方案,但这个方案不仅未推迟退休年龄,实际上反而提早了250万养老基金缴纳人员的退休年龄。

第二,掌握话语权的年老一辈都拥护当前的体制,而这部分人掌握着政府主要职位,且有着非常高的投票率,在很大程度上决定了社保政策的走向。在希腊,许多家

庭中都有人享受着膨胀的行政机构的好处——家家都有人是公务员,当然是上了年纪的;在西班牙,20世纪"婴儿潮一代"是推动房地产泡沫的主力,这恰恰把西班牙推向危机的边缘;在意大利,年老一代力挺总理贝卢斯科尼,原因是他支持维护年老一代利益的养老金制度。

四、民粹主义抬头

深陷经济危机泥潭的南欧各国,经济低迷、失业率高、政治无序、民众愤怒等,为民粹主义政党的产生、发展壮大提供了现实土壤。欧洲传统政党的政策因不切合实际而丧失支持率,让民粹主义有机可乘。

目前民粹主义已在南欧占据一定的主导地位。2015年"激进左翼联盟"成为希腊执政党。西班牙"我们能"党也从2014年开始崭露头角。意大利无疑是民粹主义表现形式最为复杂的一个国家。在意大利,成立于2009年的极右翼政党五星运动党在2018年议会大选中以近三分之一的支持率成为最大的政党,最终与疑欧派北方联盟党联合组阁。

目前南欧国家民粹主义对政策的不良影响主要体现在三方面。

第一,民粹主义政党在政治上不切实际地迎合选民的愿望,在经济发展和国家治理上不遵循基本规律,以高福利政策许诺,不愿实施紧缩政策和降低政府债务风险,最终可能导致经济崩溃,民众生活陷入困境,社会陷入混乱。

第二,民粹主义注意眼前利益,脱欧倾向明显。目前意大利是欧洲一体化中最大的软肋。英国向来不是欧洲一体化的核心国家,对欧盟若即若离、三心二意,但意大利不同,它是欧洲一体化的核心国家,如果因为极右翼政府上台加剧对欧盟的离心倾向,将对整个欧盟造成不小的打击。

第三,民粹主义为那些极端排外情绪推波助澜。南欧国家是中东、非洲难民进入欧洲的桥头堡,特别是意大利遭遇着从地中海渡船而来的难民潮。难民同本地人迥异的宗教文化,以及高犯罪率问题,导致南欧国家排外思想盛行。民粹主义者不是从正面解决问题,而是一味奉行极端民族主义,煽动排外、反对移民,加剧了社会冲突与矛盾。

五、社会信任感程度较低

低社会信任度与高社会福利制度在一定程度上可以形成恶性循环:社会信任度低,税收筹集相对阻力大,社会福利金冒领现象多,社会保障入不敷出,政府无法信守承诺,社会公众的社会信任度进一步降低。

在意大利南部和希腊,社会信任感程度较低,社会合作以家庭为主。正如美国佛罗里达大学政治学教授基斯·莱格所指出的:"家庭成员必须联合起来,以应付外人威胁……欺骗国家、陌生人和同事都是可接受的,经常还被当做聪明的证据。村民经常不愿与陌生人建立直接或新的关系,甚至与同事邻居都关系紧张……村庄中的房屋互相保持距离，大多数事件不会让村中其他人看到……当乡下希腊人住院时，亲戚会不断出现，检查医生本人及其治疗方法。"①在这种社会中，企业往往是小规模的，由几代家人拥有，不会变成由职业经理人掌控的大型现代公司。南欧四国的国际性大企业数量相对其经济规模是偏少的。

社会信任感低的主要原因是非人格化的强大国家和法治在历史上的缺席。由于缺乏值得信赖的公共权威，家庭和个人只好自力更生，卷入低层次的"人人相互为敌的战争"。国家机构庞大而软弱，导致了黑手党兴起、家庭功能强化，进而加剧由了社会不信任感，腐败、社会欺诈和逃税行为的泛滥，又进一步降低了政府权威和国家治理的成效②。

第三节 南欧福利模式的特点及其影响

南欧人民并不"懒惰"，例如，2018年希腊劳动者的年平均工作时间是1 956小时，高居欧洲各国之首。但南欧国家这十几年来经济发展、社会分配效果都不尽如人意。除了上述介绍的经济、社会环境等原因以外，社会保障制度本身也存在较大问题。

一、社会保障计划的内部分配结构失衡

南欧国家过高的福利并没有带来收入的平等和经济的增长，主要原因之一就是社会保障计划的内部分配结构严重失衡，少数人获得了社会保障计划的大部分利益。例如，意大利社会保障体系在对于不同生命周期"呵护"的社保资源分配中过度强调对老人的保护，而忽略了对生命周期中早些阶段的保护，如儿童早期教育、家庭津贴、社会排斥的防范、住房以及失业救济等，这些领域发展都存在不足，不管是在融资方式还是在机制建设方面都存在许多缺陷。2002年，意大利的社会保障支出结构为：67.7%用于社会保险，25.1%用于卫生健康，7.2%用于社会救助，老年人的养老金及医疗吸收了大部分的社会保障资源③。

从代际分配角度来看，如果过于强调对老年人的保护，则必然以牺牲对年轻人的投资为代价。2008年以来的全球金融危机、欧债危机使欧洲各国代沟愈来愈深：20世纪五六十年代"婴儿潮"出生的一代人正享受着高福利制度的好处，而今，他们老了，但福利并未减少，只能靠年轻一代的税收来承担。与老一代人相比，欧洲尤其是

---

① Legg, K. (1969). *Politics in Modern Greece*, Stanford University Press.
② 弗朗西斯·福山：《信任：社会道德与繁荣的创造》，远方出版社，1998年，第120页。
③ Sacchi, S., Bastagli, F. (2005). "Italy: Striving Uphill but Stopping Halfway, the Troubled Journey of the Experimental Minimum Income Insertion," in Ferrera, M. (ed.) *Welfare State Reform in Southern Europe: Fighting Poverty and Social Exclusion in Greece, Italy, Spain and Portugal*, Routledge.

南欧的年轻人处于不平等的地位,主要体现在:第一,就业市场的不景气对年轻人的冲击远大于年老一代。例如2011年西班牙和希腊年轻人的失业率分别高达52.7%和52.8%,是年老一代的两倍。第二,年老一代享有更多的就业保护与福利。西班牙和意大利的老一代职工签订的大都是固定合同,受当地劳工法律保护,雇主解雇的难度远高于国际平均水平。相比之下,近半意大利年轻人和超过60%的西班牙年轻人大都拿的是临时工作合同,很容易被"炒鱿鱼"。

有资料对一些OECD成员国的社会正义水平(level of social justice)进行测评,测评的指标有五个:贫困、教育、就业、社会福利和收入分配(五项指标的权重有所不同,排在前面的权重高一些),最后得出的加权平均社会正义指数如图8.4所示。西班牙、意大利、葡萄牙和希腊的加权得分分别为-2.58、-2.71、-2.96和-3.09,和爱尔兰一起排在了最末五位。

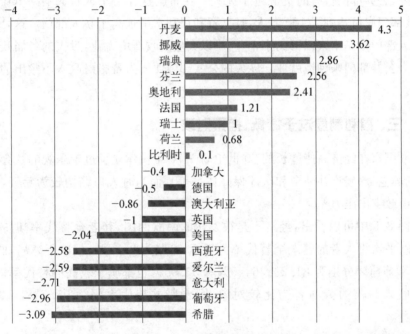

图8.4　各国的社会正义指数

资料来源:Merkel (2001). "Soziale Gerechtigkeit und die drei Welten des Wohlfahrtskapitalismus". *Berliner Journal für Soziologie*, 11(2): 135-157.

二、一些社会团体享有社会保障的特权

由于政治体制不成熟和国家能力欠缺,本应服务于公共利益的政府机构,却遭到强大私人利益集团的攫取,为某些社会团体长期提供特别优待的社会保障权利。例如公务员群体、大企业雇员等,这部分群体所受到的高度保护远远大于自由职业者或是中小企业的雇员,甚至有时候是以牺牲对老年人的保护为代价——尽管对老年人的保护也存在资源分配过度的情况。

希腊的社会保障支出占GDP的比重高达13%,但65岁以上人群的贫困率却高达35%,原因就是政府公务员等耗费的社会保障支出比重过高①。希腊公共部门中某些类型的雇员只需工作20年到25年就可以退休。20世纪80年代很普遍的是,公共部门的女性可以只工作15年就退休,所以产生了很多刚满40岁就开始领养老金的人。到2010年,银行、水电等公用设施等部门还大量存在这种现象,因为这些部门过去都属于公共部门,现在虽然有相当一部分已经私有化,但仍保留了原来的养老金制度②。例如希腊最大的航空公司奥林匹克航空,其私有化历时多年,在此过程中为了说服那些原来享有公共部门福利的职工"下岗",政府接连不断地提供给他们一些提前退休的补偿计划,待遇非常高。意大利也存在类似的情况,公务员的养老金体制独立于一般雇员的养老金体制,前者的待遇要丰厚得多。

此外,公共部门占有的资源过于庞大。在希腊这样一个人口只有1 100万的国家,公共部门雇员达到了100万人,且工资和福利水平远高于私人部门。这是因为希腊的私人部门多是十人以下的小企业,难以大量吸收新增就业,过去的各届政府往往依靠扩大公共部门来创造就业。庞大的公共部门便成为希腊财政入不敷出的一个重要原因。

三、福利制度过于慷慨,拖累财政

南欧国家在经济高速增长的20世纪60—70年代建立了过于乐观的社会保障制度(包括养老金、残疾补助金和医疗保障体系等),而当时人口结构较为年轻,也没有感受到财政支出压力③。

从图8.5中可以看出,经济不是很发达的南欧四国,养老金替代率却高居各国前列:以平均收入者的养老金替代率为指标,希腊为95.7%,仅次于冰岛,西班牙、意大利和葡萄牙分别为81.2%、64.5%和53.9%,也都属于较高的替代率;以收入是平均收入2倍的劳动者为比较对象,则希腊的替代率仍为95.7%,高居各国榜首。

由于养老金给付过于慷慨,希腊的社保基金很快就出现入不敷出的情况,政府不从社保基金自身增收减支的角度让社保基金自求平衡,而是从财政预算中拨付资金予以弥补。由此,社保基金从一个双方缴费(雇主和雇员)的保险制度演变成一个三方缴费(国家成了第三缴费方)的共担分责制度。从此,政府支出中多了一项强制性支出——社保补贴支出,财政预算背上了沉重的包袱。

---

① Matsaganis M. (2002), "Yet Another Piece of Pension Reform in Greece," *South European Society and Politics*, 7(3): 109—122.
② Charlemagne (2010). "What Makes Germans So Very Cross about Greece?" *The Economists*, http://www.economist.com/blogs/charlemagne/2010/02/greeces_generous_pensions.
③ 参见皮埃尔嘉米尤·法拉斯加:《意大利之梦碎于福利国家》,载于《福利国家之后》,汤姆·戈·帕尔默(主编),海南出版社,2017年。

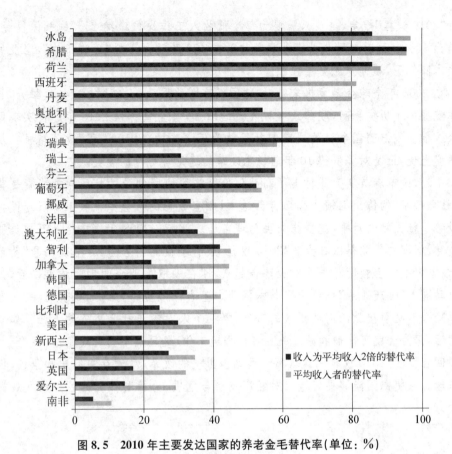

图 8.5　2010 年主要发达国家的养老金毛替代率(单位：%)

资料来源：OECD(2011). Pensions at a Glance 2011: Retirement-Income Systems in OECD and G20 Countries.

专栏 8.2　**德国的社保改革："2010 议程"**

我们以德国为例，分析社会保障体制及时转型的诸多好处。2003 年，德国经济增长乏力，社会矛盾日趋紧张，被称为"欧洲病夫"。10 年之后的 2013 年，德国则被称为欧洲经济的标杆，实现这一转变的重要推动力之一就是"2010 议程"。

德国时任总理施罗德 2003 年推出"2010 议程"时，上台仅 5 年。他看到福利社会的各种积重难返的现实问题是无法回避的，因此锐意革新，号召公民减少对国家的依赖并承担起更多的个人责任。当时施罗德在联邦议院宣称，改革不是要摧毁福利社会，而是更好地留存福利社会的精髓和夯实福利社会的根基。2003 年 3 月，德国政府正式启动"2010 议程"，核心内容包括改革失业保险和救济制度，逐步削减失业救济金，将失业金领取的最长期限由 32 个月减少到 18 个月，推行强制再就业措施，推迟及冻结退休者养老金的增加，降低税率以刺激消费和投资，增加教育和科研投资，提高劳动生产率，努力推动社会就业和经济增长。"2010 议程"让就业市场再次灵活起来，它让小型企业更具活力，降低招聘风险，让兼职或临时性工作规则更加自由灵活。

例如"2010议程"规定,企业只需要为每个低收入工作岗位缴纳25%的社保税费(改革前为40%),同时鼓励失业者从事月收入在400欧元以下的"迷你工作",企业的雇佣成本降低了,雇佣意愿就增强了。

在2008年全球金融危机来袭时,德国经济增长强劲,出口贸易额持续攀升,社会整体就业率达历史新高,联邦政府税收持续增加,甚至宣称从2016年起将实现财政盈余。很多人把德国今日的成就归功于敢为天下先的"2010议程"改革精神。从某种角度上说,正是对施罗德10年前锐意改革的远见与勇气的褒奖。

不过,改革者其实为此付出了高昂代价。施罗德所领导的社民党被指责是背弃了"社会公平"的传统纲领。2005年大选中,相当数量的社会中低收入阶层选民把选票投给了社民党的对手,施罗德失去总理宝座。2003—2008年,约有13万党员脱离社民党,同期左翼党得以壮大。"2010议程"最有争议的内容当数"哈茨4号"改革方案,该方案把社会救助与失业保险整合起来,即在领取失业金的期限结束以后,失业者自动进入"哈茨4号"系统领取基本保险。基本保险金每月约350欧元,失业者领取保险金后必须接受任何被指派的工作,象征个人对参与社会事务的责任。如果拒绝的话,保险金就可能被扣减。失业者被强迫工作,这显然不受人欢迎。

回首德国"2010议程",这场富于远见和勇气的改革,尽管存在问题和争议,但瑕不掩瑜。它使德国能够更好地应对经济波动与危机,为福利社会的可持续发展提供了动力。

四、教育和就业政策出现偏差

在南欧国家面临的各种社会保障难题中,青年失业可能是最严重的问题。罪魁祸首自然是经济危机。其实,南欧国家的教育和就业体制本身存在许多缺陷,这导致了失业率的上升。以西班牙为例,该国的生均教育经费比欧洲各国的平均水平高28%,但青年失业率却远高于欧洲各国。分析西班牙的教育和就业政策,不难看出种种问题。

第一,西班牙的教育"两头大中间小",即未完成高中教育和拥有大学及以上学历的人群比例较高,而拥有高中学历的人群比例较低。西班牙教育部的研究指出,仅在2000—2009年,西班牙25~64岁年龄段的民众中拥有高等教育学历的比例就从21.9%上升到了29.4%。大学和大学生数量增长很快,但经济结构却未实现相应改变,这给青年失业率增加带来双重影响:一方面,大量新增大学生导致就业市场供需失衡;另一方面,很多高学历者占用了低学历者的就业机会。

第二,西班牙青少年的过早退学现象较为严重,每3个年龄在15~24岁的西班牙青少年中就有1个没有完成中学教育,远超欧盟14%的平均水平[1]。许多年轻人初中毕业后就不再继续学业,因为大学毕业工资都未必能比建筑工人高。由于西班

---

[1] 联合国教科文组织:《2012年全民教育全球监测报告》。

牙青年人过早退学、教育程度低，无法从事高端工作，主要集中在建筑、房地产等相关产业，成为经济危机的主要受害者。

五、规模庞大的地下经济和盛行的家庭养老模式影响了社保的收入再分配效果

与欧洲其他国家不同，南欧国家的一些传统模式和社会习惯，严重影响了社会保障政策的收入再分配效果。

（一）地方经济规模巨大

南欧国家有许多家庭企业和家族企业，往往以现金交易，逃税盛行。如表8.2所示，2016年，希腊、西班牙、意大利和葡萄牙的地下经济占GDP的规模分别为28.0%、21.7%、19.5%和18.5%，均居欧洲各国前列，相比较之下，美国的地下经济占比仅为8.0%。不合法、不纳税的地下经济一方面导致那些经营者有了获取暴利的机会，加大了社会的贫富差距和收入分配不公，而且地下经济的雇员几乎不参加社会保险，在遇到各种社会风险时，无法享受社保待遇。另一方面，地下经济也导致国家的税收流失，弱化了收入再分配的功能。

表8.2 2016年各国的地下经济占GDP的比重   单位：%

国　家	比　重	国　家	比　重
尼日利亚	53.4	土耳其	25.1
玻利维亚	46.4	乌拉圭	24.9
泰　国	45.2	哥伦比亚	24.9
乌克兰	43.9	克罗地亚	24.0
秘　鲁	42.2	印　度	23.3
巴　西	36.5	越　南	22.9
斯里兰卡	36.4	罗马尼亚	22.9
委内瑞拉	34.5	南　非	22.4
俄罗斯	34.3	阿拉伯联合酋长国	22.0
塞尔维亚	34.0	西班牙	21.7
肯尼亚	33.7	哥斯达黎加	21.0
哈萨克斯坦	33.5	匈牙利	20.6
埃　及	32.6	意大利	19.5
巴基斯坦	32.4	比利时	19.0
印度尼西亚	28.7	葡萄牙	18.5
多米尼加	28.4	韩　国	18.4
希　腊	28.0	以色列	18.0
墨西哥	27.9	波　兰	17.4
菲律宾	27.6	捷　克	15.7
孟加拉国	25.8	沙特阿拉伯	14.9
马来西亚	25.3	中　国	14.5
阿根廷	25.2	智　利	13.2

续表

国　　家	比　　重	国　　家	比　　重
法　国	12.1	荷　兰	9.4
爱尔兰	11.5	新西兰	9.2
挪　威	11.5	澳大利亚	9.0
加拿大	11.0	新加坡	8.6
瑞　典	10.7	瑞　士	8.6
德　国	10.2	日　本	8.1
英　国	9.5	美　国	8.0

资料来源：A. T. Kearney (2019). *Digital Payments and the Global Informal Economy*.

（二）家庭养老模式盛行，国家进行收入再分配的余地较小

传统上，南欧国家流行"家庭主义"(familialism)，有着深厚的家庭文化氛围，强调家庭成员之间的关照。家庭成员众多，女性劳动参与率低，家庭在养老中扮演重要的角色，这与北欧国家倚重的国家养老模式、欧洲大陆国家倚重的社会和市场养老模式有着重大的差别①。意大利的家庭净财富占 GDP 的比例在欧元区国家中是最高的，因为意大利许多家庭都拥有房产和储蓄，居民的养老、失业、照顾老弱病残等需求主要靠自我储蓄，靠不工作的家庭妇女，靠家庭和家族成员来应对各种风险，而不是靠社会保险②。在这样的社会环境中，政府很难替代家庭的社会保障功能，其对收入再分配的调节作用就相对有限了。

专栏 8.3　电影《我的盛大希腊婚礼》

《我的盛大希腊婚礼》电影中，主人公托拉生活在芝加哥一个希腊裔家庭中。她那庞大的家族简直可以用"巨型"来形容，光堂兄妹就有 27 个。在这样一个传统的家庭里，托拉被教导人生的三大目标是：嫁个希腊人，生一群希腊小孩，然后把每个人都喂饱直到生命最后一天。

拓展阅读：南欧的年轻人如何熬过漫长的失业期

根据西班牙的 Bentolila 教授和同仁在 2008 年发表的研究，在 1988—1996 年间，一旦失业，意大利男人的平均失业时间为 12 个月，西班牙 6 个月，而英国人为 5 个

---

① Moreno, L. (2004). "Spain's transition to New Risks: A Farewell to 'Superwomen'," in P. Taylor-Gooby (ed.), *New Risks, New Welfare: The Transformation of the European Welfare State*, Oxford University Press, pp. 137—160.

② Naldini, M. (2003). *The Family in the Mediterranean Welfare State*, Frank Cass.

月,美国人3个月。因此,南欧国家比其他欧美国家的平均失业时间长。

自2008年金融危机以来,关于意大利、西班牙等地中海国家失业率的报道总是很惊人。意大利国家统计局的数据显示,到2017年年底,失业率降到11%,而这竟然是2012年以来的最低点,而15～24岁年轻人的失业率终于降到32.7%——这是2012年来的最低值。西班牙从2010年5月到2016年5月的整整6年里,失业率一直在20%以上,最高在2013年上半年达到26.3%。那时候,年轻人的失业率超过50%!到2017年年底,全社会失业率降到17%,而年轻人失业率还是在40%左右。希腊、葡萄牙的情况也类似。

相对于其他发达国家,南欧的年轻人在两个方面存在劣势:

首先,南部欧洲的金融市场落后于英国、美国这些北部国家(这里,我们暂且把美国看成北部国家)。比如,到20世纪80年代末期,在个人和家庭抵押借贷中,贷款额在意大利最高可以借到抵押资产值的56%,在西班牙最高能借到80%,在英国最高借到87%,美国最高到95%。就最普遍使用的住房按揭贷款而言,在1998年,意大利的住房按揭总额为GDP的7%,西班牙住房按揭是GDP的22%,英国达到57%,美国更是接近100%。从这些对比看,在失业等收入风险发生时,意大利和西班牙民众不能像美国和英国人那样指望银行或其他金融机构帮他们。

其次,在宗教保险方面,今天的意大利和西班牙人远不如美国人那么虔诚,但比英国人对教会更看重。可是,虽然南部欧洲人在遭遇不幸时比英国人可以得到教会更多帮助,但由于欧洲教会总体势衰,它们对资源的控制远不如以前,因此,这方面的保障支持有限,不足以解决全部问题。

这么高的失业率,而且是持续多年,那里的人怎么过日子呢?饥寒交迫的时候,社会治安怎么维持呢?

16世纪新教改革之后,意大利和西班牙等发生逆转,放弃金融和其他发展,重回传统,也就是强化对传统的家族组织和天主教体系的依赖,特别是在重回家族方面,跟英国、荷兰、德国、丹麦等北部社会走上完全相反的路:意大利、西班牙等推崇大家族,而北部社会则放弃家族,往个体回归。我们可从几个指标看出南欧和北欧从16世纪以来的分流。

首先,从"啃老族"人口看,在25～29岁的年轻人中,西班牙有59%跟父母住在一起,意大利56%,而英国只有17%。跟父母住在一起的子女平均年龄有多大差别呢?意大利为18岁,西班牙15岁,美国11岁,而在英国,跟父母住的子女平均年龄才9岁。根据估算,一年里,每200个意大利和西班牙人中大约有1个会搬家、换地方,而每100个人中英国有1.5个,美国有2.8个会搬家。美国每年的迁徙流动率几乎是南欧的6倍,英国是南欧的3倍。所以,家的观念在南欧与北欧之间大为不同。

其次,一年中不管有没有发生失业等意外,有9%的意大利家庭和6%的西班牙家庭得到亲戚的钱财援助,而英国只有1%的家庭,美国3%的家庭会得到亲戚的财务援助。在发生意外风险时,这种差别就更大了。在南欧和北部国家之间,家族网络的保险效果差异明显。

从这些指标的对比可以看到,南欧天主教国家选择以家族保险为主,再辅以教会、政府和金融的避险支持,这个模式跟北欧新教社会的保障模式十分不同,以至于尽管西班牙和意大利的政府福利与金融市场不如英美,但是,在一家之主遭遇失业时,其他家族成员会出面帮助,使他们的食物消费受打击程度反而比英美低。这样的情况跟中国相似。

可是,南欧的这种模式也必然造成长时间失业率奇高的状况,因为在西班牙、意大利人失业之后,反正有亲戚支持,找工作的动力不会高,或者就在父母家附近随便找个工作凑合,这跟英美北部国家很不一样。就这样,西班牙、希腊、意大利的失业率才会特别高,持续时间才会特别久,找到工作后的工资也比失业前低很多,这些都是他们的生活模式所内生的。

资料来源:陈志武,《"还是家靠得住",南欧国家的经历》,经济观察网,2019年8月10日,http://www.eeo.com.cn/2019/0810/363282.shtml.

复习思考题

1. 一般而言,政治领导人担心得罪选民而不愿意对社会保障支出进行削减。但事实上,有不少国家的政治领导人不仅成功削减了社保支出,也同时保住了执政党的席位或在竞选中连任,秘诀在哪里?对此,美国加州大学伯克利分校教授保罗·皮尔逊提出了"争功"(credit claiming)和"诿过"(blame avoidance)的理论来解释这个问题:在福利扩张阶段,政党执政时会极力争取福利,并向社会公众表示那是他们努力争取来的;在福利紧缩阶段,执政党在缩减福利时会避免将福利紧缩的责任算在自己头上,以免在下次选举时被选民唾弃。你也可以通过搜集资料,试图回答这个问题。

2. 孟子曰:"有恒产者有恒心,无恒产者无恒心。苟无恒心,放辟邪侈,无不为已。"与此想法有些类似,美国华盛顿大学迈克尔·谢若登教授在《资产与穷人——一项新的美国福利政策》一书中提出了以资产为基础的福利政策理念:有人认为收入非常低的家庭不能或不应该积累资产,这种想法是错误的。哪怕是小额的资产积累也会对家庭的长远发展起着重大影响。消费型收入对大众生活的维系固然十分重要,但如果想要长久地改善家庭的生活条件,就有必要在教育、住房、生意等方面投资。试了解"资产建设理论"(asset building),并对其应用价值进行评价。

第九章

拉美国家福利模式①

　　拉丁美洲及加勒比地区(LAC)是指美国以南的美洲地区，有33个国家和12个未独立的地区，面积2 070万平方千米，人口6.51亿，又细分为墨西哥、中美洲和南美洲等三个地区。1492年哥伦布"发现"美洲大陆以后不久，这些区域就沦为西班牙和葡萄牙的殖民地，因此这些国家的语言多属拉丁语族，所以统称为拉丁美洲。拉丁美洲是地球上自然条件最优越的地区之一。"阿根廷"在西班牙中意为"白银"，最早因西班牙殖民者抵达此地后，以为发现了盛产白银的宝地而得名。

　　对于拉美国家来说，在经历了长达三百年的殖民统治之后，从19世纪初的独立运动开始进入现代化的起点。1804—1825年先后有17个拉美国家获得了独立，这17个国家包括了今天拉美大陆的主要国家(墨西哥、阿根廷、智利和巴西分别于1810年、1816年、1818年和1822年宣布独立)；1844—1903年又有多米尼加、古巴和巴拿马三国获得独立；第二次世界大战之后，13个加勒比国家相继获得了独立；到1983年，拉美的独立国家已经达到33个。

　　拉丁美洲主要国家只比美国(1776年)晚三十年获得了独立。之后避开了两次世界大战，顺利发展了两百多年。但是，尽管避开了世界大战、拥有丰富的资源，拉丁美洲发展至今日远远落后于北美。经济长期徘徊不前，贫困率居高不下，政局动荡摇摆，腐败无孔不入，毒品泛滥，暴力犯罪猖獗。众多拉美国家的失败如此相似，以至"拉美陷阱"成了一个专门术语，被视为国家发展需要警惕的前车之鉴。

---

① 以下所述的拉美国家福利模式针对的是拉美资本主义国家。

第一节 拉美国家的经济与财政

谈起拉美各国的经济,最有名的说法就是无法走出"中等收入陷阱"。2006年,世界银行《东亚经济发展报告》首先提出"中等收入陷阱"(middle income trap)概念。它是指一个经济体的人均收入达到世界中等水平(人均 GDP 在 4 000~12 700 美元的阶段)后,由于不能顺利实现发展战略和发展方式转变,导致新的增长动力特别是内生动力不足,经济长期停滞不前;同时,快速发展中积聚的问题集中爆发,造成贫富分化加剧、产业升级艰难、城市化进程受阻、社会矛盾凸显等。

为什么把拉美看成"中等收入陷阱"的典型?主要有两个原因。一是拉美是"中等收入国家"最集中的地区;二是拉美国家滞留"中等收入陷阱"时间长。拉丁美洲地区国家曾经是全球经济增长的明星。以阿根廷为例,在 1880—1913 年间的平均增长率达到 3.28%,是全球最高的。在 1913 年,阿根廷的人均 GDP 排名全球第 10,由于该国与美国、澳大利亚类似,都是"新殖民地",大家普遍认为增长更快的阿根廷将超过美国(当时排名第一)和澳大利亚(当时排名第二)。然而,阿根廷的人均 GDP 排名从 1913 年的第 10 名,跌到了 1964 年的第 18 名,在 2008 年则是第 28 名[①]。与阿根廷类似的,还有许多拉美国家。我们在图 9.1

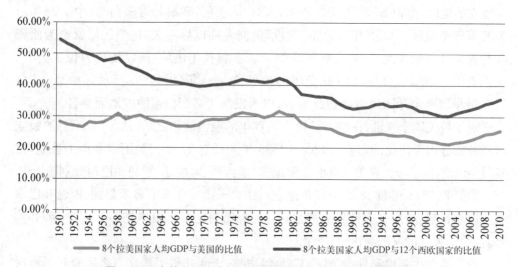

图 9.1　8 个拉美国家人均 GDP 与美国、12 个西欧国家的比值

资料来源:Bolt, J., J. L. van Zanden (2013). "The First Update of the Maddison Project: Re-Estimating Growth Before 1820". Maddison Project Working Paper 4.

注:8 个拉美国家是阿根廷、巴西、智利、哥伦比亚、墨西哥、秘鲁、乌拉圭和委内瑞拉;12 个西欧国家是奥地利、比利时、丹麦、芬兰、法国、德国、意大利、荷兰、挪威、瑞典、瑞士和英国。

---

① 胡永泰、陆铭、杰弗里·萨克斯等:《跨越中等收入陷阱:展望中国经济增长的持续性》,格致出版社,2012 年。

中可以看到,1960—2004 年 8 个拉美大国的人均 GDP 与美国、西欧 12 国的比值不但没有上升,还出现了下降趋势,这说明拉美国家与发达国家的差距不但没有缩小,反而持续扩大。在 2004 年以后,受益于能源等原材料价格的上涨,拉丁美洲国家的发展速度有所加快,稍微缩小了与发达国家的差距。

一、拉丁美洲的基本情况

拉丁美洲土地肥沃,资源富饶,大部分地方属于热带雨林和热带草原气候,温暖湿润,适宜居住。光一个亚马逊雨林就有 700 万平方千米,是"地球之肺"。拉丁美洲物产丰盛,自大航海时代开始,这里曾先后盛产白银、蔗糖、烟草、黄金、钻石、棉花、橡胶、可可、咖啡,每一种都是当时最热销的物产。在矿产方面,委内瑞拉石油已探明储量世界第一;巴西铁矿石储量世界第二;智利铜矿储量和产量均世界第一,秘鲁铜矿产量世界第三;秘鲁金银矿的产量也是在世界上名列前茅。

拉美主要国家领土辽阔、人口较多,人均 GDP 尚可。其中墨西哥、智利和哥伦比亚的经济发展水平较高,分别已于 1994 年、2010 年和 2018 年成为 OECD 成员国。如表 9.1 所示,拉美的代表性国家有四个,除了墨西哥位于北美洲,其他三国均位于南美洲。阿根廷(Argentina)与巴西(Brazil)、智利(Chile)号称拉丁美洲"ABC"国家,是南美洲在经济、政治、文化方面最为强盛三个国家。

表 9.1 2017 年拉美一些大国的基本情况

国　家	领土面积(万平方千米)	人口(万人)	人均 GDP(美元)
巴　西	852	21 087	14 103
阿根廷	278	4 469	18 934
墨西哥	196	13 076	17 336
秘　鲁	129	3 255	12 237
哥伦比亚	114	4 946	13 255
智　利	76	1 820	22 767

资料来源:OECD, CAF, ECLAC (2019). *Latin American Economic Outlook 2019: Development in Transition*.
注:人均 GDP 是以 2011 年不变价购买力平价美元计算的。

在各国 GDP 总量排行榜上,2011 年巴西超过英国和意大利排在第 6 位,但很快又被印度、英国、意大利等国超过,在 2019 年全球排名第 9。

二、拉美国家的经济状况

在拉美各国独立前,其发展历史充满了血腥暴力、病疫流行和战争[①]。19 世纪初,拉美各国迎来了独立后的新生,此后 200 年间经历了跌宕起伏的发展阶段。每一

---

① 参见贾雷德·戴蒙德:《枪炮、病菌与钢铁:人类社会的命运》,上海译文出版社,2006 年。

次经济发展周期性的大起大落犹如心电图(见图9.2),在经济总体增长的同时,也经常伴随着恶性通货膨胀、大规模的失业以及国民财富的巨额流失。这样的周期在社会结构上体现为贫困人口增多,贫富差距扩大,社会矛盾激化。

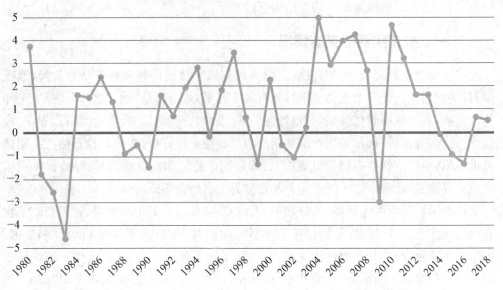

图9.2 近年来拉丁美洲及加勒比海地区的GDP增速(单位:%)

资料来源:世界银行网站,https://data.worldbank.org/indicator/NY.GDP.PCAP.PP.CD?locations=ZJ-CL。

(一) 20世纪拉美经济增长的三个阶段

1. 初级产品出口导向阶段(1870—1930年)

这一阶段,拉美各国总体上经济增长较快[①]。除了阿根廷和智利,大多数国家并未因出口扩张而带来多少国内产业的增长,加之劳动市场扭曲和基础设施落后,几十年间始终形成不了有效的国内市场。这一僵硬的经济发展模式到20世纪30年代经济大萧条时几乎陷于瘫痪。

2. 进口替代工业化内向增长阶段(1930—1980年)

进口替代工业化主张减少对外依赖,倡导国家引导的工业化,打破了拉美国家出口初级产品与进口制成品的生产结构,使制造业成为增长的发动机。在这一阶段,拉美的工业化水平和经济实力有了相当程度的提高。特别是1950—1980年,拉美地区经济年均增长5.6%。1980年拉美人均GDP达2 288美元,居发展中国家前列。这一阶段的发展被国际社会称作"拉美奇迹"。

不过,进口替代的发展模式过分强调国家的保护功能,致使拉美的经济结构长期处于十分落后的状态。1960年前后,巴西、阿根廷和墨西哥对耐用消费品的进口关税分别高达328%、266%和147%。而高成本的国内制造业又无法解决本地市场狭

---

① 参见弗朗西斯·福山:《落后之源:诠释拉美和美国的发展鸿沟》,中信出版社,2015年。

小、资金短缺和就业率低下等一系列瓶颈问题。贸易保护延误了拉美国家产业结构的转型升级,将拉美牢牢困在粗放增长方式里。高度有效的贸易保护使企业能获得很高的利润率,根本无意提高生产效率。

与此同时,在进口替代战略之下,资本积累水平不足以支持拉美国家迅速完成工业化,需要举借外债,又产生了新的矛盾与挑战。

3. 出口导向和新型发展模式过渡的转型阶段(1980—2000年)

20世纪80年代,拉美国家以"举债增长"方式实行进口替代的政策难以为继,政府债台高筑,陷入恶性通货膨胀和货币急剧贬值的恶性循环①。以"债务危机"为标志性事件,拉美各国出现了持续的社会动荡和政局不稳。

拉美国家随之普遍推行新自由主义,其主要特征是把矿产资源和国民经济命脉产业都实行私有化,全面彻底放开金融和经济管制。新自由主义模式促成了拉美国家由国家主导型经济体制向自由市场经济体制的转变,由进口替代工业化的内向发展模式向出口导向的外向发展模式转变,发育不良的民族产业在全球产业链分工中处于不利的竞争地位,并最终造成国家宏观调控能力被过度削弱、社会冲突加剧等诸多不良后果。20世纪80年代拉美地区GDP年均增长率仅为1.2%,人均GDP增长则是—0.9%;90年代这两个数据分别为3.2%、1.4%。20世纪80年代和90年代成为拉美两个"失去的十年"。

在社保政策上,政府要缩减债务,必须减少国家的基础设施投资与财政支出,首当其冲的是穷人,生活受到较大影响,而中高收入阶层可以凭借其高收入,通过市场获得(本应由政府提供的)公共服务。

(二) 21世纪以来的经济状况

拉丁美洲国家大部分是资源、能源出口国,经济长期高度依赖大宗初级产品的出口,例如,巴西经济高度依赖铁矿石和大豆的出口,委内瑞拉大约96%的出口总额来源于石油,阿根廷出口收入一半来自农产品等。进入21世纪以来,由于新兴经济体对原材料进口的旺盛需求以及由此带来的大宗商品超级周期,拉美国家再度迎来经济增长"黄金时期"。在"大宗商品超级周期"(2003—2012年),大宗商品的价格上涨了3倍多,拉美经济增长很快。2001—2011年,拉美初级产品出口额在总出口额的比重上升了近20个百分点。2001年,初级产品出口比重为41.1%,而到2011年,这一比重猛增至60.7%。

与初级产品出口繁荣相比,制造业占GDP的比例从1980年的27.8%跌至2009年的15.3%。拉美"去工业化"与当时国际市场初级产品价格长期维持高位有关,使资本过度向能源资源类产业集中。

---

① 资本积累和产业升级是顺利完成工业化的必要条件。中日韩等国的发展战略成功之处在于:工业化都是从劳动密集型产业开始,利用国家人口密集、工资成本比较低的比较优势,以及国家的高储蓄率,一点点积累资本和技术;再通过政府的产业政策和扶植机制,实现产业升级。相比而言,拉美国家的人力成本较高,工人工作效率低下,储蓄率太低,政府又无产业政策引导。

自2004年到2008年年中,拉丁美洲地区的经济平均增速达到5.2%,是自从20世纪70年代至今,该地区取得的最佳成绩。经济繁荣对贫困消费者的生活产生了真正积极的影响,开启了史无前例的社会转型,使贫困人口减半,中产阶级人数大增。与此同时,繁荣期的高额利润产生了一种"增长幻觉",导致许多拉美大宗商品出口国寅吃卯粮,储蓄不足。这段时间,本应是拉美国家推动本国经济结构转型的黄金期。然而政府错误地使大量的财政盈余用于非常庞大且不断扩张的社会再分配,虽减少了贫困,但这只是饮鸩止渴,却错过了重要的结构改革机遇期。

自2009年全球金融危机结束后,世界经济迅速复苏,但拉丁美洲的增长势头从2012年开始变得举步维艰,2014—2016年人均GDP连续三年负增长,2017年和2018年虽略有好转,但增长率也低于1%。西方发达国家纷纷采取贸易保护主义政策来减少危机对自己的影响。2012年以来,国际市场上原油和初级产品价格大幅度下跌,再加上长期以来,拉美多数国家以初级产品出口为主的粗放式增长所积累的矛盾和风险集中暴露,经济增长的旧动力日趋减弱,又没有及时调整经济结构和发展战略,新动力激发不足,拉美国家经济增长速度普遍放慢(见图9.2)。多个国家经济深陷国内(通胀、财政赤字)和国外(经常性账户赤字)的双重失衡之中。2016年1月,高盛经济学家阿尔贝托·拉莫斯评论说,"10号原本用来形容球王贝利,现在数字10说的是巴西的通货膨胀率、失业率和总统支持率"。

2017年,阿根廷的GDP按现价换算成美元接近6 430亿,人均GDP约为1.46万美元,已经达到了高收入国家标准。但从2018年开始,深受金融危机影响,阿根廷比索大幅贬值,使2018年GDP下降到了约5 200亿美元,人均也下降至1.17万美元。到2019年,按照约4 500万人口计算,阿根廷的人均GDP已不足1万美元(约为9 980美元),与2年前相比,缩减了31.5%。这就是典型的陷入中等收入陷阱的案例。

目前,拉美地区的经济增长基础仍然很脆弱。

第一,对外贸易依存度总体偏高,尤其是对于大宗商品的依赖度较高。在大宗商品价格的持续走低中,拉美国家对外贸易的风险敞口较大。

第二,过早"去工业化"。从全球经济发展史来看,工业化几乎是每一个经济体崛起无可回避的阶段。欧洲、美国、日本等,再到中国,无一例外都是通过工业化建立起现代经济的体系,再在此基础上发展生产性服务业。根本上,这是由制造业与服务业的本质所决定的:大部分的生产性服务业,其功能便是为制造业提供服务(典型的如贸易、物流、产品设计等);因此,大量的服务业深深嵌入在制造业的产业链当中。没有了制造业这一需求来源,很多服务业便变成了无源之水,无本之木。

阿根廷在20世纪60年代中期制造业占GDP比重曾高达40%,此后占比持续下降至今,已降至14.5%;巴西、哥伦比亚70年代制造业占比曾短暂提高至35%和25%,80年代起工业化程度持续下滑。2014年,拉美主要国家制造业占GDP的比重均收敛至12%~15%的低水平[①]。过早放弃制造业成为拉美的通病，工业体系尚未成熟便开始衰退，大量劳动力潜力未能发挥，只能转向低端的消费性服务业。虽然服务业比重得到大幅提升，但经济却滑入了陷阱；加之政治、金融方面的决策错误，从此一蹶不振。

第三，缺乏高效率的大中型企业。如表9.2所示，拉美地区的经济由数量占比高达99.5%的中小企业构成，而大型企业仅占0.5%。这些中小企业的生产效率低、竞争力弱，难以成长为大型企业，更无法参与国际竞争。2016年，拉美和加勒比地区中型公司的劳动生产率平均不到大公司的一半。小型和微型企业的表现甚至更差，分别仅达到大公司生产率的23%和6%。

表9.2 拉美地区的企业规模情况

企业类型	企业数量占比	企业雇佣人数占比	产值占比
微型企业	88.4%	27.4%	3.2%
小型企业	9.6%	19.7%	8.8%
中型企业	1.5%	14.0%	12.6%
大型企业	0.5%	38.9%	75.4%

资料来源：Dini, M., G. Stumpo (co-ords.) (2018). "Mipymes en America Latina: un fragil desempeno y nuevos desafios para las politicas de fomento," *Documentos de Proyectos* (LC/TS. 2018/75), Economic Commission for Latin America and the Caribbean.

三、拉美国家的财政状况与外债危机

（一）拉美国家的财政状况

（1）税收负担。如表9.3所示，拉美四国中，智利、墨西哥的税收占GDP的比重较低，而巴西和阿根廷的税收占GDP比重较高，特别是巴西以税负重而闻名，税种繁复，又称"万税之国"。在巴西，税负繁重导致商品价格畸高，严重削弱了企业竞争力。

表9.3 拉美四国的税负、政府债务以及国民储蓄率

国家	2018年税收占GDP的比重	2018年政府债务余额占GDP	2017年国民储蓄率
阿根廷	28.8%	95.4%	16.02%
巴西	33.1%	77.3%	16.04%
智利	21.1%	25.0%	22.97%
墨西哥	16.1%	36.0%	23.10%

资料来源：OECD, CAF, ECLAC (2019). Latin American Economic Outlook *2019*: Development in Transition.

注：国民储蓄率为国民储蓄额占GDP的比重。

[①] 姜超、顾潇啸：《跨越中等收入：谁的奇迹？谁的陷阱？——拉美过早去工业化之殇》，海通证券研发报告，2016年5月31日。

政府还通过对进口货物征收高关税以保护本国市场,这又令贸易受到遏制,形成恶性循环。在进口方面,受制于巴西昂贵的税收,许多国际企业只能望而却步。2015 年 1 月,游戏公司任天堂宣布退出巴西市场,原因是进口税太高。此外,巴西的税收以间接税为主,对消费而非对财富征税,导致高收入阶层税负较轻,低收入阶层税负较重。

(2) 政府债务。相对于欧洲和北美国家,智利、墨西哥的政府债务余额占 GDP 的比重较低,财政较为健康,而阿根廷、巴西的政府债务占比则存在较大风险。欧洲和北美国家的金融市场较为发达,融资渠道通畅,债务融资利率较低,而阿根廷、巴西等国由于国内储蓄率较低,只能较大程度依靠国际融资,存在较大的融资风险。

(二) 拉美国家的外债危机

在历史上,拉美国家信誉不佳,多次爆发债务违约。早在 19 世纪 20 年代,十多个拉美国家外债违约,其中包括向墨西哥和秘鲁的贷款。1826 年,哥伦比亚有 50% 的国际债务违约,厄瓜多尔有 22% 的债务违约,而委内瑞拉差不多有将近 1/3 债务违约[1]。在每次拖欠之后,接下来就是长时间拖拖拉拉的谈判。大多数情况下,在经过数年讨价还价和相互让步之后,双方将会达成解决方案,这往往意味着投资者会遭受重大损失。

在拉美众多高违约率的国家中,阿根廷在这方面无疑是最有名的。阿根廷是一个拥有 9 次主权债违约"黑历史"的国家(违约的年份分别是:1827 年、1890 年、1951 年、1956 年、1982 年、1989 年、2001 年、2014 年和 2020 年),其中规模最大的一次主权债违约发生在 2001 年,直到 2016 年解决主权债违约引发的法律争端之后,阿根廷才重返国际金融市场。在 20 世纪 90 年代大部分时间,阿根廷经济繁荣,所以该国政府很容易能从国外借到资金,可是到了 1998 年,该国经济走向衰退,引起税收减少,这导致了更大规模的财政赤字。国外债权人对该国偿还债务能力越来越担心,所以不愿意以更高的利率贷款给该国。到了 2001 年,该国进入恶性循环:为了弥补财政赤字和归还到期债务,必须以更高的利率借入新的资金,而支付更高的利息将使其财政赤字规模变得更大[2]。阿根廷政府宣布暂停支付 1 320 亿美元外债,成为世界上有史以来最大的赖账国。

2020 年年初,阿根廷再次爆发债务危机。2018 年的阿根廷比索暴跌,导致阿根廷以美元计价的债务激增,政府无力偿还。阿根廷政府向国际货币基金组织寻求帮助,达成了 571 亿美元备用贷款协议。2020 年 4 月 6 日,阿根廷政府宣布,由于新冠肺炎疫情对经济社会造成冲击,决定将推迟偿还总额约 100 亿美元的公共债务,推迟日期至 2021 年。截至 2019 年年底,阿根廷外债达到了 2 776.48 亿美元,其中,2020 年到期的债务为 210 亿美元。在 2 776.48 亿美元债务中,约 62% 的阿根廷外债属于政府,约 26% 属于非金融机构或企业,约 9% 属于央行,可以说外

---

[1] 塞巴斯蒂安·爱德华兹:《掉队的拉美:民粹主义的致命诱惑》,中信出版集团,2019 年,第 35 页。
[2] 保罗·克鲁格曼、罗宾·韦尔斯:《宏观经济学》,中国人民大学出版社,2009 年,第 387 页。

债主要是由政府部门不负责任借债引起的。而在 2019 年年底阿根廷的外汇储备仅为 448.48 亿美元,偿债能力较弱。

长期以来,阿根廷央行过于注重促进就业和增长,忽视了对货币稳定的追求。这种货币政策的后果是恶性通货膨胀的出现。从 2011 年至今,阿根廷的通胀率每年都超过 20%,2019 年阿根廷的通胀率达 53.8%,为 28 年新高。受持续通胀的影响,阿根廷比索汇率也不断贬值:2001 年比索兑美元为 1 比 1,到 2020 年 4 月贬至 67 比 1(见图 9.3)。早在 2014—2015 年,阿根廷就已经经历过汇率短期大幅贬值的情况。2014 年 1 月 22 日美元兑比索汇率为 6.9,第二日汇率直接下跌至 7.5,单日贬值 8%。而受到阿根廷政府取消外汇管制的影响,资金大量流出,导致 2015 年 12 月 17 日比索又出现了单日贬值幅度达到 28% 的情况。随后阿根廷比索更是开启了漫长的贬值走势,到 2020 年 4 月底,汇率已下跌至 66.64。

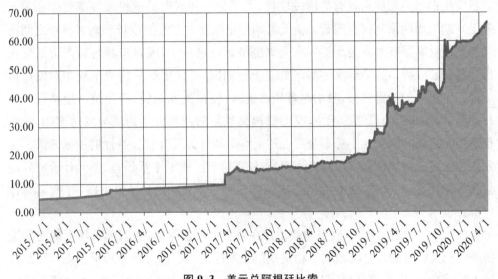

图 9.3 美元兑阿根廷比索

资料来源:CEIC 数据库。

阿根廷近年来屡次爆发债务危机的原因如下。

(1) 国内储蓄率低,严重依赖外债。国民储蓄主要包括居民储蓄、企业储蓄和政府储蓄,其中居民储蓄一直占大头。在居民储蓄方面,拉美地区的文化传统和消费习惯是超前消费和较少储蓄,特别是巴西和阿根廷(见表 9.3)。拉美民众不存钱有其历史根源,一代代的拉美百姓,看到自己的储蓄被本国政府掠夺——有时通过低利率,有时通过恶性通货膨胀,有时干脆就直接没收。在企业储蓄方面,拉美国家的高收入阶层、企业股东在盲目追求"攀比效应"的主导下,不是将增加的收入用于扩大再生产,而是追求奢侈性消费。国民储蓄对国家经济有一定影响,如果国家储蓄率下降,投资仍然维持高增长,资金来源就是大量借外债,大量引进跨国公司的投资。一旦外资撤走,汇率面临崩溃,国民经济就陷入危机。1994 年墨西哥金融危机就说明过度依赖外资特别是短期外资并非上策。

（2）政府大举借债弥补财政赤字。阿根廷福利水平居高不下，成为拖累政府财政的主要原因。阿根廷政党将高福利作为争夺政权的手段，不同政党为讨好选民只能一步步提高福利水平。易上难下的高福利政策致使阿根廷近几年财政赤字规模大增。

（3）经济结构脆弱难以抵御外部冲击。在国内和国际环境良好时，阿根廷虽然进行了一定的产业结构调整，但外向型经济发展相当缓慢，出口创汇能力不足，出口中高附加值的工业制成品比例太小，仍然以传统农产品为主。由于农产品国际市场价格偏低且波动较大，因此农产品外汇收入有限且不稳定。经常项目连年赤字，只能靠资本项目收入和借债来弥补。

（4）美元周期常常成为新兴市场国家债务危机爆发的导火索。新兴市场的每轮危机发生都与美元周期具有高度关联性，大部分的新兴市场危机事件都发生在美元强上升期或周期顶部拐点附近。美元周期是全球资本在成熟市场和新兴市场之间流动的直接反映。其基本逻辑是：在全球经济运行过程中，成熟市场与新兴市场呈现出"跷跷板"效应。当全球实体经济处于上行周期，弹性更好的新兴市场相对发达市场能产生更高的投资回报，吸引全球资本流入，使得美元走弱；而当全球经济进入下行周期，资本在避险情绪影响下，又会撤离高风险的新兴市场回流至发达市场，从而推动美元走强。而美元走势本身对上述资本流动行为又会有反身性的加强效应。美元走强会进一步加剧新兴市场资本流出，使得这些国家汇率承压，以美元计价的外债偿债风险上升。同时，资本流出造成国内流动性紧缩，引发股市下跌，并拖累实体经济。

（5）拉美国家的社会、经济与政治存在较多不稳定因素，在国际市场上缺乏融资信誉。拉美国家的社会与政局不稳定，罢工、游行、示威、暴力冲突乃至大规模骚乱接连不断，政府经常更迭，一些前国家领导人被捕和判刑事件屡见不鲜，主权债务违约事件也时有发生。例如，阿根廷从2001年12月20日德拉鲁阿总统宣布辞职至2002年1月1日正义党参议员杜阿尔德就任新总统，短短12天时间里五易总统。这些都导致国际投资者（甚至包括本国居民）对拉美国家的外债偿还能力存有疑虑，一旦有风吹草动，立即抛售拉美国家的货币和债券，直接导致银行挤兑、汇率体系崩溃，进而引发金融危机。

专栏 9.1　20世纪80年代拉美国家的主权债务危机

在20世纪80年代——一个通常被称为"失去的十年"的时期——许多拉丁美洲国家相继陷入了严重的债务危机。1982年8月，墨西哥政府宣布无力偿还主权外债；两年后玻利维亚、厄瓜多尔等国相继停止还债；紧接着，巴西政府因外汇短缺，宣布停止偿还外债利息；1989年，委内瑞拉政府宣布暂停偿还拖欠国际私人银行的公共外债。

拉美债务危机的主要原因如下：

（1）大量举借外债导致支付困难。拉美国家普遍储蓄率偏低，为了维持较高的投资水平，只能举借外债保证资金供给。拉美各国为发展基础产业，一直借助公共财政赤字来推动经济的高速增长。为弥补财政赤字，拉美各国不得不大量举借外债，其规模超过了支付能力。1982年年底，拉美十九国外债总额达到3 287亿美元，其中墨西哥、巴西、阿根廷、委内瑞拉四国外债总额2 575.6亿美元，占拉美外债总额的83.58%。外债还本付息额占当年出口收入的比重远远超过20%的债务安全线。

（2）外债政策与管理失误。拉美各国经济发展计划都过于乐观，往往没有对本国的外汇储备、出口创汇能力、借债期限、偿债能力等进行客观评估与周密合理规划。一方面，外债统计监督制度不健全，导致外债规模急剧增长，外债结构失调。另一方面，拉美国家借入的外债大部分不是用于具有创汇能力的生产性投资，而是用于非生产性的消费支出，或者是用于弥补国有企业的亏损。这样借入的外债对经济发展没有起到应有的促进作用，外债偿还逐渐力不从心，加剧了债务危机。

（3）进口替代战略致使国际收支问题严重。进口替代是指用本国产品来替代进口品，即对外建立高关税壁垒，对内扶植国有工业，通过限制工业制成品的进口来促进本国工业化。进口替代战略虽曾给拉美地区带来较高的经济增长，但在进口替代战略之下，资本积累水平不足以支持拉美国家迅速完成工业化。没有高水平的储蓄率与投资率，难以迅速推进和顺利完成工业化，因此，拉美国家只能放松了对进口的管制，进口支出越来越大。拉美国家发展进口替代的初衷是发展本国制造业来减少制成品进口，以解决国际收支不平衡问题。但在实施过程中，国际收支问题不仅没有得到解决，反而更加严重。

第二节 拉美国家的增长性贫困现象

经济增长对于减贫至关重要，但统计数据显示，世界各地区的减贫效果并非完全与其经济增长呈正相关。近三十年来，拉美国家的经济持续低速增长，但增长却没为减困做出较大贡献，贫困率甚至不降反而上升，这就是"增长性贫困"现象。

一、脱贫效果不稳定，贫富不均现象难以缓解

（一）基尼系数较高

从整体上看，拉美地区的贫富悬殊严重，基尼系数较高（拉美四国的基尼系数见

图9.4）。拉丁美洲是世界上最不平等的地区,尽管收入不平等在2002—2014年显著缓解,但这种趋势从2015年起失去了动力。用基尼系数衡量的收入不平等(拉丁美洲15个国家的平均值),从2002年的0.538下降至2014年的0.477、2017年的0.469和2018年的0.465。总的来看,基尼系数在16年内下降了13.6%,或平均每年下降0.9%。在此期间,这种下降的速度放慢了：2014—2018年平均每年下降0.6%,而2002年至2014年之间平均每年下降1.0%。

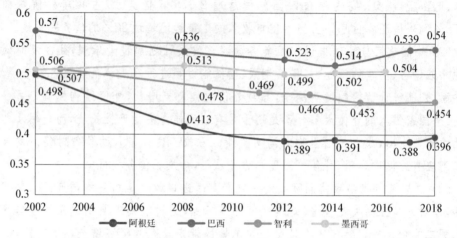

图9.4 拉美四国的基尼系数

资料来源：Economic Commission for Latin America and the Caribbean (2019). Social Panorama of Latin America, 2019 (LC/PUB. 2019/22-P/Rev. 1), 2019.

注：本图基尼系数统计的是收入的基尼系数。

(二) 贫困率与赤贫率较高

20世纪70年代以来,拉美地区人均收入增长了3倍,但贫富差距并没有缓解。1980年,拉丁美洲的贫困率(贫困人口占总人口的比重)为40.5%,1990年上升至48.4%。进入21世纪后,拉美国家民众的劳动收入增加,工资收入差距缩小,加上政府强化了社会保障政策,贫富悬殊的状况有所改善。在2002年贫困率降至45.4%,在2005年首次降低至40%以下。2002—2014年,该地区的平均贫困率从45.4%大幅下降至27.8%,有6600万人摆脱了贫困。同时,赤贫率(extremely poor rate)从12.2%降至7.8%[①]。

2015年以来,大宗商品出口繁荣期结束,随之而来的是经济放缓,拉美地区再次出现贫困指标的恶化。从2015年起,贫困尤其是极端贫困的水平有所上升(见图9.5)。2018年,约30.1%的区域人口处于贫困线以下,而10.7%的人口处于极端贫困线以下。这意味着约有1.85亿人生活在贫困中,其中有6600万人处于赤贫状态。尽管2017—2018年贫困趋势有所缓解,但2018年的总贫困率比2014年高2.3个百分

---

① 赤贫人口,又称"极端贫困人口"或"绝对贫困人口",是指每天生活费低于1.90美元的人口。

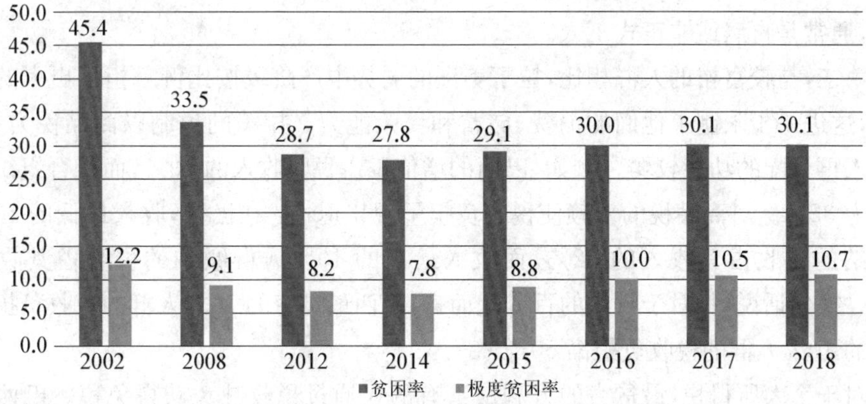

图 9.5 拉美地区国家的贫困率（单位：%）

资料来源：Economic Commission for Latin America and the Caribbean (2019). Social Panorama of Latin America, 2019 (LC/PUB. 2019/22-P/Rev. 1), 2019.

点,增加了约2 100万人,其中有2 000万人生活在极端贫困中。贫困群体以妇女、年轻人、残疾人和土著人居多。数据还表明,拉美有约2亿人生活在贫困线的边缘,其中很多人由于缺乏基本技能,只能从事底层和不稳定的工作,随时可能重返贫困。

二、没有产生稳定的中产阶级群体

拉美的殖民历史塑造了拉美国家特殊的社会结构特征,其基本特征表现为上层权贵集团与底层民众人群巨大的两极分化,中间阶层人数较少且实力羸弱。这样的社会结构,是在殖民时期形成的,即使在这些拉美国家独立以后的社会历史发展过程中,也没有得到根本的改变,一直成为它们发展的桎梏[1]。例如,1960—1990年巴西的贫富差距大致趋势呈现出的状况为：巴西国内收入最高的前20%人口30年来收入增加；收入占全国中间的60%人口,即中产阶级,其收入减少约四分之一；最穷困的20%人口其收入不增反降[2]。

缺少中产阶级群体的主要原因有：

第一,拉丁美洲超过一半的劳动力,包括"新兴中产阶级",在非正规部门工作。这使得他们在经济增长放缓与疾病、年老等风险所导致的收入下降和失业面前特别脆弱[3]。

第二,拉丁美洲的高生育率促进了工作年龄人口的更快增长,但这也意味着该地区的劳动力市场每年需要吸收大量的新工人。拉美国家缺乏一批强劲的中型企业,而那些规模较小且发展缓慢的小企业的发展速度不足以创造足够数量的生产性高薪

---

[1] 郭濂：《社会分裂与制度困境：陷阱中发展的拉丁美洲》,《红旗文稿》,2015年第12期。
[2] World bank (2006). Global Development Finance.
[3] Melguizo, A. (2015). "Pensions, Informality and the Emerging Middle Class," IZA World of Labor, Institute for the Study of Labor, pp. 1–10, http://wol.iza.org/articles/pensionsinformality-and-emerging-middle-class.

工作。取而代之的是,大多数新进入劳动力市场的人最终都是在生产率较低的行业工作,通常是自雇或非正式工人。

第三,与较富裕的人群相比,拉丁美洲的弱势中产阶级按比例承担了更大的税收负担,这进一步限制了他们的消费、储蓄和繁荣能力。拉美的税制以商品税为主,调节收入再分配的功能较弱。例如,巴西的增值税占税收收入的40%,而经合组织国家平均为32%。对商品税的依赖使税收负担呈现累退性:在巴西,收入最低的10%人群缴纳的税收占其收入的32%,而收入最高的10%人群缴纳的税收占其收入的21%。换句话说,相对于收入的百分比而言,巴西最贫穷的10%人群的税收负担比最富有的10%人群的税收负担高50%①。

对于个人所得税,最贫穷的人和最富有的人通过税收减免获得免税。巴西最富有的0.1%人口获得了总收入的7%,但是他们的收入中大约有一半免税,因为它们采取了股息和股票期权的形式,这些股息和股票期权所得免征税或可抵免,只有50%的收入属于应税所得。在收入分配的另一端,对于低收入者,大约四分之三的收入免税,还有5%的免税额,只有18%的收入属于应税所得。但是,对于中等收入者,大部分收入为工薪所得,既不能被豁免,也不能被大幅度扣除。结果,他们有64%的收入属于应税所得。

此外,汽车的标价是商品成本较高的一个例子。在巴西,汽车的价格是美国的2.4倍;在哥伦比亚,达到2.8倍。两个主要因素解释了较高的成本。首先,由于贸易保护主义政策和基础设施落后等非贸易壁垒造成的供应链中昂贵的"巴西成本"抬高了消费者的最终价格。尽管其劳动力成本投入降低了50%,但巴西的生产成本却比美国高出10%,发生这种情况的原因是占总成本80%~90%的钢和非钢零件在巴西要贵20%。其次,高额增值税进一步提高了价格。在巴西,这些消费税几乎占汽车消费者总成本的一半。

专栏9.2 "资源诅咒论"

1993年,理查德·奥蒂在《矿物经济的可持续发展:资源诅咒》一书中首次提出该概念,指出资源丰富的国家和地区非但没能实现经济繁荣,反而出现了经济发展速度和水平长期低下、收入分配极不平等、人力资本投资严重不足、腐败和寻租活动盛行、内战频繁等一系列不利于经济增长的现象。

一些学者发现许多自然资源丰裕、初级产品出口增长迅速的国家,其经济增长比较缓慢。1960—1990年,自然资源贫乏的国家的人均GDP增长率为3.5%,而自然资源丰裕国家的人均GDP增长率为1.3%。1965—1998年,石油输出国组织(OPEC)各国人均GDP增长率只有1.3%,而同一时期其他发展中国家的人均GDP

---

① McKinsey Global Institute (2019). *Latin America's Missing Middle: Rebooting Inclusive Growth*, 2019.

增长率为2.2%。

自然资源作为一种生产要素,对经济增长的直接影响应该是正面的,但是,自然资源部门在增长的同时,可能对其他部门或其他因素产生挤出效应或负面影响。

(1) 挤出教育。例如采矿业并不需要高技能的劳动者,国家可能忽视人力资本对经济发展的重要作用。

(2) 挤出投资。自然资源收入产生了持续的财富,造成了收入增长错觉,导致民众过度消费,忽视积累与投资,一旦自然资源价格下跌,经济便大幅动荡。

(3) 挤出创新。如果资源部门的工资高到足以吸引潜在的创新者和企业家来到资源部门工作,社会创新精神就会大量减少。

(4) 丰富的资源可能会导致掠夺与腐败,导致专制和独裁。

资料来源:谢继文,《资源诅咒国外研究综述》,《经济理论与经济管理》,2010年第9期。

第三节 拉美福利模式的环境条件

拉美福利模式实施效果不佳,在一定程度上也是环境条件约束所致。

一、财政支出结构不合理,资金浪费与资金紧缺并存

(1) 公务员薪酬水平过高。例如在巴西,公务员薪酬总是优先于交通、能源、水利等基础设施建设投资。2017年,巴西计划部部长迪奥古·奥利维拉表示,巴西的联邦公务员中,67.2%的人在巴西10%最富裕人口的范围内;在州公务员中有44.6%的人为10%最富裕人口;在市公务员中则有20.5%的人在10%最富裕人口范围内[1]。而根据世界银行的调查,巴西公务员的平均工资水平比私营部门高67%,如果巴西政府能够将公务员工资减半,那么他们至少每年能够节省国内生产总值的0.9%[2]。

(2) 正规部门就业者通过工会干预,获得了较高的福利待遇。那些在大企业和公共部门工作、处于劳动力市场核心地位的正规就业者,在工会作用推动下,通过劳动法、遣散金制度和缴费型社会保险制度向政府"索得"更多的福利分配。例如,阿根廷工会势力十分强大,现有1 660个官方承认的工会,近60%的经济活动人口参加了

---

[1] 张艾京:《全国最富裕人群!巴西政府称公务员是"精英"》,中国新闻网,2017年12月21日,http://www.chinanews.com/gj/2017/12-21/8406127.shtml。

[2] World Bank (2017). A Fair Adjustment: Efficiency and Equity of Public Spending in Brazil: Volume I-overview.

工会组织,是西方参加工会人数最多的国家之一。工会经常组织罢工、游行、封路等活动,严重干扰了阿根廷工业生产和人民日常生活秩序,令企业的经营活动备受困扰。

(3) 政府将财政预算用于大量的非民生项目,一些民生项目面临资金短缺。例如,巴西作为2014年世界杯足球赛和2016年奥运会东道主,围绕相关开支巨大的不满与日俱增。里约奥运会总花费达到了428亿雷亚尔(约合131亿美元),而当初申办时的预算仅为46亿美元,超支近2倍。联邦检察院对巴西举办这样一个活动盛事的合理性提出质疑,他们认为举办奥运会造成巴西财政入不敷出,特别是大部分体育场馆已沦为累赘负担。目前奥林匹克公园只是用来举办小型的活动,再利用的性价比也低得可怜。与当初申奥时相比,2016年的巴西遭遇了25年来最严重的经济衰退,经济萎缩3.8%。受经济危机影响,里约州政府负债累累,再加上斥巨资支持奥运会的举办,财政赤字大增,里约州政府只能拖欠在职公务员、退休人员的部分工资。

与此同时,巴西仍然缺少一些基本的公共服务。例如,有3 500万巴西人无法获得水卫生设施。又例如,2018年9月2日,一场意外的大火把拉丁美洲最大的自然历史博物馆——巴西国家博物馆馆藏的2 000万件文物大部分烧毁,造成了巨大的损失。巴西经济多年不振,债台高筑,自2014年危机以来,财政紧缩政策当道,执政的巴西民主运动党砍掉大笔科学教育经费。公立的里约热内卢联邦大学首当其冲,隶属该校的巴西国家博物馆也受池鱼之殃,四五年的时间,预算就从13万美元缩水到8万美元。2017年恐龙化石展厅白蚁成灾,巴西国家博物馆馆方竟要去线上众筹方能消灭虫害。

拉美社会公共产品供需失衡的形成有其特殊性。一切以选举为重的政治生态使许多拉美国家的政府缺乏长效机制意识。为了赢得支持率,政府更倾向于制定和实施能短期出成果的社会政策,如直接向低收入家庭发放政府救济金、提供免费住房等,而对于医疗、教育、基础设施等需要中长期规划的项目投入不足。

二、民生部门过度私有化

20世纪90年代,依照"华盛顿共识"的要求,一些拉美国家对教育、医疗等公共部门进行了程度不一的私有化,既为了引进竞争机制、提高效率,也想减少政府负担、约束财政纪律。但如今,公共部门私有化现象严重也直接导致了生活成本的节节攀升。在私有化体制下,居民收入增长难,而基本生活成本上涨易,教育、医疗费用居高不下,民众对政府职能的缺位不断提出抗议。

根据2019年美世咨询公司全球生活成本排名,智利首都圣地亚哥位居全球第79名,排名南美洲第二[①]。智利的生活消费成本如此之高,与民生部门过度私有化及其

---

① Mercer's 2019 Cost of Living Survey, https://www.mercer.com/newsroom/mercers-25th-annual-cost-of-living-survey-finds-cities-in-asia-most-expensive-locations-for-employees-working-abroad.html.

控制财团社会责任约束不足有很大关系。最近30多年以来,智利不仅对水、电、气、通信、交通等部门进行了私有化,而且对医疗、教育、社保资金管理等公共服务也进行了私有化和市场化。来自西班牙等其他国家的财团在智利控制着这些民生部门,并进行高度垄断经营,比如专业养老金管理公司AFP、国家电力公司ENEL、电信公司Movistar、桑坦德银行和西班牙对外银行等。又例如,智利的公路为私有化产业,对这个南北纵深长达4352千米的国家来说,公路收费成为一个巨大的赚钱产业。这些掌控智利民生部门的财团以获取利润为根本目标,不必为智利国民承担过多的社会责任,而智利政府也未对它们施加有效的责任约束。因此,在各项事关国民生活水平和生活质量的产品及服务上,这些财团在价格制订和调整上拥有"超权力",在供给数量和质量上也有很大的自主决策权。一旦汇率波动可能危及其利润目标,这些财团就会以涨价方式来弥补可能的资产收益损失,而这无疑会加大智利民众的经济与生活压力。

专栏9.3　智利爆发有史以来最大规模的示威活动

智利是南美洲最发达的国家,于2010年率先加入OECD,一直扮演着拉美地区领头羊的角色。然而,严重的贫富差距长年来却始终困扰该国,社会矛盾在2019年年底大爆发,许多民众走上首都圣地亚哥的街头愤怒抗议,引发大规模的罢工、罢课甚至罢考,严重到政府被迫停办2019年年底两场世界级的大活动——亚太经合组织领导人会议(APEC)和联合国气候会议(COP25)。

人口不过1800万的智利,接近半数人都集中在位于中部的最大城市圣地亚哥。高度的金融开放和私有化,却不断扩大贫富差距,让许多中下阶层无力负担教育、医疗、自来水等民生基本需求,久而久之累积成巨大民怨。

根据拉丁美洲和加勒比经济委员会(CEPAL)统计,2017年智利金字塔顶端1%的富裕阶层,囊括全国逾1/4财富;反观底层50%的民众,仅获得2.1%。

这波抗争的导火点,源自2019年10月14日,智利当局宣布将早晚高峰时期的地铁票价由800智利比索(约合人民币7.97元)涨至830智利比索(约合人民币8.27元),涨价的理由是"国际油价上涨""营运成本增加""线路扩建与设备更新"等。虽然涨幅不大,却引发了难以收拾的社会运动。一开始,先有不满的学生发起"地铁逃票运动",不久便从零星的个人逃票行为演变成集体逃票的反社会潮流,越来越多不是学生的人跟着加入。

面对学生的抗议,智利政府采取强硬态度,指派全副武装的警察前往压制,没想到冲突画面经过网络平台和社群媒体的散布,事情更加不可收拾,不仅愈来愈多民众响应抗争,从游行升级为大罢工,冲突程度也不断升高。2019年10月25日,约有120万智利民众上街游行,呼吁智利政府经济改革,并要求总统下台。随着抗争愈演愈烈,不仅多处地铁站遭烧毁,全国已至少有26人丧生,超过4900人受伤,7000多人被捕,让智利成为 2019 年年底的国际焦点。

三、非正规就业部门过于庞大

非正式就业人口包括自雇人员、短期务工者、失业人员等。如图 9.6 所示,2013 年,拉美各国的非正式就业人口占比高得惊人,有 6 个国家超过了 80%,有 11 个国家超过了 50%。非正规经济部门的生产率远低于正规部门,导致了工资的差异和不平等现象。

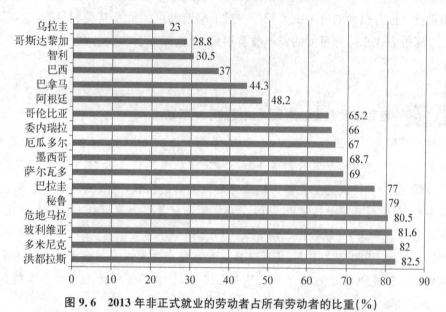

图 9.6 2013 年非正式就业的劳动者占所有劳动者的比重(%)

资料来源:OECD (2016). "Promoting Productivity for Inclusive growth in Latin America," *Better Policies Series*, OECD Publishing.

非正式就业部门庞大的原因有:一是城镇化进程过快。许多农民在进城之后找不到工作,又不能返回原地,只好在城市从事各种"自谋生计"的服务性工作,即所谓"非正规就业"。二是拉美国家产业竞争力不强,缺乏一批稳健的中型企业吸纳就业人员。由于市场快速开放,造成国外商品大量涌入,拉美的制造业受到严重冲击。2008 年至 2009 年金融危机后,拉美制造业占 GDP 的比重更是下滑到危机之前的一半。制造业的下滑,遏制了工人队伍的扩大,经济中开始出现越来越多的非正规就业现象。

在巴西和阿根廷,非正规工作带来了巨大而又深刻的伤痕,那些年轻时期就长期失业或者从事非正规工作的人在成年后会更加难以进入劳动力市场。此外,非正规的公司给他们提供很少的人力资本积累机会,从而也导致效率越来越低。因此这可能给这个时期最脆弱的青年的薪酬和事业进步造成了额外的阻力,而这些恰恰是整个人生事业规划的基础①。

四、拉美国家政权更迭频繁,政策持续性差

拉美国家政治缺乏稳定性,军事政变时有发生,政权更迭频繁,也导致了社会经济发展缺乏稳定长期和有效的政策。

1. 政变多发,军事独裁政府曾长期执政

在拉美现代化进程中,军人干预政治司空见惯,军人政府和军事政变一直是拉美国家绵延不断的现象。拉美因此也以军事政变频繁闻名。据不完全统计,二战后拉美曾发生过100多次军事政变,而洪都拉斯从1821年至1978年共发生139次政变,几乎每年一次。而且政变在拉美似乎是一件很容易的事。

军政府的统治历史为拉美军队在各国政治经济生活中占据重要地位提供了社会土壤,并留下了软弱的文官政治体制。例如,在1964—1985年长达21年的时间里,统治巴西的一直是军事独裁政府。在1973—1990年,智利被以皮诺切特为首的军事独裁政府统治。阿根廷则于1976—1983年处在军事独裁政府统治下。在实现了文官治国20多年后的今天,军事政变犹如一片挥之不去的阴影,笼罩在拉美国家的上空。

2. 选民对国家经济状况不满,希望通过更换执政党的方式改变现状

政府垮台,主要原因是民众对政府的不满,对传统政治人物的不信任,对现有体制的排斥。拉美式的民主剧本都是这样的:先是全民普选,各党派争相许愿拉选票,最能迎合民意者胜出,然后党派上台,贪污腐败,经济崩溃,政治许诺兑现不了就疯狂印钞。最后当民众发现上了当,就高喊政府下台,重新全民普选,再把这个剧本重新演一遍。

研究显示,当2002年巴西劳工党领导人卢拉当选为巴西第一位左翼领导人时,不是巴西选民对左翼的政策有着特殊喜好,而是他们在进行"回溯性投票"(retrospective voting)——他们给劳工党卢拉投出的这一票,是对上一届没做好工作的卡多佐政府表示的失望。这一现象在拉美国家时有发生。实际上在1994年,卡多佐也是"回溯性投票"的受益者。正如乌拉圭左翼前总统穆希卡所说,"我从来不认为左派已经失败,也不认为右派已经取得绝对胜利。人类的历史是保守与进步不断斗争的历史,是钟摆式的","如果左派失去地盘,那就吸取教训,卷土重来"。

3. 党派林立,矛盾重重,形不成合力

拉美政府一般由多个政党组成的执政联盟联合执政,这些政党政治主张不尽相同,而主要执政党党内派别林立,组织涣散,思想和组织建设滞后,影响了党的领导、

---

① Cruces, G., Ham A., Viollaz M. (2012). "Scarring Effects of Youth Unemployment and Informality: Evidence from Argentina and Brazil," CEDLAS Working Paper, Center for Distributive, Labor and Social Studies (CEDLAS), Universidad Nacional de la Plata.

组织和社会动员能力①。如巴西执政联盟由劳工党和巴西民主运动党等十几个政党组成。

五、政府腐败现象严重

拉美国家的腐败现象不是偶发性,而是大面积的,已渗透到制度层面。除智利和乌拉圭的廉洁度较高以外,其他国家的腐败现象较为严重。一些历史学家将拉丁美洲具有地方特色的腐败现象归因为西班牙和葡萄牙殖民者留下的遗产。另一些专家则指向一些当代的因素,如公共行政透明度的缺乏,法律的构建设计和执行之间存在比较严重的脱节,法律执行缺乏力度和有效性,对腐败分子的惩罚难以得到有效实施。在拉美不少国家中,部长和议员享有刑事豁免权,只接受最高法院调查。此外,司法程序的烦琐和对上诉次数没有明确限制也让不少腐败官员长期逍遥法外。

例如,巴西建筑巨头奥德布雷希特公司于2016年承认,为获得工程合同,曾在拉美和非洲12个国家行贿8亿美元。各国检察官和立法者随后展开了一系列调查,众多高官锒铛入狱。巴西前总统卢拉被控收受奥德布雷希特公司约909万美元及其他罪行,被判近13年有期徒刑;厄瓜多尔前副总统豪尔赫·格拉斯被判6年有期徒刑;秘鲁五位前总统被起诉或监禁;哥伦比亚前总统桑托斯、巴拿马前总统里卡多·马蒂内利的儿子和兄弟、阿根廷前总统克里斯蒂娜政府的多名成员、巴西前总统特梅尔等也都在不同程度上被卷入此案。2019年4月17日,涉及此案的秘鲁前总统加西亚在被拘捕前开枪自杀。

腐败给拉美国家在经济领域带来的冲击,首先是公共财政支出的浪费。国际货币基金组织发布的一份报告指出,腐败所造成的经济损失是巨大的。腐败会降低公共支出的数量和质量。在拉美,大量资金被腐败行为所抽取,减少了政府可用于公共投资和其他优先项目建设的资源。如果政府为了维持支出而向中央银行借贷融资,又将推升通货膨胀。

其次,腐败行为扰乱了拉美国家的市场经济秩序,扭曲正常的贸易与投资流向,破坏正常的投资环境,形成劣币驱逐良币效应,影响投资者信心。这种恶性博弈的最终后果就是把腐败行为的成本转嫁到消费者身上。

由于腐败、收入分配不公等原因,拉美地区时常出现社会动乱,范围较广。动乱的国家不仅有左翼政党执政国家,也有右翼政党掌权国家;不仅有尼加拉瓜这样的贫困国家,也有智利这样的加入OECD的准发达国家;不仅有委内瑞拉这样的经济大衰退国家,也有秘鲁、玻利维亚等经济增长相对较好的国家。

六、受到外国政府的干涉与外国资本的冲击

在历史上,拉美各国独立以后,英国、西班牙、法国、俄国、美国等国家都曾积极插

---

① 徐世澄:《拉美国家政治格局发生急剧变化:原因、影响和前景》,《当代世界》,2016年第5期。

手拉丁美洲事务,干涉国家内政。1823年12月2日,美国总统詹姆斯·门罗在国会发表著名的"门罗宣言",强调"美洲是美洲人的美洲",反对欧洲列强干涉美洲事务。从某种意义上讲,门罗主义在客观上起到了防止已独立的拉美国家再沦为欧洲列强的殖民地的作用。此后,美国逐渐成为干涉拉美国家事务的主要国家。干涉的手段包括简单粗暴的军事武装干预、直接的经济制裁和封锁、支持政变与扶植代理人等。从1831年美国军舰"列克星敦"号摧毁阿根廷在马尔维纳斯群岛上的居民点开始,美国先后数十次对拉美国家进行不同程度的军事干预,其中最典型的是20世纪80年代末直接出兵巴拿马,抓走时任巴拿马政府首脑曼努埃尔·诺列加。

20世纪80年代,拉美地区再度发生债务危机。美国政府联合国际货币基金组织、世界银行以纠正"扭曲的市场体系"为由,为拉美国家开出"减少政府干预,促进贸易和金融自由化"的改革药方,史称"华盛顿共识"。1992年,阿根廷由外资控制的银行资产仅占12%,到1997年上升到52%,2001年进一步上升到67%,在阿根廷最大的10家银行中,被外国资本控股的银行达到8家[1]。事实表明,此次政策干预最终使拉美国家的产业迅速向私人资本特别是外国资本集中,为国有资产流失以及外资控制这些国家的经济命脉大开方便之门,对外国资本、市场依赖更为严重,产业和产品竞争力进一步弱化,经济非组织化、社会"碎片化"趋势加剧,贫富差距更为悬殊,转型的难度更大。这些国家结果并没有形成原来预想的企业家阶层和私有经济的效率,而是令本国的经济安全大为削弱,政府应对危机的能力大大降低。

七、政府行政效率低下

欧洲和北美国家在发展初期均经历过长期的高强度战争,战争倒逼这些国家迅速强化自身的国家能力。普遍且持久的军事竞争会激励统治者在征税、社会管理和军队建设方面建立强有力的制度和执行力,促进以考试制、功绩制为核心的公务员管理体制发展,以功绩和能力而不是私人关系为前提来指导录用和晋升。而整个拉美地区享受了几百年的和平红利,基本没有发生过大规模的战争,在缺乏外部压力的情况下,国家能力建设缓慢,国家能力不足[2]。

拉美多数国家各级政府部门办事拖拉、工作效率低下;社会治安不佳,犯罪率居高,没有形成良好的投资环境。例如,2019年在中国运营的公司每年平均需要花费138小时计算和缴纳税款,而在墨西哥、智利、阿根廷和巴西,这一数字分别为241小时、296小时、312小时和1 501小时[3]。

世界银行每年发布的《全球营商环境报告》,通过采集、量化包括开办企业、办理施工许可、获得电力、登记财产、获得信贷、保护少数投资者、纳税、跨境贸易、执行合同、办理破产、劳动力市场监管及政府采购等影响企业生命周期的12个重要的商业

---

[1] 朱安东、王佳菲、蔡万焕:《新自由主义:救世良方还是经济毒药》,《经济导刊》,2014年11期。
[2] 弗朗西斯·福山:《政治秩序与政治衰败:从工业革命到民主全球化》,广西师范大学出版社,2015年。
[3] 资料来源:世界银行网站,https://data.worldbank.org/indicator/IC.TAX.DURS?locations=BR。

监管领域的政策及数据,来评估比较全球190个经济体的营商监管环境。2020年发布的报告显示,在190个国家和地区中,智利、墨西哥的排名不差,分列第59位和第60位,而巴西、阿根廷则分列第124位和126位,在大国中几乎垫底(见表9.4)。

表9.4　2019年主要国家的营商指数得分及排名情况

排名	国家/地区	得分	排名	国家/地区	得分	排名	国家/地区	得分
1	新西兰	86.8	19	芬兰	80.2	58	智利	72.6
2	新加坡	86.2	21	德国	79.7	59	墨西哥	72.4
3	丹麦	85.3	22	加拿大	79.6	61	沙特阿拉伯	71.6
4	韩国	88.4	27	俄罗斯	78.2	62	印度	71.0
5	美国	84.0	28	日本	78.0	66	哥伦比亚	70.1
6	格鲁吉亚	83.7	29	西班牙	77.9	78	希腊	68.4
7	英国	83.5	30	中国	77.9	83	南非	67.0
8	挪威	82.6	31	法国	76.8	123	巴西	59.1
9	瑞典	82.0	38	葡萄牙	76.5	125	阿根廷	59.0
13	澳大利亚	81.2	57	意大利	72.9			

资料来源:World Bank. 2020. Doing Business 2020. World Bank.

专栏9.4　非正规部门和非正规就业的定义

非正规部门和非正规就业是劳动统计学中相对较新的概念,为的是更好地衡量非法人小企业或未注册企业(非正规部门)的就业,以及更好地衡量法律和社会保障未能覆盖的就业(非正规就业)。

1993年,第十五届国际劳工统计学家会议通过一项决议,将非正规部门的统计学定义确定为在非法人小企业或未注册企业中发生的就业和生产。2003年,第十七届国际劳工统计学家会议又通过了对非正规就业相关及广义概念的定义:非正规就业指的是所有非正规工作,无论其发生在正规部门企业、非正规部门企业还是在家庭中。其中包括:

1. 受雇于非正规部门的人员(除极少数在非正规部门内、但有正规就业的人员)
- 在自己的非正规企业中工作的自营(自雇)工作者;
- 非正规企业的雇主;
- 非正规企业的雇员;
- 在非正规部门企业工作的家庭雇员;
- 非正规生产商合作社成员。

2. 在非正规部门以外从事非正规就业的人员
- 正规企业雇员,但不在国家劳动法、社会保障的覆盖范围之内或无权享受带薪年假或病假等具体就业福利的人员;
- 在正规部门企业工作的家庭雇员;

- 有偿家政工作者,但不在国家劳动法、社会保障的覆盖范围之内或无权享受带薪年假或病假等具体就业福利的人员;
- 自营工作者,从事产品生产且专门用于最终自家使用的人员(例如自给农业、亲自动手修建住房)。

资料来源:International Labor Organization (2003). Guidelines Concerning a Statistical Definition of Informal Employment, Endorsed by the Seventeenth International Conference of Labor Statisticians (November-December 2003); in: Seventeenth International Conference of Labor Statisticians, Report of the Conference; Doc. ICLS/17/2003/R; International Labor Office, 2003.

第四节 拉美福利模式的特点及其影响

拉美国家出现"中等收入陷阱"和增长性贫困现象,是由许多原因造成的①。如果说殖民时代曾经造就了拉美的贫穷,那么当拉美国家已经独立200年之后,当国际秩序不像殖民地时代那般弱肉强食,而拉美国家依然存在一些问题,恐怕要更多地从自身寻求解决之道。对拉美国家而言,治理能力比历史问题更值得关注。下面,我们主要从社会保障制度方面来分析导致拉美国家发展停滞不前以及贫富严重分化的原因②。

一、拉美四国的社会保障支出总量

进入21世纪以来,拉美国家借助于新一轮经济增长,完善各项社保制度,在一定程度上降低了贫困率,缩小了贫富差距。图9.7显示,2003—2016年,拉美四国社会保障支出占GDP的比重均有所上升,而巴西和阿根廷的增长速度更快,其中,阿根廷的社会保障支出增长了近1倍。社会保障支出占比提高就意味着社会保障支出的增长率高于GDP的增长率。如果原来的社保支出水平太低,则适当提高是合理的,而如果原来的社保支出水平已经不低,再继续提高就存在一定的经济风险。

2016年,OECD各国的社会保障支出占比为21.05%,略高于拉美四国(见图9.7)。四国中,智利和墨西哥的经济发展水平较高,但社会保障支出比重偏低,原因可能是这两个国家的人口较为年轻,一些社会保障项目已经私有化,也可能是社保

---

① 关于拉美发展之路坎坷的原因有很多(参见弗朗西斯·福山:《落后之源:诠释拉美和美国的发展鸿沟》,中信出版社,2015年)。乌拉圭作家爱德华多·加莱亚诺在1971年出版的《拉丁美洲被切开的血管》一书中提出:"拉丁美洲从来就没有真正独立过,新旧殖民主义通过坚船利炮掠夺资源矿产,通过国际贸易和投资将民族工业扼杀在襁褓之中。"

② 本节主要参考:郑春荣,《城镇化中的社会保障制度建设:来自拉美国家的教训》,《南方经济》,2015年第4期。引用时做了增删。

待遇较低;而巴西和阿根廷的经济发展水平较低,但社会保障支出比重偏高,存在"福利赶超"现象,巴西的社保支出占比达 19.32%,已经非常接近 OECD 各国的平均水平。

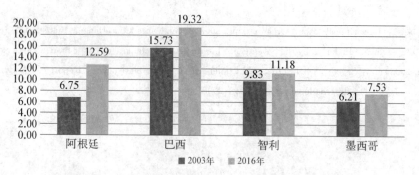

图 9.7 拉美四国的社会保障支出占 GDP 的比重(单位:%)

资料来源:Latin American Economic Outlook 2019:Development in Transition.

二、社保制度严重滞后于城市化进程

二战后,拉美国家大都片面地将工业化等同于现代化,认为工业的发展应优先于农业和农村发展,甚至认为工业化是解决农业问题特别是农村向城市移民的最好办法,因此在经济结构改革中,采取了重工轻农的政策,加剧了农业的衰败和落后。不合理的土地制度——大地产制以及在此基础上形成的农业现代化模式导致大量无地农民失去在农村的生存基础。由于错误的农业现代化模式,在城市尚不能提供足够就业机会的情况下,大量农业人口就被过早地挤出农业和农村而盲目地涌入城市,导致城市人口爆炸,粮食供应不足,城市贫困加剧,国内购买力难以提升。

在拉丁美洲和加勒比地区,人口高速增长与城市化高速推进,形成了巨大的社会管理压力[①]。一方面,从 20 世纪初至今,该地区的人口增长了 10 倍,从 6 000 万人口跃升至 2010 年的 5.88 亿;另一方面,目前该地区有 80% 的人口居住在城市里,是全球城市化率最高的地区,城市化水平几乎是亚洲和非洲的两倍,甚至超过了许多发达国家。在不到 40 年里(1950—1990 年),拉美城市人口从原来占该地区总人口的 40% 迅速增长到 70%(见图 9.8)。这一现象被称为拉美的"城市人口爆炸"。城市发展成为推动拉美国家加快经济增长和社会进步的"引擎"。然而,城市发展也给拉美民众带来了失望和苦恼:许多城市的生活环境在恶化,城市暴力在增多,特别是社会不平等的现象在加剧,由此引发一系列的社会矛盾和冲突。

拉美城市居民普遍面临住房难、就业难和看病难的状况。城市社会治安差、环境

[①] UN-Habitat(2012). State of Latin American and Caribbean Cities 2012,Towards a New Urban Transition,United Nations Human Settlements Programme.

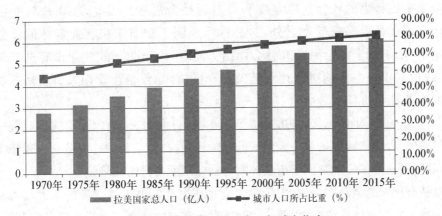

图 9.8 拉美国家的总人口与城市化率

资料来源：CELADE-Population Division of ECLAC. 2012 Revision.

污染严重和市政建设滞后都直接影响城市居民的生活质量。如今，走进拉美国家的许多城市，第一印象就是建筑杂乱无章，街道车流拥堵，贫民窟遍布山岗郊野，此外还有空气污染、噪声污染和视觉污染等。

住房紧缺一直是拉美城市化进程中没有解决的难题。虽然居住在城市危房中的居民人口占城市总人口的比重从 1990 年的 33% 下降到 2010 年的 24%，但居住在城市危房中的总人口却从 1990 年 1.06 亿人攀升至 1.11 亿人，保障市民住房仍然是拉美城市发展所面临的"最大挑战"。拉美各国情况不尽相同，苏里南居住在城市危房的人口比重约有 5%，智利为 10%，巴西近 30%，而海地却高达 70%。总的来看，1990 年拉美国家缺少城市住房约 3 800 万套，到 2011 年，住房短缺上升到 4 200 万～5 100 万套[①]。与同时此，由于进入城市的劳动力数量过多，超出了城市创造就业的能力，城市的失业现象越来越严重。

在拉美的很多城市，贫民窟是犯罪的天堂，也是犯罪分子的窝点。毒品犯罪在拉美极为突出，很多贫民窟已被毒贩所控制，居住在贫民窟里的城市贫民为贩毒制毒活动站岗放哨，加之贫民窟地形复杂，给政府扫毒工作带来了很大困难。

三、养老保险计划的覆盖面较低，难以覆盖非就业的员工

现代社会保障制度在制度设计上只适用于有正式的劳资关系和固定的薪金收入的正规就业人员，而非正规就业群体往往不存在固定的劳资关系，就业模式带有很强的异质性、分散性、无组织性以及隐蔽性（部分非正规就业部门带有流动性）等特点；大部分非正规就业群体游离在制度边缘，这就使现存社会保障制度很难适用于这一群体，再加之拉美国家的财政负担能力有限，使之很难有足够

---

① Gilbert, A. (2012). *Latin America Regional Report: Global Housing Strategy 2025*. Final Report.

的资金来实施普惠的社会保障制度和普遍的社会福利。因此，非正规就业群体被排斥在现代社会保障制度之外，这种排斥加剧了对非正规就业群体的社会排斥和不平等，不利于社会融合和社会团结。同时，由于非正式就业没有进行就业登记，政府对于雇主无明确法律规范及配套措施，导致企业管理人员较易逃避应承担的企业社会责任。

自20世纪80年代以来，许多拉美国家在"新自由主义"的理念下建立起统一的社会保障体制，即依赖市场和个人储蓄的保障计划，产生了新的社会分化和保障不公平等问题，而这种不公平则源于市场体制与社保制度自身的缺陷。

以私有化养老金制度为例，由于养老金水平完全取决于参保者的个人收入和在资本市场上的投资回报情况，因此这种制度对于富有的社会中上层来说是有利的，而对无储蓄能力的社会底层来说却难以起到保障作用。实践表明，在进行养老金制度改革后，大多数拉美国家的社保覆盖面呈下降趋势，由于劳动力市场的不稳定性、就业方式的变化等因素，大量自谋职业者、失业者及贫困群体被排除在社保体制之外。而在正规部门就业人口与非正规就业人口之间以及不同行业和城乡之间，养老金收入的差距也呈扩大趋势。

有学者对拉丁美洲18个国家近40年来的养老保险覆盖率（养老保险参加者占经济活动人口的比例）进行了调查，发现：在2010年，有8个国家的覆盖率低于30%，仅有智利、乌拉圭、哥斯达黎加、阿根廷和巴西的覆盖率超过50%，尽管近年来各国的覆盖率有所提高，但覆盖率之低仍难以让人接受（见图9.9）①。造成低覆盖率

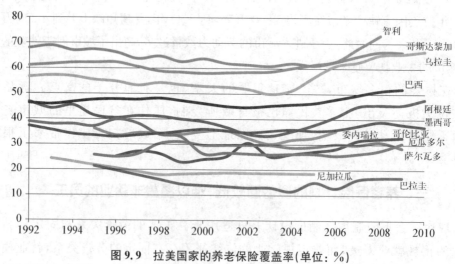

图9.9 拉美国家的养老保险覆盖率（单位：%）

资料来源：Rofman, R., Oliveri M-L. (2012). Pension Coverage in Latin America: Trends and Determinants, Social Protection Discussion Papers, No 70926, The World Bank.

---

① Rofman, R., Oliveri M-L. (2012). Pension Coverage in Latin America: Trends and Determinants, Social Protection Discussion Papers, No 70926, The World Bank.

的原因很多,例如:私有化的养老金计划没有收入再分配功能,低收入者的缴费积极性受到影响;缴费率偏高,中低收入者的缴费负担重;非正式就业部门庞大,政府的强制缴费规定很难推行;低收入者收入和就业不稳定,无法保证长期连续缴费。

四、刚性的福利制度难以调整

以巴西、阿根廷为代表的一些拉美国家的福利政策超过了其经济水平承受能力。当前高福利政策与该地区民粹主义思潮的兴起密不可分。20世纪中叶,庇隆主义在阿根廷兴起,主打的就是国有化和社会保障两张牌。与此同时,巴西也走上了这个路子,用以争取中下层民众的支持。巴西拥有世界上最庞大的社会保障体系之一,包括全民免费医疗、从小学到大学的免费公立教育以及高额救济金、养老金,可以说,巴西人拿着发展中国家的工资,却享受着发达国家的待遇。从领取养老金所需的缴费年限来说,按照现行制度,巴西人只需缴纳15年社保,男性在达到65岁、女性60岁后,就可以全额领取养老金。如果缴费年限达到30年,男性可以在53岁时退休;如果缴费年限达到25年,女性可以在48岁时退休①。比起缴费年限,更令人羡慕的是巴西养老金的金额,与巴西人的平均工资相比,其退休金相当于以往税后收入的97%,远高于经济合作与发展组织69%的平均水平。

安联集团养老金可持续指数即在全世界挑选54个人口最大的国家,就这些国家的养老金可持续性进行排名。2016年在54个国家中,巴西排名第50位。2019年,墨尔本美世养老金指数排名中,巴西的养老金体系可持续性列在38个国家中的第34位。

20世纪70年代以前,拉美经济相对较为繁荣,可以支持较高的福利保障政策。但80年代拉美国家纷纷遭遇"失去的10年"之后,这条道路依然没有改变。一方面,福利保障提高了中下阶层的生活水平,为社会筑起"安全网",与此同时,与经济发展水平不相适应的福利保障却也在一定程度上起到了"惩勤奖懒"的负面效果。无论是在阿根廷还是委内瑞拉,都有相当一部分人不愿意去工作,因为即使不工作,也不会挨饿,这不但挫伤了很多劳动者的积极性,也极大地降低了社会生产效率。

此外,拉美的经济发展并不稳定,曾经历过多次经济危机,这导致民众对社会保障的期待远远高于经济平稳发展的国家。而强势的工会力量、动辄上街游行的政治习惯都迫使政府不断地提高福利上限。近年来,全球经济普遍疲软,拉美各国对承担如此巨大的社会保障支出越来越力不从心。然而,民粹主义盛行意味着社会福利是一条"不能回头的路",减少福利直接意味着选票的丧失。

五、社会保险与社会救助的比重失调

与社会保险支出占GDP的比重相比,拉美国家的社会救助支出比重太小。有大

---

① 2019年10月23日,巴西参议院正式批准养老金改革法案。该法案核心内容是延长法定退休年龄,男性最低退休年龄延长至65岁,女性最低退休年龄延长至62岁。

量的证据表明,非缴费型的社会救助比社会保险更能有效地帮助拉丁美洲的贫困人群,但是在拉丁美洲,80%以上的社会保障资金被用于社会保险,因此收入再分配的效果较差①。对拉美8个国家2000年的调查表明,非缴费型的社会保障支出仅占社保总支出的7.7%,占GDP的比重就微乎其微了。社会救助经费支出比重最高的国家是阿根廷,其社会救助支出占GDP的比重为1.2%,远低于政府的社会保险支出比重为8.9%②。

六、弱势群体的就业保护政策匮乏,社会保险计划存在逆向再分配

首先,最低工资政策流于形式。平均而言,拉丁美洲大约40%的就业人口的工资低于每个国家确定的最低工资,而这一比例在女性和15～24岁年轻人中要高得多,分别为48.7%和55.9%,在年轻女性中更是高达60.3%③。

其次,女性的劳动参与率较低,工资较低、社会保障参保率较低。2017年,妇女在劳动力市场的参与率继续低于男性,分别为50.2%和74.4%,而妇女失业率高于男性。51.8%的职业女性受雇于低生产力行业,其中82.2%缺乏养老金制度保障④。与妇女在有偿工作中的低参与率形成对比的是,她们在家庭中的无偿工作中的参与率很高。在拉丁美洲,77%的无偿工作由妇女完成。

再次,社会保险计划存在收入的逆向再分配,反而恶化了收入分配结果。以拉美国家的养老金计划为例:20%的收入最高群体领取了61%的净养老金补贴;20%的最低收入群体则仅领取净养老金补贴的3%⑤。从表面上看,社会保险的主要筹资来源是参保人的缴费,但是拉美国家社会保险计划出现了严重的收不抵支缺口,结果导致一般财政预算资金被用于弥补大量的社保计划的赤字。例如,巴西的联邦政府公务员养老金计划是强制缴费的,但养老保险缴费根本入不敷出,每年的支出缺口高达GDP的1.7%——这一缺口数额与企业雇员的养老金计划的收支缺口相当,而后者的参保人数远高于前者。也就是说,政府的高额财政补贴流向了公务员养老金计划,造成公务员养老金待遇丰厚,形成了收入的逆向再分配。

七、社保和教育机会的缺失,造成代际贫困的恶性循环

从企业发展的角度来看,对劳动者素质要求越来越高。形成中等收入陷阱的重

---

① Huber, E. (2009). "Including the Middle Classes? Latin American Social Policies after the Washington Consensus," in Kremer M, van Lieshout P and Went R eds, *Doing Good or Doing Better: Development Policies in a Globalizing World*, Amsterdam University Press, pp. 137—155.
② Lindert, K., Emmanuel S., Joseph S. (2006). "Redistributing Income to the Poor and the Rich: Public Transfers in Latin America and the Caribbean," SP Discussion Paper, NO. 0506, World Bank.
③ Economic Commission for Latin America and the Caribbean (2018). Social Panorama of Latin America 2018 (LC/PUB. 2019/3-P).
④ Ibid.
⑤ Lindert, K., Emmanuel S., and Joseph S. (2006). Redistributing Income to the Poor and the Rich: Public Transfers in Latin America and the Caribbean. SP Discussion Paper, NO. 0506, World Bank.

要原因是缺乏向知识型和技能型经济模式转型的能力。当经济和人均收入达到某一中等水平以后,生产能力已无法继续提高,这就要求生产结构转向知识、技术密集型的高附加值部门。这一转型既需要稳定的宏观经济环境,也需要有利的商业环境,而最重要的是劳动技能的提升。

全球化在加速,跨国公司将生产过程分配在不同国家和地区,以扁平化、灵活性和适应能力强为特点的新的劳动组织形式也随之产生。这些特点促进产生了对劳动者各种不同技能的额外需求,既包括与数码有关的技术知识,也包括"软技能",如多场景应对能力、人际沟通或多文化背景和跨地理区域运作能力。从这个角度来看,劳动者既需要有高水平的教育背景,又需要不断进行职业培训,以应对不断变化的工作环境。

如图9.10所示,拉美是企业寻找合适劳动力最困难的地区,高达35.9%的企业认为难以找到受过所需培训的工人,原因既包括劳动者的教育水平较低,也包括教育体系提供的培养与生产体系所需的技能之间严重脱节。

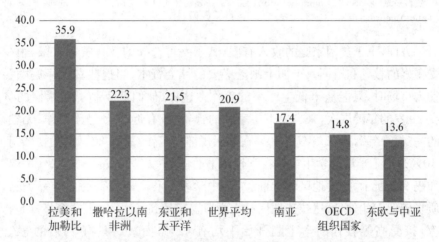

图9.10　各地区认为缺乏合适劳动力是发展障碍的企业所占比例(单位:%)

资料来源:OECD发展中心、联合国拉美经委会、CAF-拉美开发银行:《拉丁美洲经济展望2015:面向发展的教育、技术和创新》,知识产权出版社,2015年。

从劳动者的角度来看,面对劳动技能提升与产业转型的压力,拉美地区在教育投资和职业技术培训方面仍然存在较大欠缺。在教育和社会保障政策方面没有形成起点公平,造成贫困家庭无法走出低收入的代际循环。

一方面,贫困家庭的劳动者收入低,又因为贫困家庭中老幼人口数量较多,赡养比率高,这意味着家庭收入必须在更多的个人间进行分配,进一步拉大了贫富差距。如图9.11所示,在拉美地区,最贫穷的城镇家庭平均拥有4.14名成员(其中领取工资的人数为0.94人),而最富有的家庭平均规模是2.22名成员(其中领取工资的人数为0.94人)。在一定程度上贫困是由于相应的社会保障政策缺失造成的——社会保障政策没有考虑到家庭赡养人口的情况而进行相应的调整。

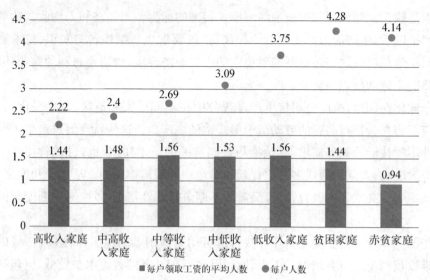

图 9.11　2017 年拉美 18 个国家的平均家庭人数以及领取工资的平均人数（单位：人）

资料来源：Economic Commission for Latin America and the Caribbean (2019). Social Panorama of Latin America，2019 (LC/PUB.2019/22-P/Rev.1).

另一方面，由于贫困家庭的收入有限，其子女可选择的教育资源有限，很少有机会接受良好的教育和培训。再加上缺乏必要的社会资本，当这些贫困家庭的孩子进入劳动力市场时，只能从事低生产率的工作。这样，他们就复制了父辈们的贫困之路。在 29 岁的年龄层次，来自中下层家庭的青年中，有近 30% 是无工作、无教育、无培训的"三无青年"，另有差不多 40% 在非正规部门工作，只有 20% 在正规部门工作，剩下 10% 是半工半读的学生或还在学校读书的学生①。

如表 9.5 所示，拉美地区的学前教育、中学教育和高等教育的入学率仍然较低，教育质量较低。此外，虽然拉美地区的大学覆盖率达到了 42%，但这个指标是指大学入学率，接受高等教育的学生刚开始平均有 42%，而最后只有 14% 的学生完成学业②。

表 9.5　2012 年拉美地区与 OECD 国家的教育覆盖率对比

类　别	拉美地区	OECD 国家
学前教育	66%	83%
小学教育	91%	97%
中学教育	74%	91%
大学教育	42%	71%

资料来源：经合组织发展中心、联合国拉美经委会、CAF-拉美开发银行：《拉丁美洲经济展望 2015：面向发展的教育、技术和创新》，知识产权出版社，2015 年。

---

① 经合组织发展中心、联合国拉美经委会、CAF-拉美开发银行：《拉丁美洲经济展望 2017：青年、技能和创业》，社会科学文献出版社，2017 年。
② 同上。

最后我们总结一下,拉美地区脆弱的中产阶级面临恶性循环,使他们的弱势地位长期存在。这种恶性循环的机制如下(见图9.12):中产阶级劳动者的教育水平和劳动技能素质低下,通常是非正式和不稳定的工作、较低的社会保障和低水平的收入水平相关,职业生涯存在不稳定性,政府和雇主也没有积极性来培训并提高他们的劳动技能。因此,他们在投资人力资本、有能力储蓄以及投资于充满活力的创业活动等方面面临更多的限制。在这种情况下,他们的生产率仍然很低,因此长期只能获得低质量和不稳定的工作,这使他们处于脆弱的境地。

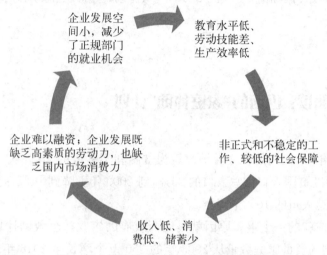

图 9.12　拉美地区中产阶级面临恶性循环

资料来源:改编自 OECD et al. (2019). Latin American Economic Outlook 2019 Development in Transition,OECD Publishing.

而从企业的角度来看,长期缺乏高素质的劳动力,没有健全的信贷和金融市场,通货膨胀率较高,政府办事拖沓,因缺乏稳定的中产阶级而导致国内消费市场不旺,企业的成长与创新也受到极大的制约,只能依靠资源型产业发展,在国际竞争中无法占据价值链的高端。

专栏9.5　拉美地区的非缴费型养老金制度

进入21世纪,特别是最初的十年,伴随着世界经济的强劲增长和国际大宗商品价格的迅速攀升,作为世界主要能源和基础材料出口来源的拉美国家的贸易条件得到了极大改善,经济再次回到较快增长的轨道上,为老年人提供经济保护成为改革的主基调。其中,引入或强化已有社会养老金成为一个主要内容,从而掀起了新的养老金改革浪潮。2000—2013年,该地区至少18个国家进行了较大幅度的包容性改革,不断加强制度化建设,逐渐放宽准入条件,受益人群不断扩大,待遇水平快速提升,其中包括为老年人提供收入保障的社会养老金。截至目前,共有25个国家(或地区)引入或强化了社会养老金制度,超过拉美33个经济体的2/3。

拉丁美洲地区非缴费型养老金制度可以分为三种类型:一是普享型,包括玻利维亚、圭亚那、苏里南等国家,所有符合年龄要求的老年人都具有领取资格。二是融合型,包括智利、阿根廷、巴西等国家。主要面向未加入缴费型养老金的老年群体,具有补缺性。三是目标定位型,包括哥伦比亚、厄瓜多尔、秘鲁等国家,主要针对社会贫困群体。

资料来源:郑秉文,《中国养老金发展报告2019——非缴费型养老金的中国道路与国际实践》,经济管理出版社,2019年。

拓展阅读:巴西的"家庭补助"计划

过去十多年里,巴西的社会保护政策为贫困和不平等的大幅减少发挥了重要作用。2003年中度贫困人口占总人口的26%,到2009年下降到14%;同一时期内极度贫困人口从占总人口的10%下降至5%。

取得这一成就的一个重要原因就是巴西政府的旗舰社会救助计划——"家庭补助"。这项计划的资助家庭数量从2003年的350万个增长至2016年的1 390万个,总计资助的人口达到5 000万人,占巴西人口的1/4。

巴西家庭补助计划是世界上最有影响的有条件现金转移项目之一。有条件现金转移(conditional cash transfers),简称CCTs项目,是近二十年来国际援助和扶贫领域最流行的项目。CCTs项目的核心目的在于用现金激励低收入群体使用公共服务(教育和健康)。全球超过三十个国家都开展了CCTs项目,不同的国家都有自己的有条件现金转移项目,比如墨西哥的"进步"项目、美国的"纽约市机遇计划"、巴西的"教育和医疗"项目都属于CCTs。

巴西家庭补助计划于2003年启动,将原来的几个社会救助计划整合在一起,包括助学补助(面向初等和中等教育)、食品补助(满足妇女和儿童的营养需求)、食品保障和燃气补助(对炊事用气的补助)。原有的这些计划合在一起,资金支出占所有社会救助的四分之一。它们的目标类似,但相互之间没有足够的政策协调,目标人群有所重合,同时每个计划有单独的行政安排。这造成了服务效率低下、受益人重叠、存在覆盖缺口等问题。这些问题正是家庭补助计划所要解决的。

家庭补助计划面向贫困家庭发放,除了家庭贫困是申请条件以外,还有两个先决条件:首先必须保证让家里的孩子入学,6~15岁孩子到校率需在85%以上,16~17岁孩子需在75%以上,公立学校提供免费教育;医疗卫生方面,7岁以下的孩子需定期接种疫苗、进行健康检查,14~44岁的孕期及哺乳期妇女也需接受定期医疗检查。不能满足这些条件,轻则停止1至数月的补助金发放,重则取消领取家庭补助金资格。把领取补助金与满足教育和医疗条件相结合,是着眼于为人口长期脱贫创造条件。

以2016年为例,每个家庭每月获得家庭补助金的额度为180雷亚尔(约55美元)。其中赤贫家庭无论人口组成,首先可领取85雷亚尔,家里有0~15岁的孩子,每个孩子可以领取39雷亚尔,16~17岁的青少年可领取46雷亚尔。总的来说,家庭原本申报的收入加上上述补助金,如果每人每月仍低于85雷亚尔的贫困线,就可增加补助以达到贫困线水平。如果受资助家庭在第一年找到工作,收入的增加超过补助申请标准,可以继续享受额外2年福利。2年以后,如果收入依然高于申请标准,福利才被停止,这主要是考虑到刚就业的前一两年,工作和收入通常处在不稳定状态,需要一个缓冲。

家庭补助计划采取有条件现金支付的方式,促进了社会财富的再分配,同时又保证了穷人接受免费教育和医疗等基本权利。而普及教育的目的在于阻止贫困继续往下一代传递。这项计划还提高了儿童入学率和出勤率,增加了贫困家庭对医疗保健服务的利用。在巴西,和非受益家庭相比,家庭补助计划将受益家庭女性参与劳动的比例提高了16%。直接把现金发放到女性手中的补助计划还提高了女性在家庭中的地位

家庭补助金的平均津贴额度从2003年每月的73.70雷亚尔增加到了2016年的180雷亚尔。2013年,巴西政府用于"家庭补助"的支出为240亿雷亚尔,相当于巴西GDP的0.46%。但这笔钱在贫困家庭收入中所占的比重高达43.6%。

家庭补助计划的成功在很大程度上是由于它有效的行政管理程序[①]。它用一个统一的数据库来汇集、管理和分析2 200万家庭的数据,这占了巴西贫困人口的一大部分。随时对管理程序进行评估、修订和调整,以便对应当接受补助的家庭进行识别和登记,这样就减少了对不需要补助的家庭提供补助和漏掉需要补助的家庭这两种错误。补助款通过联邦储蓄银行发放,这是一家政府银行,在巴西全国有3万多个支付网点,在这些网点人们可以通过电子卡提取补助。这种安排使管理人员可以在每年年初拟定并发布补助发放日期,使参与计划的家庭可以相应地安排家庭预算。

尽管这个计划影响到了数百万巴西家庭,并且对最贫困的15%的巴西家庭来说有很大的帮助,但对于巴西不平等现象来说,改善的作用则较为有限。一般来说,人们将绝对贫困和相对贫困统称为贫困,但实际上,相对贫困才是造成巴西社会不平等的最主要因素。

---

① Robalino, David A., Laura R., Ian W. (2012). "Building Social Protection and Labor Systems: Concepts and Operational Implications," Background Paper Prepared for the Social Protection and Labor Strategy 2012—2022. World Bank.

复习思考题

1. 下表中列出 2018 年年底按资产规模排序的世界前 20 大养老基金。试搜索相关背景资料,分析每个基金的成立原因、功能定位。在实行现收现付制的国家与完全积累制的国家中,哪种类型的国家更容易出现大规模的养老基金?

排名	基金名称	所属国家	资产规模(亿美元)
1	政府养老投资基金	日本	13 744.99
2	政府养老基金	挪威	9 822.93
3	联邦雇员退休节俭储蓄基金	美国	5 787.55
4	国民养老基金	韩国	5 732.59
5	公共部门养老基金	荷兰	4 616.82
6	加州公共雇员养老基金	美国	3 768.59
7	全国社会保障基金	中国	3 716.27
8	加拿大养老基金	加拿大	2 874.10
9	中央公积金	新加坡	2 869.63
10	卫生保健部门养老基金	荷兰	2 483.26
11	加州教师退休基金	美国	2 302.09
12	纽约州公共退休基金	美国	2 132.41
13	雇员中央公积金	马来西亚	2 016.87
14	纽约市雇员养老金项目	美国	2 008.05
15	地方政府公务员退休基金	日本	1 995.22
16	佛罗里达州退休基金	美国	1 747.21
17	得克萨斯州教师退休基金	美国	1 531.26
18	雇员中央公积金	印度	1 453.72
19	安大略省教师退休基金	加拿大	1 401.23
20	丹麦 ATP 基金	丹麦	1 291.10

资料来源:Willis Towers Watson (2019),Pensions & Investments World 300,September 2019.

2. 拉美地区曾长期沦为西班牙、葡萄牙等拉丁语族国家的殖民地,现在仍有大量的西班牙、葡萄牙人的后裔。拉美地区现有 33 个国家中,19 个国家通用西班牙语,巴西通用葡萄牙语。因此,南欧国家与拉美国家在语言、宗教信仰方面有许多相同点。试比较拉美与南欧在社会保障模式方面的异同点。

3. 试分析拉美地区的女性就业状况、贫困率与社会保障参保情况,并简要介绍其背后的主要原因。

参 考 文 献

1. Abrahamson, P. (1992). "Welfare Pluralism." in L. Hantrais et al (eds), *Mixed Economy of Welfare*. Cross-National Research Paper 6, Loughborough University.
2. Andersen, J. G., Pettersen, P. A., Svallfors, S., et al. (1999). "The Legitimacy of the Nordic Welfare States." in *Nordic Social policy: Changing Welfare States*, eds, Routledge.
3. Anttonen, A., Sipilä, J. (1996). "European Social Care Services: Is It Possible to Identify Models?", *Journal of European Social Policy*, 6(2): 87-100.
4. Armingeon, K., Bonoli, G. (eds.). (2007). *The Politics of Post-Industrial Welfare States: Adapting Post-War Social Policies to New Social Risks*, Routledge.
5. Baldacci, E., Giovanni C., David C., et al. (2010). "Public Expenditures on Social Programs and Household Consumption in China", IMF Working Paper 10/69.
6. Barnett, S., Brooks, R., (2010). "China: Does Government Health and Education Spending Boost Consumption?", IMF Working Paper 10/16.
7. Beat B. (2010). Greek Debt Crisis: How Goldman Sachs Helped Greece to Mask Its True Debt, Spiegel Online.
8. Bridgen, P., Meyer, T., Riedmuller, B. (2007). "Private Pensions versus Social Inclusion? Three Patterns of Provision and Their Impact,"in Bridgen, P., Meyer, T., Riedmuller, B. (eds) *Private Pensions versus Social Inclusion? Non-state provision for citizens at risk in Europe*, Edward Elgar.
9. Carrera, Leandro N., Marina A., Carolo, Daniel Fernando da Soledade. (2010). "South-European Pension Systems: Challenges and Reform Prospects."in *Institutions and Social Change in Southern European Societies*, 2010.
10. Castles F, Mitchell D. (1993). "Worlds of Welfare and Families of Nations." in Castles F, ed. *Families of Nations: Patterns of Public Policy in Western Democracies*. pp. 93-128.
11. Charlemagne (2010). "What Makes Germans So Very Cross about Greece?" *The Economists*, http://www.economist.com/blogs/charlemagne/2010/02/

greeces_generous_pensions.

12. Cox, W. M., Alm, R. (2008). "You Are What You Spend," *New York Times*, Feb. 10.

13. Cruces, G., Ham A. and Viollaz M. (2012). "Scarring Effects of Youth Unemployment and Informality: Evidence from Argentina and Brazil," CEDLAS Working Paper, Center for Distributive, Labor and Social Studies (CEDLAS), Universidad Nacional de la Plata.

14. Diamond, P., Lodge, G. (2013). "European Welfare States after the Crisis: Changing public Attitudes," Policy Network Paper, Foundation for European Progressive Studies.

15. Diamond, P., Lodge, G. (2013). "Welfare States after the Crisis: Changing Public Attitudes," Policy Network Paper, www.policy-network.net.

16. Easterlin, R. A. (1973). "Relative Income Status and the American Fertility Swing," in E. B. Sheldon (ed.), *Family Economic Behavior: Problems and Prospects*. Philadelphia, J. B. Lippincott.

17. Economic Commission for Latin America and the Caribbean (2018). Social Panorama of Latin America 2018.

18. Egger, P. H., Nigai, S., Strecker, N. M. (2019). "The Taxing Deed of Globalization," *American Economic Review*, 109(2):353-90.

19. Esping-Andersen, G. (1993). *Changing Classes Stratification and Mobility in Post-Industrial Societies*, Sage Publications.

20. Esping-Andersen, G. (1997). "Hybrid or Unique? The Japanese Welfare State Between Europe and America," *Journal of European Social Policy*, 7(3): 179-189.

21. Esping-Andersen, G. (1999). *Social Foundations of Postindustrial Economies*, Oxford University Press.

22. Esping-Andersen, G., Gallie, D., Heerijck, A., et al (2002). *Why We Need a New Welfare State*, Oxford University Press.

23. Ferrera, M. (1996). "The 'Southern Model' of Welfare in Social Europe," *Journal of European social policy*, 6(1): 17-37.

24. Ferrera, M. (2010). "The South European Countries," in Francis G. Catles, et al. (eds), *the Oxford Handbook of the Welfare State*, Oxford University Press.

25. George E. Rejda (2012). *Social Insurance and Economic Security*, Seventh Edition, Routledge.

26. Giddens, A. (1998). *The Third Way: The Renewal of Social Democracy*,

Polity Press.

27. Giele, Janet (2013). "Decline of the Family: Conservative, Liberal, and Feminist Views," in Arlene Skolnick & Jerome Skolnick eds, *Family in Transition*. Seventeenth edition, Longman. Ch. 2, pp. 54-74.
28. Gilbert, A. (2012). *Latin America Regional Report: Global Housing Strategy 2025*, Final Report.
29. Gill, I., Raiser, M. (2012). *Restoring the Lustre of the European Economic Model*, The World Bank.
30. Gough, I. (2004). "East Asia: The Limits of Productivist Regimes," in Gough I. and Wood G. (eds.), *Insecurity and Welfare Regimes in Asia, Africa and Latin America: Social Policy in Development Contexts*, pp. 169-201, Cambridge University Press.
31. Gregg, P., Tominey, E. (2005). "The Wage Scar from Male Youth Unemployment," *Labor Economics*, 12(4): 487-509.
32. Hinrichs, K., Jessoula, M. (eds.). (2012). *Labour Market Flexibility and Pension Reforms: Flexible Today, Secure Tomorrow?* Springer, p34.
33. Holliday, I. (2000). "Productivist Welfare Capitalism: Social Policy in East Asia," *Political Studies*, 48:706-723.
34. Huber, E. (2009). "Including the Middle Classes? Latin American Social Policies after the Washington Consensus," in Kremer M, van Lieshout P and Went R eds, *Doing Good or Doing Better: Development Policies in a Globalizing World*, Amsterdam University Press, pp. 137-155.
35. Kahn, L. B. (2010). "The Long-Term Labor Market Consequences of Graduating from College in a Bad Economy," *Labor Economics*, 17(2): 303-316.
36. Korpi, W. (1983). *The Democratic Class Struggle: Swedish Politics in a Comparative Perspective*, Routledge and Kegan Paul.
37. Kristensen, P. H., Lilja, K. (2012). *Nordic Capitalisms and Globalization: New Forms of Economic Organization and Welfare Institutions*, Oxford University Press.
38. Legg, Keith (1969). *Politics in Modern Greece*, Stanford University Press.
39. Lindert, K., Emmanuel S., and Joseph S (2006). "Redistributing Income to the Poor and the Rich: Public Transfers in Latin America and the Caribbean," *SP Discussion Paper*, NO. 0506, World Bank.
40. Matsaganis M. (2002). "Yet Another Piece of Pension Reform in Greece," *South European Society and Politics*, 7(3): 109-122.

41. McKinsey Global Institute (2019). *Latin America's Missing Middle: Rebooting Inclusive Growth*, 2019.
42. Melguizo, A. (2015). "Pensions, Informality and the Emerging Middle Class," IZA World of Labor, Institute for the Study of Labor, pp. 1–10, http://wol.iza.org/articles/pensionsinformality-and-emerging-middle-class.
43. Meyer, T. (2014). *Beveridge not Bismarck! European Lessons for Men's and Women's Pensions in Germany*, Friedrich Ebert Foundation.
44. Morel, N., Palier, B., Palme, J. (eds.). (2012). *Towards a Social Investment Welfare State? Ideas, Policies and Challenges*, Policy Press.
45. Moreno, L. (2004). "Spain's Transition to New Risks: A Farewell to 'Superwomen'," in P. Taylor-Gooby (ed.), *New Risks, New Welfare: The Transformation of the European Welfare State*, Oxford University Press, pp. 137-160.
46. Morrone, A., Tontoranelli N. and Ranuzzi G. (2009). "How Good is Trust? Measuring Trust and Its Role for the Progress of Societies," OECD Statistics Working Paper, OECD Publishing.
47. Mroz, T. A., Savage, T. H. (2006). The Long-Term Effects of Youth Unemployment, *Journal of Human Resources*, 41(2):259-293.
48. Naldini, M. (2003). *The Family in the Mediterranean Welfare State*, Frank Cass.
49. OECD (1994). The OECD Jobs Study: Facts, Analysis, Strategies.
50. OECD (1996). Beyond 2000: The New Social Policy Agenda.
51. OECD (2007). The Social Expenditure Database: An Interpretive Guide.
52. OECD (2011). Society at a Glance: OECD Social Indicators, 2011 Edition, Organization for Economic Co-operation and Development.
53. OECD (2017). Starting Strong 2017: Key OECD Indicators on Early Childhood Education and Care, OECD Publishing.
54. OECD (2019). Society at a Glance 2019: OECD Social Indicators, OECD Publishing.
55. Pagoulatos, G., Triantopulos, G. (2009). "The Return of the Greek Patient: Greece and the 2008 Global Financial Crisis," *South European Society and Politics*, 14(1):1-6.
56. Pete A., Margaret M., and Sharon W. (2012). *The Student's Companion to Social Policy*, Fourth Edition, John Wiley & Sons.
57. Pierson, P. (1994). *Dismantling the Welfare State? Reagan, Thatcher and the Politics of Retrenchment*, Cambridge University Press.

58. Public Health England (2018). A Review of Recent Trends in Mortality in England, www.gov.uk/government/publications/recent-trends-in-mortality-in-england-review-and-data-packs.
59. Robalino, David A., Laura R., Ian W. (2012). "Building Social Protection and Labor Systems: Concepts and Operational Implications," Background Paper Prepared for the Social Protection and Labor Strategy 2012—2022. World Bank.
60. Rofman, R., and Oliveri, M-L. (2012). Pension Coverage in Latin America: Trends and Determinants, Social Protection Discussion Papers, No 70926, The World Bank.
61. Royo, S. (2009). "After the Fiesta: The Spanish Economy Meets the Global Financial Crisis," *South European Society and Politics*, 14(1):19-34.
62. Rudra, N. (2008). *Globalization and the Race to the Bottom in Developing Countries: Who Really Gets Hurt?* Cambridge University Press.
63. Sacchi, S., & Bastagli, F. (2005). "Italy: Striving Uphill but Stopping Halfway, the Troubled Journey of the Experimental Minimum Income Insertion," in Ferrera, M. (ed.) *Welfare State Reform in Southern Europe: Fighting Poverty and Social Exclusion in Greece, Italy, Spain and Portugal*, Routledge.
64. Sainsbury, D. (1996). *Gender, Equality and Welfare States*, Cambridge University Press.
65. Starke, P., Obinger, H., Castles, F. G. (2008). "Convergence towards Where: in What Ways, if Any, Are Welfare States Becoming More Similar?" *Journal of European Public Policy*, 15(7):975-1000.
66. Stenkula, M., Johansson, D. and Du Rietz G. (2014). "Marginal Taxation on Labor Income in Sweden from 1862 to 2010," *Scandinavian Economic History Review* 62(2): 163-187.
67. Stuckler, D., Basu, S. (2013). *The Body Economic: Why Austerity Kills*, Basic Books.
68. Taylor-Gooby, P. (2004). *New Risks, New Welfare: The Transformation of the European Welfare State*, Oxford University Press.
69. Titmuss, R. M. (1968). "Universal and Selective Social Services," in *Commitment to Welfare*, pp. 113-123.
70. Titmuss, R. M. (1974), *Social Policy*, Allen & Unwin.
71. United Nations Population Fund (2012). Ageing in the Twenty-First Century: A Celebration and A Challenge.

72. UN-Habitat（2012）. *State of Latin American and Caribbean Cities 2012*，*Towards a New Urban Transition*，United Nations Human Settlements Programme.

73. Whittaker, D. H., Zhu, T., Sturgeon, T., et al（2010）. "Compressed Development," *Studies in Comparative International Development*，45（4）：439-467.

74. World bank（2006）. Global Development Finance.

75. World Bank（2017）. A Fair Adjustment：Efficiency and Equity of Public Spending in Brazil：Volume I-overview.

76. 阿瑞斯蒂德·哈齐兹：《希腊福利国家：前车之鉴》，载于《福利国家之后》，汤姆·戈·帕尔默（主编），海南出版社，2017年。

77. 艾里克·克里南伯格：《单身社会》，上海文艺出版社，2015年。

78. 爱德华多·加莱亚诺：《拉丁美洲被切开的血管》，人民文学出版社，2001年。

79. 保罗·克鲁格曼、罗宾·韦尔斯：《宏观经济学》，中国人民大学出版社，2009年。

80. 鲍勃·迪肯、米歇尔·赫尔斯、保罗·斯塔布斯：《全球社会政策——国际组织与未来福利》，商务印书馆，2013年。

81. 陈亚亚：《各国如何鼓励男性休育儿假》，《中国妇女报》，2017年8月9日。

82. 陈友华：《出生高峰与出生低谷：概念、测度及其在中国的应用》，《学海》，2008年第1期。

83. 陈振明、赵会：《由边缘到中心：欧盟社会保护政策的兴起》，《马克思主义与现实》，2015年第1期。

84. 大前研一：《M型社会》，中信出版社，2010年。

85. 迪顿：《逃离不平等：健康、财富及不平等的起源》，中信出版社，2014年。

86. 弗朗西斯·福山：《落后之源：诠释拉美和美国的发展鸿沟》，中信出版社，2015年。

87. 弗朗西斯·福山：《信任：社会道德与繁荣的创造》，远方出版社，1998年。

88. 弗朗西斯·福山：《政治秩序与政治衰败：从工业革命到民主全球化》，广西师范大学出版社，2015年。

89. 郭濂：《社会分裂与制度困境：陷阱中发展的拉丁美洲》，《红旗文稿》，2015年第12期。

90. 国际劳工局社会保障局：《社会保障导论》，劳动人事出版社，1989年。

91. 亨利·霍本：《金融危机在欧元区是如何深化的》，《海派经济学》，2014年第4期。

92. 胡永泰、陆铭、杰弗里·萨克斯等：《跨越中等收入陷阱：展望中国经济增长的持续性》，格致出版社，2012年。

93. 黄圭振：《东亚福利资本主义的发展》，《公共行政评论》，2010年第6期。

94. 贾雷德·戴蒙德：《枪炮、病菌与钢铁：人类社会的命运》，上海译文出版社，2006年。

95. 姜超、顾潇啸：《跨越中等收入：谁的奇迹？谁的陷阱？——拉美过早去工业化之殇》，海通证券研发报告，2016年5月31日。

96. 经合组织发展中心、联合国拉美经委会、CAF-拉美开发银行：《拉丁美洲经济展望2017：青年、技能和创业》，社会科学文献出版社，2017年。

97. 考斯塔·艾斯平-安德森：《福利资本主义的三个世界》，法律出版社，2003年。

98. 乐施会：《财富：拥有全部，想要更多》，2015年1月22日。

99. 李秉勤：《风险社会视角的福利以及经济危机的影响》，《社会建设》，2018年第4期。

100. 李清宜：《养老金政策的演变历程：国际劳工组织和世界银行观点的对立与共识》，《社会保障评论》，2019年第4期。

101. 理查德·蒂特马斯：《蒂特马斯社会政策十讲》，吉林出版集团，2011年。

102. 联合国教科文组织：《2012年全民教育全球监测报告》。

103. 梁建章、李建新、黄文政：《中国人可以多生！》，社会科学文献出版社，2014年。

104. 罗伯特·赖克：《拯救资本主义：重建服务于多数人而非少数人的新经济》，中信出版社，2019年。

105. 米什拉：《社会政策与福利政策：全球化的视角》，中国劳动社会保障出版社，2000年。

106. 莫妮卡·普拉萨德：《过剩之地：美式富足与贫困悖论》，上海人民出版社，2019年。

107. 潘屹：《普遍主义福利思想和福利模式的相互作用及演变》，《社会科学》，2011年第12期。

108. 皮埃尔嘉米尤·法拉斯加：《意大利之梦碎于福利国家》，载于《福利国家之后》，汤姆·戈·帕尔默（主编），海南出版社，2017年。

109. 皮凯蒂：《21世纪资本论》，中信出版社，2014年。

110. 乔治·J.鲍尔斯：《劳动经济学》（第7版），中国人民大学出版社，2018年。

111. 日本NHK特别节目录制组：《无缘社会》，上海译文出版社，2014年。

112. 阮煜琳：《1％超级富豪控制全球一半财富　80％的穷人仅占5.5％》，中新社，2015年1月21日，http://finance.people.com.cn/n/2015/0121/c1004-26421275.html。

113. 塞巴斯蒂安·爱德华兹：《掉队的拉美：民粹主义的致命诱惑》，中信出版集团，2019年。

114. 石晨霞：《欧盟社会政策在欧洲一体化发展中的地位和作用》，《理论月刊》，2013年第10期。

115. 斯坦恩·库恩勒、陈寅章、克劳斯·彼得森等：《北欧福利国家》，复旦大学出版社,2010年。

116. 提托·博埃里、扬·范·乌尔斯:《劳动经济学:不完全竞争市场的视角》(第二版),格致出版社,2017年。

117. 托本·M. 安德森、本特·霍尔姆斯特朗、塞波·洪卡波希亚:《北欧模式:迎接全球化与共担风险》,社会科学文献出版社,2014年。

118. 王列军:《社会性支出:民生支出的替代性衡量方法》,《国研视点》,2012年5月22日。

119. 吴帆:《欧洲家庭政策与生育率变化——兼论中国低生育率陷阱的风险》,《社会学研究》,2016年第1期。

120. 武川正吾:《福利国家的社会学:全球化、个体化与社会政策》,商务印书馆,2011年。

121. 徐世澄:《拉美国家政治格局发生急剧变化:原因、影响和前景》,《当代世界》,2016年第5期。

122. 易富贤:《大国空巢:反思中国计划生育政策》,中国发展出版社,2013年。

123. 张艾京:《全国最富裕人群!巴西政府称公务员是"精英"》,中国新闻网,2017年12月21日,http://www.chinanews.com/gj/2017/12-21/8406127.shtml。

124. 张军妮:《南欧国家的腐败与反腐败》,《当代世界与社会主义》,2015年第6期。

125. 张亮:《反思家庭政策研究中的"家庭视角"》,《中国社会科学报》,2015年8月19日。

126. 郑秉文:《社会权利:现代福利国家模式的起源与诠释》,《山东大学学报》,2005年第2期。

127. 郑秉文:《"福利模式"比较研究与福利改革实证分析——政治经济学的角度》,《学术界》,2005年第3期。

128. 郑秉文:《法国社保制度模式分析:与英德模式的比较》,《世界社科交流》,2004年10月28日,第41期。

129. 郑春荣:《城镇化中的社会保障制度建设:来自拉美国家的教训》,《南方经济》,2015年第4期。

130. 郑春荣:《淮南为橘淮北为枳:高福利模式在南北欧国家的实施效果差异及对中国的启示》,《南方经济》,2014年第1期。

131. 中国驻德国经商参处:《浅析德国从欧洲一体化获益情况》,商务部网站,2017年11月15日,http://www.mofcom.gov.cn/article/i/dxfw/jlyd/201711/20171102671005.shtml。

132. 周飙:《欧洲青年失业率高企乃政策恶果》,《21世纪经济报道》,2012年5月31日。

133. 朱安东、王佳菲、蔡万焕:《新自由主义:救世良方还是经济毒药》,《经济导刊》,2014年第11期。

后　记

在我国,社会保障是一个较为年轻的本科专业。1998年以后,国内各高校才相继设立了劳动和社会保障本科专业。从专业设置伊始,社会保障政策国际比较就是专业主干课程之一。2001年,辽宁大学穆怀中教授主编了《社会保障国际比较》一书,内容全面,资料详尽,体系清晰,影响广泛。此后,多位社保前辈陆续出版了各具特色的社会保障国际比较的教材,对社会保障专业建设起了非常重要的推进作用。

过去20年,我国在社会保障领域取得了举世瞩目的成就,走完了西方国家几十年甚至上百年的社会保障制度建设历程。在我国社会保障改革进入攻坚阶段之际,更需要谨慎小心,要充分比较与借鉴各国社会保障制度的得失,要避免好高骛远,才能少走弯路,要打造出符合中国国情、负担得起的社会保障安全网。从这个角度来看,社会保障国际比较课程有着重要的学习和研究意义。

从2005年起,我在上海财经大学一直承担社会保障国际比较的课程教学,在教学之余,萌发了独自撰写教材的想法。在本书中,我做了一些小小的创新:

一是将社会保障政策放在一个更宽广的视野中去分析与讨论。一个国家的社会保障政策应该与该国的历史传统、社会环境、经济条件相协调。为此,本书在介绍北欧模式、南欧模式、拉美模式时花了大量的篇幅介绍这些地区的人口、经济、社会治理等背景,相信学生通过背景知识的学习,能够更加深刻地领会到其社会保障制度的成因。

二是以更加有趣的话题切入教学。社会保障国际比较无疑是一门非常有意思的课程,但以往有的教材却把这些内容介绍得非常晦涩,原因在于这些教材追求的是体系的完整性,这就造成体系过于庞大、介绍面面俱到,但在一些具体问题上却受制于篇幅,语焉不详,导致学生反映"什么都介绍了,但很多内容都没有学明白"。为此,本书不过分追求体系的完整性,在这方面,有兴趣的读者可以搜索其他教材进行补充阅读。本书力求从有一些有趣的话题或视角切入,例如全球化的挑战、新型就业方式的挑战等,增强学习和阅读的吸引力,在具体的问题上,讲清讲透,让学生有所收获。

三是将社保理论与实践进行结合分析。有一次我与学生就教学内容进行交流,学生反映书中有不少琐碎的制度来自遥远的国度,既没有兴趣学习,也觉得学了没有什么用。这给了我很大的启发:社保制度和政策的细节有时很重要,但必须将这些细节问题与社保理论联系起来,与中国的社保实践进行对比,才能激发学生的兴趣,也能促使学生进行深入思考。因此,本书在介绍一些制度时,会穿插一些社保理论及与我国的制度对比。此外,本书中还介绍了许多相关的书籍,供学有余力、有探索兴趣的同学阅读。

四是数据和资料较新。我从2013年开始参与《国际社会保障动态》(又称"社保橙皮书")的撰写工作。《国际社会保障动态》为年度性社保发展报告,我负责每年对世界各国的社会保障现状进行分析,并跟踪一些国家的重大社会保障改革,形成专题报告。迄今已坚持8年,形成了较可观的资料和数据。此外,我还参与了中国社会保障学会《社会保障发展报告(2017)》和《社会保障发展报告(2018)》的撰稿;与我的博士生导师丛树海教授合作出版《国际社会保障全景图》;独立出版《英国社会保障制度》。这些前期研究为本书撰写打下了坚实的基础。

　　社会保障国际比较是社会保障学界永恒的话题。此次教材的撰写是我总结教学实践的初步探索,在理论体系、实践内容以及数据资料方面还存在不少缺憾,也肯定有许多错误,恳请各位师生、朋友不吝指教。此外,受篇幅限制,本书没有具体介绍养老、医疗、失业、低保等方面的代表性制度,是一个比较大的缺憾。我计划未来专门出版一本《各国社会保障制度概览》,与本书形成互补。

　　在教材撰写时,正值新冠肺炎疫情肆虐,生活不方便,我的太太担负起全家老少的诸多事务,给我极大的体谅、包容和支持,让我有精力按一周一章的速度推进,心里十分感激。在教材出版过程中,复旦大学出版社的方毅超老师和于佳老师不辞辛劳,精益求精,与我反复讨论文稿,保证了高质量的书稿能够如期出版,在此表示深深的谢意!

郑春荣
2020年8月

图书在版编目(CIP)数据

社会保障政策比较/郑春荣编著. —上海:复旦大学出版社,2020.12
(公共经济与管理·劳动与社会保障系列)
ISBN 978-7-309-15449-8

Ⅰ.①社… Ⅱ.①郑… Ⅲ.①社会保障-研究-世界 Ⅳ.①D57

中国版本图书馆 CIP 数据核字(2020)第 269787 号

社会保障政策比较
郑春荣　编著
责任编辑/方毅超

复旦大学出版社有限公司出版发行
上海市国权路 579 号　邮编:200433
网址:fupnet@fudanpress.com　http://www.fudanpress.com
门市零售:86-21-65102580　　团体订购:86-21-65104505
外埠邮购:86-21-65642846　　出版部电话:86-21-65642845
杭州日报报业集团盛元印务有限公司

开本 787×1092　1/16　印张 14　字数 290 千
2020 年 12 月第 1 版第 1 次印刷

ISBN 978-7-309-15449-8/D·1072
定价:48.00 元

如有印装质量问题,请向复旦大学出版社有限公司出版部调换。
版权所有　侵权必究